보수주의 철학자 피터 드러커의
어떻게 살 것인가

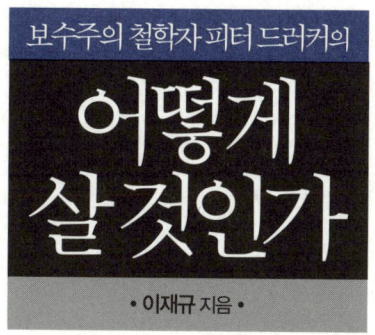

보수주의 철학자 피터 드러커의
어떻게 살 것인가

• 이재규 지음 •

The Great Heritage

머리말

작가가 글을 쓸 때는 그 글을 읽는 독자가 누구인지를 먼저 상정想定한다. 나는 이 책의 독자를 드러커가 명명한 지식근로자knowledge worker로 상정하고 썼다. 지식근로자는 자신이 알고 있는 지식들을 여러 다른 지식들과 연결하여 새로운 지식을 창출하는 사람이다. 지식근로자는 지식을 활용하여 자신의 생계를 해결하고 또 자신의 목표를 달성하는 사람이다.

그러므로 지식근로자는 종종 인텔리겐치아intelligentia로 불리기도 하는 지식인intellectuals, 즉 자신의 생계를 직접 해결하지 않고 늘 후원자의 도움으로 살아가면서도 항상 그 사회를 비판하고 또 사회를 비극적인 것으로 보는 사람과 다르다.

드러커에 따르면 지식근로자는 보다 정의롭고 공정한 사회를 만들기 위해 공헌할 의지를 갖고 있고 또 자신이 이룩한 결과에 대해 책임을 지는 사람이다.

피터 드러커^{Peter. F. Drucker}는 덴마크의 종교사상가 쇠렌 키르케고르^{S. Kierkegaard}를 지혜가 샘솟는 현대적인 인물이자 현대 정치에 적합한 현대 사상가라고 보았다.

키르케고르는 1813년 코펜하겐에서 자수성가한 목재상의 7남매 중 막내아들로 태어났다. 키르케고르는 아버지가 평생 죄의식에 시달릴 만한 두 가지 죄를 저질렀다고 보았다.

하나는 아버지가 6남매를 낳아준 첫 번째 아내가 사망하자마자 집안의 하녀와 재혼한데다가 결혼 두 달 만에 자신을 낳았다는 것이다. 당시 덴마크 교회법은 재혼을 금지했는데도 이를 어기면서까지 말이다. 어떤 학자는 그의 아버지가 결혼한 것은 강간했기 때문에 어쩔 수 없는 일이었다고 보기도 한다.

다른 하나는 정통 루터파인 아버지가 젊은 시절 양치기를 할 때 추위와 배고픔에 못 이겨 신을 저주한 일이 있었다는 것이다. 아버지는 신을 저주한 자신이 받게 될 벌을 늘 두려워했다. 아버지는 그 일이 결국 자신의 삶 전체를 재앙으로 채우는 원인이 될 것이라고 굳게 믿었다. 아버지는 82세까지 살았다. 그 긴 생애 동안 아내 둘이 먼저 죽고 일곱 자식들 중 여섯 명이 차례로 죽는 것을 보며 괴로워했다. 그러니까 아버지는 자신의 장수를 축복이 아니라 저주라고 생각했다.

키르케고르는 코펜하겐대학 신학과 학생이던 22세 때 자신의 출생의 비밀과 아버지의 과거 행위를 전해듣고 크게 충격을 받았다. 그는 아버지를 원망하고 경멸하면서 방탕과 절망의 길로 빠져들었다. 그는 아버지가 저지른 잘못이 원인이 된 신의 저주가 자신의 집안과 삶에 깊이 뿌리 박혀 내려오고 있다고 확신했다. 그것은 아브라함의 아들이삭이 그랬던 것처럼 키르케고르로 하여금 자신을 아버지의 죄를 대신 속죄할 희생물로 여기게 만들었다.

키르케고르의 삶에는 아버지가 저지른 '죄의 극복'이라는 과제가 따라다녔다. 마찬가지로 피터 드러커의 삶에는 '나치의 그림자'가 평생 붙어다녔다.

*

빈에서 태어난 소설가 슈테판 츠바이크 Stefan Zweig는 1913년 잘츠부르크를 인생의 첫 번째 여행지로 삼아 정착했다. 1919년 카푸친베르크 산 중턱 츠바이크 빌라로 알려진 노란색 건물 파스친거 슐로스 Paschinger Schloss를 구입하여 1934년까지 거주했다. 그는 여기서 프로이트의 학설을 바탕으로 섬세한 성격 묘사가 돋보이는 소설들과 에라스무스, 마리 앙투아네트, 니체 등 유명인들의 전기를 썼다. 츠바이크 생전에는 토마스 만 Thomas Mann, 제임스 조이스 James Joyce, 극작가 후고 폰 호프만슈탈 Hugo von Hofmannsthal 등 많은 지식인이 이 빌라에 자주 찾아왔다.

드러커는 츠바이크보다 12년 뒤에 역시 빈에서 태어났다. 드러커는 함부르크에서 무역회사 사원 겸 대학생으로 2년을 보낸 후 1929년 1월 프랑크푸르트로 옮겨 월스트리트에 본점을 둔 투자은행의 프랑크푸르트 지점에서 근무하게 되었다. 드러커는 프랑크푸르트대학으로 전학했다. 프랑크푸르트대학 사회연구소는 유명한 프랑크푸르트학파를 만들어낸 모체로 오늘날 유럽 진보 사상의 뿌리는 바로 프랑크푸르트학파다.

갓 20세인 드러커에게 프랑크푸르트는 사회인으로서 첫발을 내디딘 희망의 장소이지만 수많은 충격적 사건들을 경험하게 한 곳이다. 1929년 10월 24일 목요일, 미국 경제에 부풀어올랐던 거품은 터졌고 미국의 경제 불황은 곧 전 세계로 확산되었다.

드러커 역시 비자발적 실업자가 되었다. 그러나 이것이 전화위복이 되었다. 드러커는 신문기자가 되었고 작가가 될 기회를 얻었다. 작가로서 드러커가 젊은 시절에 문학 작품을 발표했는지는 알려진 것이 없으나 69세 때 자전적 회고록 『방관자의 모험』을 썼고 70세 때 일본화 평론집 『붓의 노래』를 발표했다. 그리고 경영학 교수로서 사실상 은퇴한 후 73세와 75세 때 『최후의 가능한 세상』과 『선에의 유혹』이라는 소설을 발표했다.

*

1933년 독일에서 나치가 득세하자 드러커와 츠바이크 두 사람은 각각 1933년과 1934년에 영국으로 갔다. 그리고 두 사람 모두 유럽에 절망을 하고 만다. 드러커는 1937년 미국으로 갔고 츠바이크는 1941년 브라질로 갔다.

1941년 12월 7일 일본은 진주만을 침공했고 이어서 독일이 대미 선전포고를 했다. 드러커는 히틀러가 인류의 재앙이 될 것이라는 사실을 일찍이 간파하고 독일을 도망쳐나왔지만 결국 히틀러의 그림자는 뉴욕까지 따라왔다. 미국이 제2차 세계대전에 참전하게 되자 드러커는 유럽 사정을 잘 아는 사람으로 지목되어 워싱턴으로 불려가 미육군성 고위 장교들의 자문에 응하게 된다. 나치와 간접적으로 맞섰다고 표현하면 너무 거창할까?

한편, 브라질에 정착한 츠바이크는 새로운 환경에 적응하지 못하고 외로움과 세상에 대한 환멸감으로 하루하루 자신을 소멸시켰다.

*

삶을 대하는 츠바이크와 드러커의 태도는 극히 대조적이었다. 츠바이크는 '세상이 살 만한 것인가?'를 따져보며 늘 고민했고 '인류 역사에 결정적인 역할을 하는 것은 행동 그 자체가 아니라 행동에 대한 인식과 그 행동의 영향이다'라고 말했다.

드러커는 세상이 살 만한 곳인지 따져보는 것을 넘어 세상을 살 만한 곳으로 만들기 위해 노력했다. 그는 다음과 같이 말했다.

"노력과 비용은 조직의 내부에 있지만 결과와 산출은 조직의 외부에 나타나고 또 존재한다."

삶을 보는 방식이 달랐던 두 사람은 남은 인생도 다르게 보냈다. 츠바이크는 브라질에서 유럽을 그리워하다가 브라질에 온 지 1년 뒤인 1942년 61세에 자살하고 말았다. 유럽이 본격적으로 전화戰火에 휩싸이는 것을 보지 않기 위해.

드러커는 마셜플랜Marshall plan에 참여하고 미국의 위대한 군인들의 리더십을 관찰하는 기회를 갖게 된다. 그 후 드러커는 미국의 여러 대통령들에게도 조언을 했다. 드러커의 논문 가운데에는 「대통령이 지켜야 할 6가지 규칙」이라는 것도 있다. 그리고 1966년에 쓴 『자기경영노트The Effective Executive』는 아이젠하워 대통령 휘하의 정부관리들을 교육하기 위해 만든 자료를 책으로 엮은 것이다.

*

드러커는 1942년부터 버몬트 주 베닝턴대학에서 철학, 경제학, 통계학 등을 가르쳤고 1950년에는 뉴욕대학에서 경영학과를 창설했다. 1971년부터는 캘리포니아 클레어몬트대학 대학원에서 경영학, 사회과학, 동양예술 등을 가르쳤다. 말년에는 사회생태학자를 자처했다. 드러커는 95세 11개월 천수를 누리고 2005년 캘리포니아에서 타계했다.

많은 경영학자는 드러커를 경영철학자로 본다. 하지만 미국 경제학회 회장을 지낸 케네스 볼딩Kenneth E. Boulding은 '드러커는 미국 사회의 제1급 철학자이다'라고 표현했다. 워렌 베니스Warren Bennis는 드러커를 노벨경제학상 후보로 천거하기 위해 많은 사람의 서명을 받았다. 안드레아 가보Andrea Gabor는 2000년 저서 『자본주의 철학자』에서 드러커를 자본주의 철학자로 소개했다. 카렌 린클레터Karen Linkletter는 2004년 자신의 저서에서 인간 드러커를 '철학의 산물'이라고 표현했다.

*

이 책은 내가 번역해온 드러커의 저술들과 번역하지 못한 책들을 연구한 결과 드러커를 '보수주의保守主義 철학자'라고 규정하고 썼다. 드러커는 젊은 시절 문학 · 철학 · 미학 · 음악에 심취했다. 대학교수로서 철학 · 경제학 · 경영학을 가르쳤고 많은 저서에서 경영철학을 소개했다. 따라서 일반적으로 드러커를 경영철학자라고 부르는 것에는 동의한다.

하지만 드러커를 보수주의 철학자로 분류하는 사람은 많지 않다. 그런데도 내가 드러커를 보수주의 철학자로 보는 이유는 드러커야말로 '개인적 자유' '경제적 자유' '제한된 정부의 역할' '법치주의'를 강조하는 보수주의 철학을 신봉했고 또 그것을 사회와 기업 영역에서 널리 확산시켰기 때문이다.

일반적으로 보수주의 철학의 대표자로 에드먼드 버크$^{Edmund\ Burke}$를 손꼽는다. 드러커의 보수주의 철학은 버크를 비롯하여 알렉시스 드 토크빌, 키르케고르, 프리드리히 율리우스 슈탈, 빌헬름 훔볼트, 토머스 제퍼슨, 볼프강 괴테, 조지프 슘페터, 윈스턴 처칠 등을 깊이 연구한 데서 나왔다. 처칠은 드러커의 『경제인의 종말』에 대해 우호적인 서평을 썼다. 마거릿 대처와 로널드 레이건은 드러커의 이론을 수용한 정치인들이다. 반면 드러커는 장 자크 루소, 막시밀리앙 로베스피에르, 게오르크 헤겔, 카를 마르크스, 아돌프 히틀러 등을 절대이성에 대한 믿음을 내세워 영구혁명을 통해 계급 없는 지상천국을 실현한다는 불가능한 약속을 내세우고 전체주의 국가를 만들어 인간의 자유를 억압한 사람들로 보았다.

드러커가 좋아한 단어 중 하나가 integrity, 즉 지행합일^{知行合一}이다. 드러커는 히틀러의 만행을 직접 관찰했을 뿐만 아니라 보수주의 철학과 이성주의적 진부주의 철학을 깊이 천착했다. 또 스스로 용어의 진정한 의미대로 보수주의 철학자로 살다가 갔다.

드러커가 자신의 민족적 · 종교적 정체성을 공개적으로 언급한 적은 없다. 드러커는 유대인이다. 그의 조상은 1455년경 요하네스 구텐베르크Johannes Gutenberg가 활판인쇄술을 발명한 지 60여 년이 지난 1517년부터 1730년까지 네덜란드 암스테르담에서 대대로 인쇄업을 가업으로 운영했다. 드러커Drucker라는 성은 네덜란드어로 인쇄업자를 의미한다. 할아버지는 빈으로 와서 은행업에 종사했고 아버지는 빈대학에서 경제학 박사학위를 받고 공무원이 되었다.

언제 세례를 받았는지는 알 수 없으나 드러커는 영국국교회 신자였다. 그러나 나와 만나서 대화하고 식사하는 중에 종교적 신념이나 종교적 행동을 표현한 적은 없었다.

*

보수주의 철학자이자 정치학자로서 드러커의 사상을 정리한 이 책의 구성은 다음과 같다.

프롤로그에서는 자신의 삶을 스스로 선택한 드러커의 지적 편력을 살펴본다.

제1장에서는, 제2차 세계대전 후 허무사상이 전 세계로 확산될 때 드러커는 키르케고르의 사상이 오해되고 있다고 판단했다. 따라서 드러커는 '사회란 무엇인가?'라는 질문으로 국가가 전면에 등장하는 것을 막고 개인의 생명력을 강조하기 위해 '인간의 실존은 어떻게 가능한가?'라는 키르케고르의 질문과 대답을 제시한다.

제2장에서 드러커는 나치즘의 뿌리는 결국 지상천국의 실현이라는 프랑스혁명 사상에 있음을 밝히고 에드먼드 버크가 프랑스혁명에 맞서 영국에서 보수주의 반혁명을 실현한 과정을 보여준다.

제3장에서는, 드러커가 독일에서 탈출하기 위한 구실로 펴낸 소책

자『프리드리히 율리우스 슈탈: 보수주의적 국가이론과 역사발전』을 집중적으로 소개한다.

제4장에서는, 드러커가 미국에 정착한 후 쓴『경제인의 종말』을 통해 서구의 대중이 파시즘과 나치즘에 넘어간 이유를 설명한다.

제5장에서 드러커는 나치 같은 전체주의가 다시 등장하는 것을 막는 길은 단 하나, 즉 소득과 소비수준의 증대뿐이라고 역설했다. 드러커는 항상 세상을 살 만한 곳으로 만들려고 노력했다. 그리고 그 방법은 경영자가 개인의 생산성을 향상시켜 물질적 소비수준을 높이는 것이라고 주장했다. 이 대목이 피터 드러커가 현대 경영학의 아버지로 불리는 이유다.

제6장에서 드러커는 선진국이 점점 더 복지국가를 추구하면서 활력과 자율성을 잃고 다음 세대를 위한 자원을 앞당겨 소비하는 현실을 파악하고 그 대안으로 기업가 사회를 제시한다.

제7장에서 드러커는 사회가 '다양한 조직들에 기초한 새로운 다원주의 사회'로 변했음을 분석하고 정부 역시 다원사회의 한 기관으로서 수행능력이 있는 분야에 초점을 맞춰야 한다고 주장한다.

에필로그에서 드러커는 자본주의 제도를 계속 유지하려면 기업의 경영자는 기업이 사회의 한 구성원이라는 사실을 인식해야 한다고 주장한다. 따라서 경영자는 자유경쟁에서 뒤처진 사람들에 대한 책임 및 반기업 정서와 반부자 정서에 대해 적극적으로 대응할 것을 주문한다. 그리고 현대의 지식근로자에게는 공헌욕구가 있음을 밝힌다.

　이 책을 만드는 데 신세를 진 사람들에게 고마움을 표시한다. 내가 드러커에게 관심을 갖게 된 때는 경영학을 공부하는 학생이라면 제대로 읽지는 않아도 영문 복사판 한두 권쯤은 서가에 비치했던 대학 시절부터였다. 세월이 흘러 처음으로 드러커의 저술들을 번역한 것은 1992년이었다. 하지만 드러커에게 깊이 매료된 계기는 은사 최종태 교수님의 말씀 때문이었다. 나는 대학을 졸업하고 직장생활을 상당히 한 뒤인 1977년 대학원에 입학했다. 당시 최 교수님께서 인사관리를 가르쳤는데 강의실에서였는지 혹은 학회에서였는지 기억이 나지 않는데 '자신보다 더 훌륭한 사람들을 부하로 삼아 자신의 목표를 달성한 사람이 이곳에 묻혀 있다'라는 앤드류 카네기의 묘비명과 '자신의 강점으로 일을 하라'라고 한 미국 장애인 병원의 모토가 경영의 진수라고 말했다. 물론 이 말의 출처는 드러커의 『경영의 실제』이다. 나는 그때 강렬한 인상을 받았다. 세월이 흘러 나는 『경영의 실제』를 번역했다.

　나는 드러커의 저술과 다른 사람들이 드러커에 대해 쓴 책을 포함하여 모두 22권을 번역했다. 주로 한국경제신문 출판사와 청림출판사를 통해서였다. 김경태 사장과 고영수 사장에게 감사의 뜻을 전한다. 특히 김경태 사장은 1992년 『자본주의 이후의 사회』의 번역을 맡기면서 이 책과 같이 드러커의 저술들 중에서 특정 주제를 중심으로 해설하는 책을 내자고 제의했다. 그 첫 번째가 한경에서 펴낸 『지식근로자』, 『지식사회』, 『지식역사』이다.

지금까지 마음에 담아두었던 감사의 뜻을 지면으로 표시하며 그동안의 빚을 조금이나마 갚고자 한다. 사회생활의 멘토인 심갑보 부회장께서는 나이 차이가 많이 나는데도 격의 없이 대해주셨다. 노희찬 회장, 성기학 회장, 진영환 회장, 유재성 회장, 한삼화 회장, 이화언 행장에게는 재정적으로 신세를 많이 졌다. 대학을 같이 다닌 존경하는 벗 노준찬 회장, 장기호 회장, 신필렬 회장, 이노창 회장, 그리고 고등학교 이래 오랜 벗 김승진 교수, 정기영 교수, 최종고 교수는 나의 천학비재淺學非才에 대해서는 애써 못 본체했고 내가 옆길로 가지 않도록 늘 마음을 써주었다. 벗들에게 언젠가 직접 하고 싶었던 말을 이곳에 남긴다.

마지막으로 『한 권으로 읽는 피터 드러커의 명저 39권』과 『이미 일어난 미래』에 이어 이 책을 출판해준 21세기북스의 김영곤 사장과 임직원에게 감사의 뜻을 전한다.

2010년 11월
이재규

Contents >>>

머리말 5

프롤로그
미래를 예측하는 가장 좋은 방법은 그 미래를 만들어버리는 것이다
오스트리아 경제학파 23 | 오스트리아의 문화계 26 | 경영 현장과 도서관에서 보낸 젊은 시절 28 | 비자발적 실업 그리고 강사와 기자 32 | 히틀러와 괴벨스의 조우 36 | 나치 탈출 38

| 제1장 |

사회를 넘어 개인의 실존은 어떻게 가능한가
- 키르케고르의 질문과 대답

제2차 세계대전 직후의 키르케고르 붐 45 | 19세기의 질문 : 사회는 어떻게 가능한가? 47 | 사회를 강조한 전체주의에서 배운 값비싼 교훈 49 | 키르케고르의 대답 : 현재 시간과 영원 사이의 긴장 50 | 영원 속의 실존과 사회 속의 실존 53 | 19세기 진보에 대한 낙관적 신념 55 | 외면당한 비극의 존재 56 | 죽음의 문제 : 전체주의는 죽음을 참을 만한 것으로 만들었다 58 | 윤리로 도피하기 61 | 아브라함과 이삭의 비유 : 인간의 실존은 신앙 속에서 가능하다 63 | 시간과 영원 : 어느 것을 선택할 것인가? 67 | 지상에서 행복하게 살려는 마음가짐이 필요하다 68

| 제2장 |

프랑스혁명은 자유와 평등과 박애의 뿌리가 아니다
- 프랑스혁명과 영국의 보수주의적 반혁명

어떤 사회가 기능적인 사회인가? 73 | 계몽사상과 프랑스혁명은 자유의 뿌리가 아니다 75 | 계몽주의가 발견한 것 : 이성의 절대성과 로베스피에르의 공포정치 77 | 이

성주의적 진보주의자의 문제 : 거부할 줄 알지만 건설할 줄 모른다 79 | 이성주의적 진보주의자는 권력을 잡았지만 유지하는 데는 실패했다 81 | 지식인은 좌파여야 한다는 주장의 배경은 무엇인가? 83 | 루소의 일반의지의 문제 : 백과전서파와 루소의 차이 85 | 루소에서 마르크스에게로 : 루소와 마르크스의 차이 89 | 마르크스에서 히틀러에게로 : 마르크스와 히틀러의 차이 91 | 영국은 어떻게 프랑스혁명을 극복했는가? 93 | 영국의 보수주의 제도 : 양당제도, 내각제, 직업 공무원 제도 96 | 첫 번째 기둥 : 미래 지향적 태도 99 | 두 번째 기둥 : 문제해결 지향 100 | 세 번째 기둥 : 실증적 처방 100

| 제3장 |

도대체 국가의 존재 이유가 무엇인가
― 보수주의적 국가이론과 역사발전

발터 할슈타인의 회고 105 | 보수주의 독일 사상가 세 사람 107 | 보수주의적 국가이론과 역사발전 111 | 복고주의에 대한 대안과 슈탈이 해결해야 할 과제, 그리고 종교적 경험 113 반헤겔주의와 헤겔 비판, 정치가 슈탈에 대한 평가 115 | 보수주의 예언과 철학자로서 슈탈 : 이성적 해결책을 무시한 슈탈 119 | 역사발전과 살아 있는 보수주의 그리고 개인 125 | 혁명에 대해 127 | 보수주의자로서 슈탈의 역사적 위치 131 | 보수주의와 역사발전의 화해 134 | 결론 : 한 사람을 위한 임의적인 권력은 나머지 사람들의 자유를 빼앗는 것이다 136 | 드러커의 예측과 결과 139

| 제4장 |

독일의 대중이 히틀러에게 속은 이유는 무엇인가
― 전체주의의 기원

전체주의의 기원을 사회 경제적으로 분석한 『경제인의 종말』 143 | 경제인 모델과 이윤동기와 자아존숭: 경제 시스템으로서 자본주의는 옳았다 146 | 자본주의는 평등이라는 사회적 목적을 달성하지 못했다 149 | 중하층 계급이 자식들을 대학에 보내려는 이유 151 | 계급 없는 사회는 허구였고, 중간계급은 더 증가했으며 만국의 노동자는 단결하지 않았다 153 | 전체주의가 등장한 이유 : 전쟁과 공황과 경제인 모델의 종말 155 | 전쟁과 실업이라는 악마를 추방할 수 있다면 자유와 평등도 포기한다 158

| 전체주의의 전략 : 비경제인 사회의 구축 160 | 영웅적 인간 : 대중의 사회적 질투심을 만족시킨 나치의 전략 163 | 제2차 세계대전과 독소동맹의 예측 : 전체주의적 군국주의 경제의 목적은 전쟁이다 165 | 전체주의와 공산주의는 예외를 인정하지 않는다 170 | 일본과 우크라이나 170 | 전체주의 국가가 붕괴하는 길 : 후계자 문제 171 | 불가사의한 대중심리: 거짓말은 파시즘의 매력이다 173 | 독일에 대한 강경론과 유화론 : 처칠의 리더십을 지목한 드러커 175 | 『경제인의 종말』에 대한 후일담 : 21세기 현실에도 드러커의 관점은 적용되는가? 177 | 1930년대 자유사회의 리더십 부족이 전체주의의 등장을 촉진했다 181 | 마르크스주의는 시체가 된 후 유럽의 정치 무대를 더 넓게 지배했다 183 | 해나 아렌트의 『전체주의의 기원』과 드러커의 『경제인의 종말』 186 | 전체주의는 완전히 사라진 악몽이 아니다 : 또 다른 최종 해결책을 방지하기 위해 188 | 그 어느 때보다 지금 더 191

| 제5장 |

경영은 사회기능이자 인문예술이다
– 인간은 지상에서 물질적으로 행복하게 살아야 한다

미제스의 질문과 드러커의 대답 197 | 현대 경영학의 아버지 199 | 경영자 : 재화와 용역의 생산성을 향상시켜 인간의 물질적 행복 수준을 높이는 사람 200 | 물질의 증대는 인간정신의 발전을 위한 것이며, 마르크스의 유물론과 다르다 202 | 국방을 위해서도 목표를 달성하는 경영자가 필요하다 203 | 기업의 목적은 고객창조다 204 | 유효수요, 즉 구매력이 중요하다 207 | 마케팅 : 구매력 창출 활동 209 | 혁신 : 경제성장의 기관차로서 기업가의 역할 210 | 마르크스의 오류 212 | 지식생산성 향상이 중요하다 214 | 이익의 기능과 기업의 창조적 활동 217 | 사회 기능이자 인문 예술로서의 경영 220

| 제6장 |

신세를 지면 자유를 잃는다
– 복지사회에서 기업가 사회로

콘드라티예프 주기를 중단시킨 기업가정신 225 | 로테크와 일자리 230 | 기업가정신의 확산이 필요하다 232 | 어느 세대나 그 세대를 위한 새로운 혁명이 필요하다 233 |

혁명은 해결책이 아니다 234 | 혁신과 기업가정신은 생명유지 활동이다 236 | 지식에 기초를 둔 혁신 239 | 사회적 혁신이 필요하다 240 | 진부한 공공기관의 폐기 : 모든 기관은 수명을 다한 후에도 저절로 사라지지 않는다 242 | 규제완화 246 | 배운 사람일수록 더 배워야 한다 248 | 인문예술과 교육산업 250 | 복지사회에서 기업가 사회로 252

| 제7장 |

정부가 할 수 있는 일이 무엇인가
- 다양한 조직에 기초를 둔 새로운 다원주의 사회

새로운 질문 : 정부가 할 수 있는 일이 무엇인가? 257 | 닉슨 대통령이 증명한 것들 259 | 훔볼트와 드러커 260 | 단절의 의미 263 | 오일쇼크, 지식근로자의 등장과 경영자의 책임, 케네디 대통령 암살사건의 의미 266 | 미래를 만들기 위해 지금 우리가 해결해야 할 일은 무엇인가? 268 | 대규모 조직들로 구성된 사회와 권력집중 270 | 새로운 다원주의 : 새로운 기관들은 서로 기능이 다르며, 사회적 우월성은 없다 273 | 지식조직과 명령권한 276 | 기업과 노동조합의 등장 278 | 각각의 기관에는 자율성의 확보와 공동선의 추구가 필요하다 280

에필로그
공정하고 정의로운 사회를 만들 책임

선박과 바다의 비유 : 기업이 사회적 책임을 져야 하는 이유 285 | 현대 산업이 필요로 하는 자원의 특성 286 | 법인의 역설 : 사회는 권력의 집중을 싫어한다(경영자는 공익에 부합하게 행동할 책임이 있다) 287 | 경영자는 사회적 자원을 수탁받아 관리하는 사람이다 288 | 노인 노동력 290 | 경영자는 지역사회의 요구를 해결하고 반기업정서에 대처해야 한다 291 | 경영자의 3대 사회적 책임 294 | 가부장적 기업의 역설 295 | 경기순환을 완화할 책임 296 | 사회의 지도층으로서 경영자의 책임 : 해야 할 일과 하지 말아야 할 일 297 | 맨드빌의 생각을 기초로 기업을 운영해서는 안 된다 300 | 성공에서 공헌으로 303

영문 인명록 310

프롤로그

미래를 예측하는 가장 좋은 방법은
그 미래를 만들어버리는 것이다

선택한 자는 고통을 겪는다.

Wer die Wahl hat, hat die Qual.

독일 속담

프롤로그

오스트리아 경제학파

네덜란드계 유대인 집안 출신인 피터 드러커는 1909년 11월 19일 오스트리아의 고위 공무원이자 경제학자인 아돌프 드러커^{Adolph Bertram Drucker}와 오스트리아에서 최초로 의학을 공부한 여성 중 한 사람인 카롤리네^{Caroline Bondi} 사이에서 첫아들로 태어났다.

드러커의 할아버지는 빈에서 금융업에 종사했다. 아버지 아돌프 드러커는 1902년 26세가 되던 해부터 오스트리아 외국무역성의 관리로 근무하면서 빈대학에서 시간강사 자격으로 경제학을 가르쳤다. 오스트리아 헌법을 제정한 순수법학자 한스 켈젠^{Hans Kelsen}의 아내 마르가레테^{Margarete Bondi}는 드러커의 어머니 카롤리네의 동생이다. 아버지가 빈대학에서 가르친 학생들 가운데는 루트비히 폰 미제스

Ludwig von Mises, 조지프 슘페터Joseph Schumpeter, 프리드리히 하이에크Friedrich von Hayek 등이 있다. 아버지는 특히 일곱 살 아래인 슘페터와는 나이 차를 떠나 금방 친구가 되었다. 아버지는 외국무역성에 젊은 경제학자들을 채용하여 육성했다. 미제스도 아버지의 주선으로 외국무역성에서 근무했다. 아버지는 이들을 집에 종종 초대했다.

당시 빈대학에서는 오스트리아 경제학파의 거장들이 학문적으로 맹활약을 하고 있었다. 카를 멩거Karl Menger는 재화나 서비스의 가격은 한계효용marginal utility에 따라 결정된다고 주장했다. 한계효용이란 소비자가 재화나 서비스를 추가적으로 1단위 구매함으로써 얻는 추가적인 만족이나 편익을 말한다. 멩거는 한계효용이론과 주관적 가치이론의 발전에 크게 기여했다. 그는 빈대학 교수로 재직하면서 뵘바베르크Eugen von Böhm-Bawerk와 프리드리히 비저Friedrich von Wieser 등에게 영향을 미쳤다. 이 세 사람은 오스트리아 경제학파의 3대 기둥으로 알려져 있다.

뵘바베르크와 비저는 1851년에 태어났다. 둘은 빈대학을 같이 다닌 친구로서 처남·매부가 되었으며 모두 오스트리아 정부의 각료를 지냈다. 뵘바베르크는 오스트리아의 재무성 장관을 세 차례 지낸 후 1904년 사임하고 빈대학 교수로 돌아갔다. 비저는 1903년 멩거의 뒤를 이어 빈대학 교수가 되었고 1917년 오스트리아-헝가리 이중제국의 마지막 정부에서 재무성 장관으로 활동했다. 비저는 멩거의 주관적 가치이론에 따른 접근법을 확대 적용하고 기회비용opportunity cost 개념을 도입함으로써 오스트리아학파의 비용이론을 더욱 발전시켰다.

드러커의 아버지 아돌프는 뵘바베르크와 비저보다 25년 아래로, 두 사람과 함께 미제스, 슘페터, 하이에크 등 대단한 제자들을 학문적으로 양성했다. 그는 미제스, 슘페터, 하이에크보다는 각각 5년, 7년, 23년 위였다. 드러커는 1909년생이었으므로 세 사람보다 각각 28년, 26년, 10년 아래였다. 그러나 드러커는 이 위대한 학자들을 어릴 적부터 알고 있었고 나중에도 인연을 맺게 된다.

1938년 히틀러가 오스트리아를 점령하자 드러커의 부모는 미국으로 이주했다. 아버지는 미국에 온 뒤 노스캐롤라이나대학과 아메리칸대학에서 국제경제학을 강의했고 워싱턴에서 유럽 재건계획을 돕기 위한 조직인 미국 관세위원회에 자문했으며, 마지막에는 UC버클리 교수로 봉직하다가 1967년 캘리포니아에서 91세로 생을 마쳤다.

2007년 6월 26일 오후, 나는 『드러커 최후의 통찰The Definitive Drucker』의 저자 엘리자베스 하스 에더샤임Elisabeth Haas Edersheim과 함께 드러커의 미망인 도리스 여사를 방문했다. 거실은 전과 달라진 것이 별로 없었다. 나는 서가를 둘러보며 드러커가 즐겨 읽었을 책들을 살펴보았다. 일본의 설화『겐지 모노가타리源氏物語』의 영어본에서부터 안톤 체호프의 소설집 등이 주인의 손길이 다시 미치지 못한다는 사실도 모르고 가지런히 꽂혀 있었다. 시아버지 아돌프에 대한 도리스의 추억은 각별했다.

"아돌프는 친구들이 매우 많았지만 적은 한 사람도 없는 정말 멋진 분이었어요."

그러면서 도리스는 오랫동안 간직해온 시아버지의 유품 하나를 우리에게 보여주었다. 그것은 1916년 6월 19일 프란츠 요제프 황제가 아돌프 드러커에게 수여한 기사 작위 훈장이었다. 나와 에더샤임은 드러커의 아버지와 관련된 귀중한 자료를 직접 볼 수 있었다.

오스트리아의 문화계

제1차 세계대전이 끝난 뒤 아돌프는 오스트리아 외국무역성 장관직에서 물러나 오스트리아 은행의 청산과 재건 책임을 맡고 있었다. 그러면서 그는 연출자 막스 라인하르트Max Reinhardt, 극작가 후고 폰 호프만슈탈, 작곡가 리하르트 슈트라우스Richard Strauss 등과 함께 1920년 잘츠부르크 여름축제를 다시 시작하고 공동대표로 잠시 활약했다.

1877년 처음 시작하였다가 1910년 중단된 잘츠부르크 여름축제를 다시 한 것은 물론 예술 진흥이 주요 목적이었다. 하지만 사실은 전후前後 예술인들에게 일자리를 보장해주고 관광객을 유치하여 외화를 획득한다는 것이 더 큰 목적이었다. 지금 잘츠부르크 여름축제는 1876년 시작한 독일의 바이로이트 축제와 더불어 유럽의 주요 음악제로 발전했다.

드러커가 오스트리아 문화계 인사들을 먼발치에서나마 본 것은 그 무렵이었다. 문학 살롱은 유럽 문화사에서 아주 흥미로운 현상에 속한다. 여러 시대에 걸쳐 다양한 전성기를 보내면서 각양각색의 모습으로 유럽 전역을 휩쓸다시피한 오랜 전통이 살롱문화의 특징이다. 드러커가 어린 시절부터 유럽 상류사회의 사교적이고 지적인 분위기에서 생활하게 된 것은 오스트리아 재무장관 헤르만 슈바르츠발트Hermann Schwarzwald 박사의 아내 에우게니Eugenie Schwarzwald 여사가 운영하는 살롱에 아버지를 따라 나가게 되면서부터였다. 에우게니 여사는 1901년 오스트리아 여학생을 위한 고등교육기관도 설립했다. 이 학교에는 유명한 건축가 아돌프 로스Adolf Loos와 유명한 화가 오스카 코코슈카Oskar Kokoschka 등이 교사로 참여했다. 이 무렵 구스타프 클림트는 빈 분리파 예술의 우두머리였고 구스타프 말러는 빈 음악계의 거두였다.

드러커는 15세 때인 1924년에 에우게니 여사의 살롱에 출연자로 초대되었다. 여기서 드러커가 발표한 것은 「파나마 운하가 세계무역에 미친 영향」이었다. 파나마 운하가 개통된 지 10년 안팎이라 아직 아무도 이 문제에 손을 대지 않았다. 드러커는 이에 대한 연구결과를 발표했다. 파나마 운하를 건설하는 데 투입된 인원은 서인도제도에서 3만 1,000명, 유럽에서 1만 2,000명으로 합계 4만 3,000명이었고 총 공사비용은 3억 9,000만 달러였다. 공사기간은 1904년부터 1914년까지 총 10년이 걸렸다. 파나마 운하가 건설됨으로써 남미대륙을 돌아 태평양에서 대서양으로 항해하던 많은 선박이 비용과 시간을 절감할 수 있게 되었다. 당시 파나마 운하공사는 '인간이 자연에 저지른 가장 오만방자한 일인 동시에 비길 데 없는 공학의 승리'라고 말할 수 있었다.

에우게니 여사의 살롱에 출입하는 명사들 가운데는 소설가 토마스 만도 있었다. 드러커는 그에 대해 다음과 같이 회고했다.

"내가 에우게니 여사의 살롱에서 토마스 만을 만난 것은 16세 때였다. 그는 노벨 문학상을 받기 몇 년 전이었지만 이미 대작가의 반열에 올라 있었다."

경영 현장과 도서관에서 보낸 젊은 시절

10대 후반의 드러커는 지루하기 짝이 없는 김나지움 수업에 지쳤다. 그리고 퇴락하는 작은 나라 오스트리아의 수도 빈도 싫었다. 그런 상황에서 빠져나갈 수 있는 가장 쉬운 방법은 독일이나 영국에서 견습 일자리를 얻는 것이었다. 교사들도 드러커가 학교에 더 다닐 필요가 없다고 인정했다. 게다가 드러커의 동생 게르하르트는 의학을 공부하기로 결정했기 때문에 경제적으로 계속 아버지의 도움을 받아야 했다. 그래서 드러커는 아버지의 부담을 덜어주기 위해서도 경제적으로 자립해야 한다고 생각했다. 그러나 아버지는 드러커가 대학에 진학하여 교수가 되기를 강력하게 원했다. 여러 사정을 종합해볼 때 드러커는 교수의 길이 예정되어 있었던 것이다.

그러나 드러커는 아버지의 기대를 저버리고 무역회사에서 견습생 노릇을 하기 위해 1927년 독일 함부르크로 갔다. 드러커가 18세 때였다. 드러커의 삶은 그 후 순탄했다고 할 수는 없다. 독일 속담에 '선택한 자는 고통을 겪는다'라는 말이 있다. 드러커는 인생의 고비마다 고통스러운 선택을 하게 된다.

드러커는 일찍부터 책임 있는 성숙한 어른으로 취급받기를 바랐다. 대학을 졸업하면 신분 상승에 유리하긴 했다. 하지만 당시 유럽의 대학들은 전문직업과는 관련 없는 순수 교육을 했기 때문에 대학을 졸업해도 직업인으로서 필요한 기능을 익힐 수 없었다. 그러려면 차라리 기술전문학교에 입학하거나 어떤 분야의 장인匠人을 찾아가 도제徒弟가 되는 길을 택해야 했다. 게다가 1920년대 유럽 대륙의 함부르크, 암스테르담, 바젤 같은 상업도시에서는 물론이고 오스트리아에서도 양갓집의 아들 중 가장 뛰어난 아들은 대학에 진학시키지 않는다는 전통이 있었다.

드러커는 무역회사에 다니면서 경영자는 단순히 '분석'만 해서는 안 되고 실제로 밖으로 나가서 '조사'를 해야 한다는 사실을 배웠다. 드러커는 처음부터 '현장'에서 배웠다. 이는 드러커의 경영사상을 이해하는 데 중요한 열쇠다. 그는 시장에 나가서 직접 관찰하고, 질문하고, 대책을 세워야 한다는 것을 배웠다.

드러커는 오전 7시 30분에 출근하여 오후 4시까지 일했고 토요일에는 정오에 일을 마쳤다. 따라서 시간이 남아돌았다. 그는 남는 시간을 활용하고 대학에 들어가기를 바라는 아버지를 실망시키지 않기 위해 함부르크대학 법과대학에 등록했다. 하지만 드러커가 함부르크대학에 등록한 것은 공부를 더 하거나 교수가 되고 싶어서가 아니었다. 더욱이 그 당시 오스트리아나 독일의 대학생들은 강의실에 꼬박꼬박 출석하지도 않았다. 교수들도 학생들의 출석에 대해 까다롭게 굴지 않았다. 졸업시험만 보면 학위를 받을 수 있었다. 그런 점은 드러커보다 18년 앞서 빈에서 태어난 소설가 츠바이크에게서도 확인할 수 있다. 1899년 츠바이크는 빈대학에 입학하면서 해방감을 맛보았다. 사실 츠바이크는 강의를 거의 듣지 않았다. 츠바이크는 철학 과목을 선택하면서 이렇게 말했다.

"철학은 최소한의 노력만 기울이면 따라갈 수 있다. 강의나 세미나에서 빠지기도 쉬운 과목이다……. 내 평생 대학 안 다니는 대학생으로 보낸 그 몇 해만큼 행복한 순간은 없었다."

드러커가 무역회사 견습생으로서 하는 일은 정말 재미없었고 배울 것도 거의 없었다. 드러커에게 견습생활은 시시했지만 함부르크 시절은 충실했다. 드러커는 주중 5일 저녁에는 함부르크의 유명한 시립도서관에서 보냈다. 대학생은 원하는 대로 얼마든지 책을 빌려 볼 수 있었다. 또 대학생은 영화관의 무료입장권을 얻을 수 있어서 일주일에 세 번은 무성영화를 즐겼다. 매주 한 번씩 오페라도 구경했다. 대학생에게 오페라 입장료는 거의 무료였다.

드러커는 함부르크에서 머문 15개월 동안 독일어와 영어, 프랑스어로 된 책을 많이 읽었다. 함부르크 시절에는 또한 토마스 만, 괴테, 찰스 디킨스, 제인 오스틴, EM 포스트 등의 소설을 읽고 인문학에 대한 소양을 한층 더 갖춘 시기였다. 오히려 드러커는 도서관에서 진짜 대학교육을 받은 셈이다.

드러커가 나중에 '지식사회'와 '지식근로자'라는 개념을 고안한 것은 정치학과 역사학에 관심이 많았기 때문이다. 드러커는 덴마크의 종교 사상가이자 실존주의 철학의 창시자 키르케고르에 심취했다. 1809년 세계 최초의 근대 대학인 베를린대학(지금의 훔볼트대학)을 창설한 훔볼트Wilhelm von Humbolt, 프로이센 주도로 독일을 통일하려고 노력한 최초의 정치가 요제프 라도비츠Joseph von Radowitz, 법 아래서의 자유를 주장한 법철학자 프리드리히 율리우스 슈탈Friedrich Julius

Stahl 등 독일의 위대한 사상가들에게 관심을 기울였다.

드러커는, 자신이 다스리는 다민족 합스부르크제국을 보호하기 위해 유럽 전체에서 반反혁명의 국제적인 동맹 고리를 엮은 오스트리아 재상 클레멘스 메테르니히 Klemens Metternich, 근대적 체계를 갖춘 보수주의 이념의 기초를 확립한 영국의 의회주의자 에드먼드 버크 Edmund Burke, 『영국의 헌법』을 펴낸 보수적 자유주의자 월터 배젓 Walter Bagehot, 『미국의 민주주의』를 펴낸 프랑스의 알렉시스 드 토크빌 Alexis de Tocqueville 등을 읽고 또 연구했다.

드러커가 함부르크대학에서 법률을 공부하면서 수강한 해사법 admiralty law 강좌는 서구 역사, 사회, 기술, 법사상, 경제학 등을 포괄하고 있었다. 이는 나중에 드러커가 경영학의 원칙을 가르칠 때 학습법의 원형이 되었다. 그리고 함부르크에 체류하는 젊은 지식인으로서 드러커에게 기념할 만한 일이 있었다. 함부르크대학의 입학허가를 받기 위해 제출한, 에우게니 여사의 살롱에서 발표한 글「파나마 운하가 세계무역에 미친 영향」을 보완하여 쓴 논문이 독일의 경제 계간지에 게재된 것이다. 드러커가 쓴 글이 최초로 활자화된 것이다.

드러커는 1927년 말 크리스마스 휴가를 얻어 고향에 돌아왔다. 고향집에는 드러커가 14~15세 무렵부터 애독하던 경제주간지 『오스트리아 이코노미스트』에서 신년특집호 편집회의에 참석해달라고 보낸 초대장이 도착해 있었다. 초대장 말미에는 '당신의 논문「파나마 운하가 세계무역에 미친 영향」은 매우 우수하다고 생각합니다'라는 글과 함께 편집장의 서명이 있었다.

드러커가 자신의 역할 모델로 삼은 월터 배젓이 편집을 맡은 영국의 유력 경제지 『런던 이코노미스트』를 벤치마킹하여 출범한 『오스트리아 이코노미스트』는 경제와 비즈니스뿐 아니라 국제정치, 과학, 기술의 각 분야까지 포함하는 활기차고 이색적인 잡지였다. 이 잡지는 1930년대에 나치의 탄압을 받기까지 유럽에서는 상당히 영향력이 있었다. 드러커의 아버지는 창간할 때부터 후원자로 있었다. 드러커는 그 초대장과 그 후 일련의 조치는 아버지가 자신을 문필가의 길을 가게 하려고 주선한 것임을 나중에 알았다.

편집회의에는 헝가리 출신 경제인류학자 칼 폴라니$^{Karl\ Polanyi}$도 부편집장으로 나와 있었다. 폴라니의 아버지는 유럽에서 손꼽히는 철도왕이었다. 폴라니의 동생 마이클 폴라니$^{Michael\ Polanyi}$는 화학자였다. 그리고 마이클의 아들 존 폴라니$^{John\ Polanyi}$는 1986년 노벨화학상을 수상했다. 폴라니에게 단번에 매료된 드러커는 회의가 끝난 다음 '좀 더 함께 이야기하고 싶다'라고 면담을 신청했고, 폴라니는 그 자리에서 승낙하여 드러커를 크리스마스 디너에 초대했다. 폴라니와 드러커는 나치를 피해 런던과 미국에 갔을 때 다시 만났고 가족끼리 계속해서 교제했다. 폴라니가 1944년 버몬트 베닝턴대학에서 『거대한 전환$^{The\ Great\ Transformation}$』을 집필할 때 폴라니와 드러커는 자주 이야기를 나누었다.

비자발적 실업 그리고 강사와 기자

드러커는 함부르크에서 무역회사 사원 겸 대학생으로 2년을 보낸 후

1929년 1월 프랑크푸르트로 옮겨왔다. 월스트리트에 본점이 있는 미국 투자은행의 프랑크푸르트 지점에 근무하게 되었기 때문이다. 드러커는 미국계 투자은행 지점에서는 짧은 기간 근무했으나 많은 것을 배웠다. 지점장은 일하는데 신입사원이라고 해서 봐주는 것이 없었다. 그는 드러커에게 독일, 네덜란드, 이탈리아, 프랑스의 섬유회사를 하나로 합병하는 업무를 맡겼다. 드러커가 궁금한 사항을 물어보면 지점장은 다음과 같이 말하곤 했다.

"그 문제에 대해 자신이 좀 더 찾아봐. 참고가 될 만한 조사가 끝나기 전에는 물어보지 말게나."

따라서 드러커는 스스로 자료를 찾아봐야 했고 그 과정에서 많은 것을 배울 수 있었다. 지점장은 개개인을 살펴보고 그가 무엇을 해야 하는지 파악한 뒤 그 사람의 능력 이상의 것을 요구했다. 그리고 매우 전문적인 수준에 이를 때까지 요구수준을 점점 더 높였다. 그때 드러커는 '사람들을 각자의 장점을 고려해서 각각 다르게 대우하라'라는 점을 배웠다. 드러커는 2002년 『넥스트 소사이어티』의 서문에서 투자은행의 프랑크푸르트 지점에서 겪은 일을 회고하는 글을 남겼다.

"나는 지점에서 나이가 가장 어린 견습사원으로서 연구 보조원이었다. 더 정확히 말해 직속 상사가 저술하고 있는 책의 오자를 교정하고 색인을 정리하는 일 따위를 도와주었다. 그 책은 1929년 10월 24일 뉴욕 증권시장이 파탄 나기 이틀 전에 출판되었으므로 결국 흔적도 없이 사라졌으며 내 일자리도 며칠 뒤 같은 운명을 겪었다."

게다가 드러커 자신도 증권분석 일을 하는 한편 (자신의 말에 따르면)

부끄럽기 짝이 없는 계량경제학 논문을 두 편 썼다. 한 편은 '상품시장'에 대한 것이었고 다른 한 편은 '뉴욕증권거래소에 관한 연구'였다. 후자에서는 (직속 상사의 견해와 마찬가지로) 계속 상승하던 뉴욕의 주식시세는 앞으로도 '더욱더 상승할 수밖에 없다'라는 결론을 내렸다. 논문 두 편 모두 독일의 권위 있는 경제주간지의 1929년 9월호에 게재되었다. 그러나 잡지가 출판된 지 한 달이 채 지나기도 전에 뉴욕증권거래소는 이른바 '암흑의 목요일'을 맞게 된다. 이후 드러커는 두 번 다시 주식시세를 예상하지 않기로 결심했다. 당시 논문이 오늘날 다른 사람들의 눈에 띌 걱정이 없다는 것이 무엇보다 다행스러울 따름이라고 회고했다.

드러커는 투자은행에 다니면서 프랑크푸르트대학으로 전학했다. 프랑크푸르트대학 사회연구소는 오늘날 유럽의 진보 사상의 뿌리다. 이 학파는 막스 호르크하이머Max Horkheimer를 필두로 테오도어 아도르노Theodor Ludwig Wiesengrund Adorno, 허버트 마르쿠제Herbert Marcuse, 발터 벤야민Walter Benjamin, 에리히 프롬Erich Pinchas Fromm 등 쟁쟁한 학자들을 배출했다. 이 학파는 파시즘에 대한 현상적 비판을 넘어서 파시즘을 낳게 한 독점자본주의와 그것을 무의식적으로 지지하는 시민사회와 과학기술도 비판했다. 1933년 히틀러가 집권하자 이들이 택한 망명지는 진보 사상의 종주국 구소련이 아니라 역설적이게도 서구였다. 특히 프롬은 나중에 버몬트 주 베닝턴대학에서 드러커와 함께 근무했다.

1929년 10월 24일 '암흑의 목요일'에 월스트리트의 많은 투자은행이 문을 닫자 프랑크푸르트의 외국 지점들도 속속 폐쇄되었다. 드러커는 당시 대부분의 독일 젊은이들과 마찬가지로 실업자 신세가 되었다. 미국에서 시작한 대공황은 프랑크푸르트의 드러커에게 첫 번째 비자발적 실업을 안겨준 것이다. 드러커는 투자은행 지점이 파산하자 신문기자가 되는 기회를 얻었다. 드러커는 실직 직전에 투자은행의 미국 본사에서 도착한 '뉴욕의 주식 폭락은 곧 끝날 것'이라는 제목의 영문 보고서를 독일어로 번역하여 프랑크푸르트의 유력 석간지 프랑크푸르트 게네랄안차이거Frankfurt General-Anzeiger에 기고한 적이 있다. 실직한 후 드러커는 안면이 있는 한 편집인의 소개로 프랑크푸르트 게네랄안차이거의 사주를 만났다. 사주는 드러커의 사정을 딱히 여겨 그 자리에서 해외 및 경제뉴스 편집기자로 채용했다. 공교롭게도 그날은 드러커의 20세 생일날인 1929년 11월 19일이었다. 그러자 신문사 사람들은 '발행부수가 50만 부가 넘는 대신문의 중요 지면을 경험도 없는 젊은 놈에게 맡긴다는 게 말이 되느냐'라며 불평을 쏟아냈다.

드러커는 오후 2시 30분 최종편집 원고가 인쇄에 들어가면 신문사에서 퇴근했다. 그리고 혼자서 국제관계와 국제법, 사회제도와 법률제도, 세계 역사와 금융 등을 공부했다. 차츰 드러커는 자신만의 독특한 공부방법을 개발하게 되었다. 3년 또는 4년마다 다른 주제를 선택한다는 것이다. 그것은 통계학, 중세역사, 일본미술, 페루미술, 그리고 자연과학 등이 될 수도 있었다. 3년 정도 공부한다고 해서 한 분야의 학문을 완전히 터득할 수는 없지만 이해하는 데는 충분했다. 그런 식으로 드러커는 60년 이상 한 시기에 한 주제씩 선정하여 스스로 배웠다. 드러커는 90세가 넘어서도 이런 식으로 연구하고 있다고 나에게 말했다.

　드러커는 신문사에 입사한 지 2년 뒤인 1931년 22세에 부편집장들 중 한 사람으로 승진했다. 입사 2년차에다 젊은 나이에 부편집장이라는 직위는 파격적이라 할 수 있었다. 물론 드러커가 우수한 점도 작용했지만 그보다 당시 유럽에서는 우수한 사람들이 제1차 세계대전에 참전했다가 많이 죽었고 그 영향으로 30세 전후의 인재가 부족했기 때문이다.

　같은 해 드러커는 프랑크푸르트대학에서 국제법 및 국내법 법학박사 학위를 취득했다. 학위 논문도 책으로 출판되었다. 이를 계기로 드러커는 함부르크대학과 프랑크푸르트대학 법학부에서 시간강사 자격을 얻게 되었다. 그 무렵 드러커는 이미 국제법을 담당한 병약한 노교수 대신에 국제법 세미나를 진행하거나 교수의 수업시간에 강의를 대신하기도 했다.

히틀러와 괴벨스의 조우

드러커는 1927년 이후 히틀러가 베를린에서 처음 나치를 조직하고 권력을 잡는 기간 내내 함부르크에 있는 한 수출회사의 견습사원으로서, 함부르크대학과 프랑크푸르트대학에서 법학을 공부하는 학생으로서, 그리고 프랑크푸르트의 한 머천트 뱅크 증권분석가로서 근무하면서 권력의 집중이 초래하는 위험을 일찍이 그러나 어렴풋이 감지했다.

기자가 된 드러커는 독일 정치 무대에서 한층 더 두각을 나타내던 나치 당수 히틀러와 그의 오른팔 요제프 괴벨스Paul Joseph Goebbels의 연설을 여러 번 들었고 직접 인터뷰도 했다. 나치 정권의 선전장관 괴벨스는 일방적으로 연설하는 것을 좋아하여 인터뷰 약속을 잡기가 매우 어려웠다. 그러나 자기 편한 대로 질문 내용을 설정하여 사전에 배부하는 히틀러와 인터뷰하기는 비교적 간단했다. 히틀러인지 괴벨스인지는 확실치 않으나 드러커는 다음과 같이 회고했다. 나치는 어떤 연설에서 '우리는 빵값의 인상도 인하도 혹은 동결도 원치 않는다. 단지 나치가 정하는 빵값을 원할 뿐이다'라고 호소하여 농민들의 갈채를 받았다. 그 말은 파시즘의 본질을 정확하게 나타낸 것이다. 괴벨스는 다음과 같은 연설도 했다.

"농산물 가격이 인상되어 농민은 소득을 올리고, 도시 노동자는 빵값이 인하되어 생활비를 줄이고, 빵가게와 식료품가게 모두 이익을 더 많이 남길 것이다."

이 말은 분명 모순이었다. 그러나 청중은 그런 거짓 선전술에 열광했다. 신문사 기자들은 대부분 나치의 선전을 선거용 슬로건으로 받아들였다(나치의 프로파간다는 오늘날 좌파의 포퓰리즘과 매우 닮았다).

반면 드러커는 나치의 주장을 심각하게 받아들였다. 드러커는 곧 파시즘의 폭풍이 불어닥칠 것이라고 판단했다. 드러커는 동료 기자, 정계 인물, 산업계 리더를 만날 때마다 나치의 위험성을 경고했다. 하지만 드러커는 오히려 주위 사람들에게서 타박을 받았다.

"사람이 순진하기는. 쯧쯧……."

독일의 우익 정당들은 '비천한 집안 출신인 히틀러를 다루는 것은 간단한 일'이라고 쉽게 생각한 것이다.

당시는 직장을 옮기기가 쉽지 않았다. 하지만 드러커는 한시 바삐 프랑크푸르트를 탈출해야겠다고 생각했다. 이런 다짐을 할 무렵인 1933년 1월 나치가 독일의 정권을 장악했다. (역사에 가정은 없다고 하지만) 만약 그 당시 독일 언론이 히틀러라는 인간을 더 철저히 분석하고 위험성을 인식하여 나치의 정권 장악을 저지했더라면 역사는 달라졌을 것이다.

드러커는 신문사에 근무하면서 다른 여러 잡지에 경제와 금융 관련 글을 수시로 기고했다. 게다가 드러커는 또 다른 일도 했다. 앞에서 말한 대로 드러커는 프랑크푸르트대학에서 조교 자격으로 강의를 했다. 그런 도중에 프랑크푸르트대학은 드러커에게 조교보다 한 단계 위인 임명직 강사로 오지 않겠느냐고 제의했다. 그 당시 독일의 대학에서 임명직 강사가 되면 외국인은 자동으로 독일 시민권을 얻게 되는 규정이 있었다. 그러나 드러커는 독일 시민이 되어 히틀러의 신민이 되기는 죽어도 싫었다.

나치 탈출

1933년 초, 히틀러가 정권을 장악하기 무섭게 서두른 조치들 중 하나가 유대인 탄압이었다. 나치는 상징적 효과를 얻기 위해 아인슈타인의 은행예금을 동결했다. 신변에 위협을 느낀 아인슈타인은 '나는 개인에게 법률상 평등한 권리와 언론의 자유와 학문의 자유가 부여

되지 않는 국가에 더 머물기를 원치 않는다'라고 발표한 후 미국으로 떠났다. 노벨문학상 수상작가 토마스 만도 시민권이 박탈되자 망명 길에 올랐다. 연주 기회를 잃게 된 피아니스트 아르투르 루빈스타인Arthur Rubinstein도 그 뒤를 따랐다. 그러나 엑소더스의 길은 갈수록 험난해졌다.

1938년 3월 12일, 나치가 오스트리아를 점령Anschluss했다. 그날 프로이트는 일기장에 '오스트리아는 끝났다'라고 적었다. 그로부터 3일 후인 3월 15일, 한 무리의 나치 군인이 빈에 있는 프로이트의 집을 부수고 돈 6,000실링과 가족의 여권을 빼앗아갔다. 일주일 후인 22일에는 그들이 다시 돌아와 프로이트의 집을 쑥대밭으로 만들었다. 프로이트의 생명마저 위험했다. 그때 프로이트의 친구들과 그를 존경하는 사람들이 적극 나섰다. 프랭클린 루스벨트Franklin D. Roosevelt 미국 대통령 등이 프로이트를 출국시키도록 나치 정부에 압력을 넣었다. 3개월 후인 1938년 6월 15일, 82세의 프로이트는 소장하고 있던 도서와 수집한 골동품을 가지고 영국 도버에 도착했다. 물론 저축한 돈은 가져올 수 없었다. 여동생 넷은 함께 가지 못했다. 그들은 모두 70세가 넘은 고령이었다. 몇 달이 지나지 않아 프로이트의 여동생들은 모두 죽었다. 나치는 그들을 가스로 죽이고 화장을 했다. 프로이트는 1939년 9월 23일 자정을 조금 앞두고 사망했다. 런던으로 온 지 1년 3개월 만이었다. 프로이트는 마지막으로 친지에게 편지를 보냈다.

"제 죽음의 슬픔을 빨리 이겨내길 바랍니다. 그리고 당신의 상냥한 기억 속에 제가 늘 살아 있기를 희망합니다."

1931년부터 영국에 머물고 있던 하이에크는 1938년 나치가 오스트리아를 병합하자 아예 영국으로 귀화했다. 1940년 9월 27일 밤, 벤야민은 망명에 실패하자 자살했다.

드러커는 기자와 강사와 기고자 노릇을 하면서 우물쭈물하며 독일에 머물러 있지는 않을 생각이었다. 그래서 구실을 만들었다. 드러커는 이 결심에 따라 책을 한 권 썼다. 그 소책자는 독일의 보수주의적 정치철학자 프리드리히 율리우스 슈탈을 주제로 한 것이었다. 슈탈은 개종한 유대인으로서 쇠퇴하는 루터파 기독교의 신학이론을 재건하였다. 격동의 1930년대에 보수주의와 애국주의를 바탕으로 '독일 보수주의의 아버지'로 불리는 슈탈에 관한 논문을 쓴 것은 나치를 정면공격한 것이나 마찬가지였다. 드러커는 어차피 독일을 탈출한다면 저널리스트로서 자신의 위치를 명확하게 하고 제몫을 다한 사람으로 인정받고 싶었던 것이다.

『프리드리히 율리우스 슈탈: 보수주의적 국가이론과 역사발전 Friedrich Julius Stahl, Konservative Staatslehre und Geschichtliche Entwicklung』이라는 소책자를 완성하는 데는 몇 주일밖에 걸리지 않았다. 드러커는 그것을 정치학과 정치사 분야에서 가장 저명한 출판사인 튜빙겐의 모어출판사에 보냈다.

게다가 드러커가 당초 의도를 실행에 옮겨 즉각 독일을 떠나도록 마음먹게 한 다른 사건이 터졌다. 1933년 2월 25일 프랑크푸르트대학에 나치 조정관이 왔다. 이어 새 지배자의 국가 운영방침을 듣는 전체 교수회의에 참석했을 때 교수는 물론이고 강사까지도 시련이 눈앞에 닥쳤다는 것을 알 수 있었다. 신임 나치 조정관은 입을 열기 바쁘게 유대인 교수의 대학 구내 출입을 일절 금지하고 3월 15일자로 급여를 지불하지 않고 전원 해고한다는 등 말도 되지 않는 장광설을 늘어놓은 다음 다음과 같은 말로 연설을 끝냈다.

"내 말을 듣든지 수용소에 가든지 둘 중의 하나를 선택하라."

나치가 반유대주의를 아무리 소리 높이 외친다 해도 실제로는 취할 수 없으리라고 믿었던 조치를 한 것이다. 회의가 끝나자 교수들 가운데 유대인 동료와 어깨를 나란히 하고 퇴장할 만한 용기가 있는 사람이 두세 명 있기는 했다. 그러나 교수들은 대부분 자기 몸에 재난이 닥쳐오지 않을 정도로 유대인 교수와 거리를 유지하면서 퇴장했다. 그들은 바로 얼마 전까지만 해도 친구였는데 말이다. 드러커는 죽고 싶을 정도로 가슴이 답답했다. 그리고 48시간 안에 반드시 독일을 떠나야겠다고 굳게 결심했다.

드러커가 하숙집에 돌아와보니 반갑게도 출판사로부터 원고 교정본이 배달되어 있었다. 그는 곧바로 신문사에 가서 사표를 내고 다시 집으로 돌아와 교정본을 검토한 후 출판사에 보냈다. 다음 날인 1933년 2월 26일 정오, 프랑크푸르트에 온 지 약 4년 1개월 만에 드러커는 프랑크푸르트에서 빈으로 떠나는 열차 안에 있었다. 그날 드러커는 단지 프랑크푸르트를 떠난 것이 아니라 미래에도 살아남기 위해 필사의 탈출을 한 것이다. 드러커가 프랑크푸르트에 계속 있었다면 틀림없이 죽임을 당했을 것이다.

드러커이 글은 번역하다 보면 군디디기 없는 저닐리즘 어부가 일품이다. 그는 '미래를 예측하는 가장 좋은 방법은 그 미래를 만들어 버리는 것이다.The best way to predict the future is to make it.'라는 말을 가장 자주 인용하는데, 이 말은 아마도 당시 경험을 두고 한 말인지도

프롤로그 41

모르겠다.

32쪽의 소책자는 1933년 4월 26일 『법과 정치』 시리즈 100호 기념호로 출판되었다. 책은 드러커의 의도대로 금방 나치의 눈에 띄어 즉각 판매금지처분이 내려지고 불태워졌다. 그로부터 4년 뒤 출판된 드러커의 두 번째 수필 『독일에 거주하는 유대인에 대한 질문』도 같은 운명을 겪었다. 유일하게 남아 있는 이 책 한 권은 오스트리아 국립문서보관소에 보관되어 있다. 표지에는 나치의 인장이 선명하게 찍혀 있다.

슈탈에 관한 소책자는 그 후 독일어권에서는 재출간되지 않았으나 미국에서는 2002년 7월 『소사이어티Society』에 'Friedrich Julius Stahl: His Conservative Theory of the State'라는 제목으로 번역 수록되었다. 그리고 독일어권에서는 드러커의 슈탈에 관한 논문 발간 70주년 기념으로 2004년 헤르만 지몬Hermann Simon 외 7명의 교수가 『피터 드러커, 효율적 경영의 주요 미덕Peter F. Drucker, Kardinaltugenden Effektiver Fuehrung』이라는 제목의 논문집을 출판했다.

01 >>>

사회를 넘어 개인의 실존은 어떻게 가능한가

키르케고르의
질문과 대답

19세기 철학자들은 '사회는 어떻게 가능한가?'라고 질문했다.
그들은 인간의 실존이 무엇이든 간에,
개인의 자유·권리·의무가 무엇이든 간에,
그리고 개개인의 생활의 의미가 무엇이든 간에,
그런 모든 것은 사회의 생존이라는 객관적 필요에 따라
사회가 결정한다고 보았다.
그 반면 키르케고르는 '인간의 실존은 어떻게 가능한가?'라고 질문했다.
키르케고르의 신앙은 인간에게(지상에서 행복하게) 존재하도록 해준다.

피터 드러커

01

제2차 세계대전 직후의 키르케고르 붐

덴마크의 종교사상가 키르케고르는 『불안의 개념』 『죽음에 이르는 병』 등을 쓴 것으로 유명하다. 제2차 세계대전 이후 불안과 고통에 빠져 있던 유럽, 미국, 일본 등에서 키르케고르 붐은 절정에 달했다.

키르케고르는 자신을 기독교 사상가로 소개하지만 다른 이름으로도 많이 불린다. 예를 들면 다음과 같다. 실존주의 철학자, 우수의 철학자, 심층심리분석학자, 성경 주석가, 종교저 천재, 신학지, 선지자 등 철학·종교와 관련된 별명뿐만 아니라 시인, 문학자, 반反이성주의자, 우울증 환자, 냉소주의자로 불리기도 한다.

키르케고르는 42년 생애를 기독교 전파라는 단 한 가지 사명에 집중했다. 그는 '기독교가 무엇인가?What is Christianity?'가 아니라 '어떻게 하면 진정한 신자가 되는가?How to become an authentic Christian?'라는 문제를 해결하는 데 바쳤다. 그는 또한 성경을 가르치기보다는 왜곡된 신앙을 교정하려고 노력했다. 키르케고르는 20권의 저서와 25권의 저널 발표문을 남겼다. 대부분 익명으로 출판된 이 저서들의 주제는 철학적·문학적·신학적이며『교화하는 담론Edifying Discourse』은 성경을 주석한 것이다.

1949년 드러커는 1892년 창간된 미국 최초의 정기간행물『세와니 리뷰Sewanee Review』*에 키르케고르의 사상에 대한 논문「사회의 실존을 넘어: 되돌아본 키르케고르Beyond Society: The unfashionable Kierkegaard」를 기고했다. 다음과 같이 시작되는 이 논문은 유럽이 나치즘·파시즘·공산주의에 경도되었던 상황을 고발하는 내용으로 되어 있다.

"독서계를 풍미하고 있는 키르케고르는 백수십 년 전 주로 그와 동시대를 살았던 철학자 집단의 다른 여러 사람들과는 달리 지혜가 샘솟는 현대적인 인물이다. 키르케고르는 심리학자, 실존주의 철학자, 한때 마르크스를 지지한 사람으로 묘사되지만 심리학과 변증법에 대해서는 전혀 관심이 없었다. 그리고 오직 종교적 체험에만 몰입한 진정한 키르케고르는 마르크스를 지지한 사람들과는 닮은 점이 거의 없다. 고뇌에 휩싸인 현대 세계를 위해 의미 있는 키르케고르는

---

* 나중에 존스홉킨스대학으로 출판권이 이관되었다.

진정한 키르케고르이지 오해받고 있는 키르케고르가 아니다. 우리가 경험한 수많은 파편을 하나의 전체로 묶기 위해 키르케고르를 성인^聖人으로 혹은 시인^詩人으로 취급할 필요는 없다. 하지만 키르케고르에게서 우리는 적어도 예언자의 모습을 찾아볼 수 있다. 키르케고르는 '인간의 실존human existence'은 어떻게 가능한가?를 자신의 사색적 질문의 중심에 두었다."

19세기의 질문 : 사회는 어떻게 가능한가?

19세기 많은 철학자의 중심적인 질문은 키르케고르와는 근본적으로 다른 질문, 즉 '사회는 어떻게 가능한가?'라는 것이었다. 예컨대 루소는 시민의 일반의지general will를 앞세운 국가론을, 헤겔은 절대 이성으로서 국가론을, 마르크스는 '계급 없는 사회'를 하나의 대답으로 제시했다.*

    헤겔의 변증법에 따르면, 사회는 공동체인 가족^正에서 변증법적으로 발전하여 그것의 부정인 개인주의적 이익 공동체인 시민사회^反로 전진한다. 그리고 다시 시민사회의 부정을 매개로 하여 국가^合라는 최고의 단계로 변증법적으로 발전하여 간다. 절대 이성은 변증법으로 도달되는

---

* 나중의 일이지만 이들의 직속 후예인 블라디미르 레닌Vladimir Lenin의 공산주의 혁명, 이오시프 스탈린J. Stalin의 구소련, 사회주의, 그리고 히틀러의 국가사회주의는 그 구체적인 실현이다.

최고의 지점, 즉 더 변화될 필요가 없는 최고의 위치를 뜻한다. 헤겔의 절대 이성인 '국가', 루소의 '일반 의지', 마르크스의 '계급 없는 사회'는 동일한 역사결정론에서 출발했다. 그러나 그것들 사이에 존재하는 차이는 아무리 강조해도 지나치지 않다.

하지만 루소, 헤겔, 마르크스는 '인간의 실존'에 관한 질문에는 모두 '인간의 실존이라는 것은 없고, 따라서 그런 질문도 성립되지 않는다'라고 대답했다. 그들에게는 사회를 구성하는 시민은 존재하지만 개인으로서 인간은 없다.

19세기에 던진 질문의 중심이 그랬기 때문에 '인간의 실존은 어떻게 가능한가?'라는 질문은 항상 '인간의 실존은 사회의 바깥에서만 가능하다'라는 대답으로 이어졌다.

예컨대 루소는 '전반적인 진보의 시대'라는 관점에서 대답을 정형화했다. 인간의 실존이 무엇이든 간에, 개인의 자유·권리·의무가 무엇이든 간에, 개개인의 생활의 의미가 무엇이든 간에 말이다. 그런 모든 것은 사회의 생존이라는 객관적 필요에 따라 사회가 결정한다.

달리 표현하면 개인은 자율적 존재가 아니다. 개인의 존재 방식은 사회에 의해 규정된다. 개인은 오직 사회적으로 중요하지 않은 문제에서만 자유롭다. 개인이 각종 권리를 보유하는 것은 오직 사회가 그것들을 개인에게 허용하기 때문이다. 개인은 오직 사회가 필요한 것을 하려고 할 때만 의지를 가질 수 있다. 개인의 생활이 의미를 갖는 것은 오직 그것이 사회적 의미와 연결될 경우에만, 그리고 그것이 사회의 객관적인 목적을 달성하는 데 스스로 기여하는 경우에만 가능하다. 요약하면 인간의 실존은 없고 사회적 실존만 있을 뿐이다. 개인은 존재하지 않는다. 오직 시민만이 존재한다.

19세기 사람들은 '자유의 소유'라는 개념을 너무도 확고하게 믿었기 때문에 이런 현실을 인식하지 못했다. 그 당시 지배적인 사고방식으로는 '인간의 실존은 어떻게 가능한가?'라는 질문이 적절하다는 것을 부정하는 것이 인간의 자유의 적절성을 거부하는 것이라는 사실을 인식하지 못했다. '사회는 어떻게 가능한가?'라는 질문에 많은 지식인intelligentsia*은 '사회적 평등'을 달성하고 '불평등이라는 오래된 족쇄'를 부수고 자유를 쟁취하면 그것이 가능하다고 보았다.

사회를 강조한 전체주의에서 배운 값비싼 교훈

지금 우리는 19세기 사람들이 잘못했다는 것을 안다. 그들은 수업료를 비싸게 내고 나치즘과 공산주의가 무엇인지 배웠다. 그리고 '사회는 어떻게 가능한가?'라는 질문에만 국한한다면 우리는 자유를 얻을 수 없다는 큰 교훈을 얻었다.

히틀러와 공산주의자들이 단언했던 '자유를 누리는 인간의 실존은 불가능하다'라는 주장은 사실일는지 모른다. 하지만 적어도 '인간의 실존은 어떻게 가능한가?'라는 질문은 이제 더는 부적절한 것으

---

*여기서 말하는 지식인은 자신의 생계를 자신이 직접 해결해본 적이 없는 비판적 지식인이고, 자신의 지식으로 자신의 생계와 목표를 달성하는 지식근로자knowledge worker와는 다른 개념이다.

로 간주할 수 없다. 특히 자유를 믿는다고 공언하는 사람들에게 이것보다 더 중요한 질문은 없다.

드러커는 키르케고르가, 루소가 서구 세계를 이끌고 간 방향(즉 잘못된 방향)을 간파한 19세기의 유일한 사상가였다는 것을 설명하려는 것이 아니다. 그 당시 로맨티시스트들 가운데 특히 프랑스의 로맨티시스트들은 앞으로 무엇이 닥쳐올지를 감지하고 있었다. 니체 Nietzsche의 무익하고도 자살적인 반란도 있었다. 자신의 거대한 힘으로 오직 자신만을 거꾸러뜨린 삼손 같은 그 니체 말이다. 오노레 드 발자크 Honore de Balzac는 인간의 실존이 더는 가능하지 않은 사회를 분석했고, 단테의 『신곡』보다 더 끔찍한 지옥을 묘사했다. 발자크가 묘사한 지옥에는 단테와 달리 심지어 죄를 씻을 연옥마저 없었다. 그들은 모두 '인간의 실존은 어떻게 가능한가?'라고 질문했지만 대답은 오직 키르케고르만 했다.

키르케고르의 대답 : 현재 시간과 영원 사이의 긴장

키르케고르의 대답은 간단하다. 인간의 실존은 오직 사회 속의 '현재' 시간과 개인의 죽음 이후를 포함하는 '영원'* 사이의 긴장 상태에서만 가능하다는 것이다. 즉 사회 속의 시민으로서, 그리고 정신을

---

* 기독교에서는 흔히 '주여, 우리에게 영원한 생명을 주소서.' '성모여, 지금과 저희 죽을 때 빌어 주소서'라고 기도한다.

가진 개인으로서 동시에 두 가지 삶에서 느끼는 긴장 상태에서만 인간은 실존한다는 것이다. 키르케고르는 자신의 많은 저술을 통해 인간의 근본적인 긴장을 여러 가지 방법으로 서술했다. 그중에서도 가장 분명하고 중심적인 것은, 영원과 현재 시간 속에서 인간이 동시에 존재한 결과 긴장이 생긴다는 것이다. 키르케고르는 자신의 사고 체계의 실마리를 성 어거스틴St. Augustine의 지적 사고知的思考의 최정점인 『고백록』에서 얻었다. 그러나 키르케고르는 반명제antithesis를 설정한 뒤 변증법적 논리에 따라 그것에다 성 어거스틴의 사색을 극복하는 의미를 부여했다.

현재 시간의 실존은 지상에서 사는 시민으로서의 실존이다. 우리는 현재 시간 동안 먹고, 마시고, 자고, 승리를 위해 혹은 삶을 위해 싸우고, 아이를 기르고, 사회를 돌보며, 성공하기도 하고 패배하기도 한다. 그리고 우리는 시간 속에서 죽는다. 우리가 죽고 나면 현재 시간 속에는 아무것도 남지 않는다. 따라서 우리는 시간 속에서는 개인으로서 존재하지 않는다. 우리는 오직 인간이라는 종種의 한 구성원일 뿐이며 세대世代라는 사슬로 연결되어 있는 고리들이다.

인간이라는 종은 시간 속에서 독자적인 삶을 살고 독특한 성격을 띠며 자율적인 목적을 갖는다. 그러나 종의 한 구성원으로서는 생명도, 성격도 없으며 종의 외부에서는 목적도 없다. 인간은 오직 종의 한 구성원으로서, 그리고 종을 통해서 존재한다. 사슬은 시작도 있고 끝도 있다. 하지만 각각의 고리는 과거의 고리들을 미래의 고리들과 연결되도록 하는 기능을 수행한다. 사슬 바깥에 있는 고리는 고철 쓰레기에 지나지 않는다.

시간의 수레바퀴는 쉴 새 없이 돌지만 톱니는 대체할 수 있고 교환할 수 있다. 개인의 죽음은 종 혹은 사회의 종말은 아니지만 죽음은 시간 속에서 인간의 생활을 마감한다. 인간의 실존은 시간 속에서는 불가능하다. 시간 속에서는 오직 사회만이 존재한다.

그러나 영원, 즉 정신의 세계 속에서는 (그리고 키르케고르가 좋아하는 용어로 표현하면) '하느님의 눈'에는 존재하지 않는 것, 더 나아가 '하느님의 눈'에는 존재할 수 없는 것이 바로 사회다. (하느님과 함께하는) 영원 속에는 오직 개인만 존재한다. 영원 속에서 각 개인은 특유한 개성을 지니고 가족이나 친구도 없이 아내와 아이들도 없이 혼자이며 모두 혼자다. 그리고 개인은 자신 속의 영혼과 만난다. 시간 속에서는, 즉 사회 영역에서는 처음부터 시작하는 사람도 없고 마지막으로 끝나지도 않는다. 우리는 각자 우리보다 앞선 세대에게서 역사적 유산을 물려받고, 잠시 보관하다가 다음 세대에게 물려준다.

그러나 정신세계에서는 각 개인은 시작도 하고 끝도 낸다. 조상들의 경험은 전혀 도움이 되지 않는다. 그는 무서운 고독 속에서, 완벽하고도 독특한 유일적 존재감 속에서 마치 우주를 통틀어 자신뿐이고 또 자신 속의 영혼밖에 없는 듯한 상황에서 자기 자신을 만나게 된다. 따라서 인간의 실존은 두 가지 차원(시간과 영원)에서 존재한다. 다시 말해 두 가지 차원이 제공하는 긴장 속에서 존재한다.

영원 속의 실존과 사회 속의 실존

그렇지만 인간의 실존이 가능한 것은 오직 두 가지 차원 위에 동시적 실존으로 존재할 때, 즉 정신적 존재이자 사회적 존재일 때뿐이다. 성 어거스틴은 시간은 영원 속에 있으며 영원에 의해 창조되고 영원 속에 멈추어 있다고 말했다. 그 반면 키르케고르는 영원과 시간은 두 가지 다른 차원에서 존재하며, 서로 대조적이고, 양립 불가능하다는 것을 알았다. 게다가 키르케고르는 그것을 논리와 내적 성찰로 인식했을 뿐만 아니라 19세기 사회생활의 현실을 관찰함으로써 터득했다.

인간의 실존이 오직 '영원 속의 실존existence in eternity'과 '시간 속의 실존existence in time' 사이의 긴장 상태에서만 가능하다고 말하는 것은, '인간의 실존'은 오직 인간의 실존이 불가능한 경우에만 가능하다고 말하는 것과 마찬가지다. 하나의 차원에서 실존에 필요한 것은 다른 차원의 실존으로 금지된다. 예를 들면 사회 속의 실존이 가능하려면 사회의 존속에 필요한 객관적 욕구에 부응하여 시민의 역할과 행동을 규정해야만 한다. 하지만 정신세계의 실존은 개인의 법과 규칙 외에는 아무런 법도 규칙도 없고, 오직 자기 자신, 그리고 자신의 하느님하고만 있을 때 가능하다.

인간은 사회 속에서 존재하지 않으면 안 되므로 온갖 질서, 법규, 규제를 따라야 하기 때문에, 그런 것에 저촉되지 않는 사소한 문제 외에는 당연히 자유가 있을 수 없다. 그러나 또한 인간은 정신세계에 존재해야 하기 때문에, 중요한 문제에 대한 사회적 규칙과 제약도, 법률과 규제도 있을 수 없다. 사회 속에서 인간은 오직 사회적 존재로만 존재할 수 있다. 예를 들면 남편으로서, 아버지로서, 아이로서, 이웃으로서, 동료 시민으로서 말이다. 정신세계에서 인간은 오직 개인으로만 존재할 수 있다. 혼자 고립되어 있고 자기 자신의 의식의 벽에 완전히 둘러싸여 있다.

사회 속의 실존은 인간이 사회적 가치와 신념, 보상과 처벌 차원을 현실적으로 수용할 것을 요구한다. 그러나 정신세계의 실존, 즉 '하느님이 보시는 실존 in the sight of God'은 인간이 모든 사회적 가치와 신념을 순수한 허구로, 허영으로, 진실하지 않은 것으로, 타당하지 않은 것으로, 현실이 아닌 것으로 간주하길 요구한다.

키르케고르는 이를 증명하기 위해 누가복음 14장 26절을 인용한다.
"무릇 내게 오는 자가 자기 부모나 처자와 형제와 자매 및 자기 목숨까지 미워하지 아니하면 능히 내 제자가 되지 못하고"
사랑의 복음은 '그들을, 당신이 나를 사랑하는 것보다 덜 사랑하라'라고 말하지 않는다. 그것은 '미워하라'라고 말한다.

인간의 실존은 오직 시간과 영원 속의 '동시 실존 simultaneous existence'으로만 가능하다. 논리적으로 인간의 실존은 오직 서로 타협할 수 없는 두 가지 윤리적 절대성 사이에서 파괴되어버린 실존으로만 가능하다고 말하는 것과 같다. 그것은 공포와 전율 속의 실존이다. 두려움과 불안에 떨며 무엇보다도 절망감에 빠진 실존이다.

19세기 진보에 대한 낙관적 신념

드러커가 지금까지 전개한 논리에 따르면 인간의 실존은 매우 어둡고도 비관적이며 가치 없는 것으로 보인다. 실제로 19세기 사람들에게 그것은 병리적 정신착란처럼 보였다. 그러나 19세기의 (국가와 사회는 개인에 우선한다는) 낙관론이 어디로 귀결되었는지 살펴보자. 왜냐하면 키르케고르의 사상이 통찰력을 갖게 된 것은 바로 낙관론에 대한 분석과 그것이 초래할 궁극적인 결과에 대한 예측이 가능했기 때문이다.

영원이란 것은 현재 시간 속에서 도달할 수 있고 또 도달할 것이라는 사상은 바로 19세기 모든 신조의 진수였다. 진리는, 사회 속에서, 그리고 다수의 결정으로 구축할 수 있다는 사상도 마찬가지였다. 이런 사상은 19세기의 대표적 신념, 즉 진보의 필연성에 대한 믿음이다. 또 19세기가 인간의 사고 체계에 매우 특유하게 공헌한 것은 사실이다.

진보의 신념을 훨씬 더 정교한 형태로 인식할 수도 있다. 진리가 정正과 반反의 다툼을 거쳐 합合이 형성되는 과정에서 스스로 그 모습을 드러내고 그렇게 도출된 각각의 합은 그다음에는 더욱 완벽에 가까운 수준의 새로운 변증법적 통합 과정에서 새로운 정이 되는 헤겔과 마르크스의 변증법적 도식으로 인식할 수도 있다. 혹은 진보의 신념을 자연선택에 근거를 둔 진화이론이라는 관점으로 생각할 수도 있다.

키르케고르가 인간이 처해 있는 상황을 본질적으로 비극으로 인식한 데 반해 19세기 사람들은 낙관론으로 충만해 있었다. 모든 유럽 사람이 예수의 재림을 고대했던 서기 1000년경 이후부터 19세기에 이르기까지는, 19세기 사람들처럼 자신들이 시간의 종말에 매우 가까이 다가왔다고 생각한 세대가 없었다. 기존 사회의 짜임새에는 불순물이 분명 있었다. 그러나 진보주의자들은 그 불순물이 날마다 강해지는 이성의 빛에 의해 한 세대 혹은 한 세기 안에 모두 소각될 것이라고 자신만만하게 기대했다. 따라서 진보는 자동적인 것이었다. 그리고 비록 악의 세력과 미신이 때로는 강하게 보일 수도 있겠지만, 그것을 일시적 환상에 지나지 않는 것으로 여겼다.

'언제나 새벽이 오기 직전이 가장 어둡다'라는 격언은 진보주의자들이 즐겨 사용하는 것이었다(그러나 이 격언은 비유적으로나 문자 그대로나 허구다). 이런 단순한 형태의 낙관론의 절정기를 표현한 것이 바로 세기가 19세기로 넘어오기 직전 독일의 유명한 생물학자 에른스트 헤켈Ernst Haeckel이 저술한 책이다. 이 책은 남은 모든 문제는 다윈의 생물학과 뉴턴의 물리학으로 한 세대만에 해결할 것으로 예측했다. 헤켈의 저서 『우주의 수수께끼Weltraetsel』가 공교롭게도 다윈의 생물학과 뉴턴의 물리학이 중심이 된 우주관이 완전히 해체되는 바로 그 시점에, 우리 할아버지 세대에게 수백만 부나 팔렸다는 사실(그리고 여전히 오래된 서가 한 구석에 숨어 있다는 사실)이 아마도 19세기의 운명에 대한 최상의 논평일 것이다.

외면당한 비극의 존재

마르크스는 세계가 너무 부패했고 불완전하기 때문에 올 수밖에 없는 지상천국의 비전을 제시했다. 마르크스의 지상천국은 진정 묵시록적 예언으로서, 그것은 '계급 없는 사회'를 영구적으로 완성한다는 약속, 즉 달성할 수 없는 것을 약속하고 있다. 정확히 표현하면 그것은 불가능하기 때문에 가능한 약속이었다. 마르크스의 사상은 19세기의 낙관론이 패배했다는 사실을 받아들였다. 분명 그것은 패배를 다가올 승리의 증거로 이용하기 위해서였다.

인간적 현재 시간 속의 모든 진보가 영원, 불변, 그리고 진리를 향한 진전을 의미하는 신념 아래에서는 비극이 끼어들 여지가 없었다. 심지어 재난이 발생할 소지도 없었다. 19세기의 전통 아래에서는 어디서나 비극이 박멸되었고 재난은 봉쇄되었다. 좋은 예가 나치즘 같은 끔찍한 파국을 '심리적 적응 실패'로, 다시 말해 정신과는 아무런 관계도 없이 전적으로 기교 문제로 설명하려는 시도다. 파국을 막기 위해 노력해서 성공한 사례는 초기의 공산당이 나치즘을 '프롤레타리아의 필연적 승리로 가는 도중에 꼭 거쳐야 하는 단계'로 규정한 것이다. 그렇게 되면 우리는 현재 시간 속에서 무엇이 일어나든 간에, 그리고 그것이 아무리 악한 것이라 해도, 그것은 선한 것이어야만 한다는 공식적 신조를 가장 순수한 형태로 보게 되는 것이다. 결국 파국도 비극도 존재할 수 없다는 말이다.

서구 역사상 20세기에게 두 차례에 걸친 세계대전을 유산으로 물려준 19세기처럼 비극의 가능성을 깨닫지 못한 세기는 없있다. 1755년 사망자를 1만 5,000명이나 낸 리스본의 지진은 그 당시 유럽의 전통적 기독교의 쇠잔한 신앙 체계에 일격을 가하기에 충분했다. 그 당시 사람들은 그런 참사를 도저히 이해할 수 없었다. 그들은 그 공포를 자비로움 그 자체인 하느님이라는 개념과 연결할 수 없었다. 그들은 그렇게 엄청난 역설적 파국에 어떤 해답도 찾을 수 없었다. 최근 몇 년 동안 우리는 리스본 지진보다 훨씬 더 큰 파괴가 진행되는 나날을, 그리고 한 민족 전체가 굶주리거나 죽어가는 나날을 경험했다. 그리고 인간이 만든 그런 파국을 우리가 살고 있는 현대의 이성이라는 관점에서 이해하기란 18세기 사람들이 리스본의 지진을 전통적 기독교의 관점으로 이해하기 어려웠던 것보다 훨씬 더 어렵다. 하지만 우리가 겪었고 또한 당면한 파국은, 영구 평화와 영구 번영이 오늘날의 공포를 극복할 것이고, 그것들이 '필연적으로' 실현될 것이라는 신념에 빠져 있는 수천 개나 되는 각종 단체들의 낙관론에 전혀 영향을 미치지 않는다.

분명히 말하건대, 각종 낙관적인 단체에 속해 있는 그들도 그런 파국적인 사실을 알고 있고 또 그런 파국 때문에 고통도 많이 받았다. 그러나 그들은 그런 파국을 재난으로 인식하기를 거부한다. 그 이유는 그들은 비극의 존재 자체를 부정하도록 훈련받았기 때문이다.

죽음의 문제 : 전체주의는 죽음을 참을 만한 것으로 만들었다

19세기가 비극을 부정하는 과제에 아무리 성공했다 하더라도 끝내 부정할 수 없는 문제가 하나 있다. 그것은 현재 시간의 바깥에 존재하는 단 하나의 문제, 즉 죽음이다. 이 문제는 모든 사람에게 동일하게 적용할 수는 없지만 누구에게도 일어나는 고유한 문제. 이 문제는 사회 전체에 적용할 수는 없지만 개인적으로는 해결해야 하는 문제다.

19세기는 죽음이라는 문제가 갖고 있는 개인적이고 고유한 질적인 측면을 제거하려고 온갖 노력을 다했다. 19세기는 죽음의 문제를 중요한 통계적 사건으로 인식하여 보험 통계상 확률 법칙에 따라, 수량적으로 측정 가능하고 예측 가능한 것으로 취급했다. 19세기는 죽음이라는 문제가 초래하는 결과를 조정함으로써 그 문제에서 빠져나오려고 노력했다. 그런 관점으로 보면 생명보험은 19세기의 형이상학이 만들어낸 여러 제도 가운데 가장 의미심장한 제도다. 생명보험의 전제, 즉 '위험을 분산한다'라는 말은 죽음을 인간의 종말로 인식하기보다는 인간생활의 한 사건으로 간주하려는 시도를 가장 명쾌하게 표현하고 있다.

하지만 죽음은 존재한다. 아마도 사회는 죽음을 금기시할 것이고, 죽음을 입에 올리는 것은 점잖지 못하다고 규정할 것이고, 끔찍한 공동묘지를 '위생적인 화장火葬'으로 대체할 것이다. 그리고 무덤을 파는 사람을 장례사라고 할지도 모른다. 박식한 헤켈은 다윈주의 생물학이야말로 인간을 영원히 살게 하려는 것이라고 노골적으로 암시했는지도 모른다. 그러나 그는 그 약속을 지키지 못했다. 죽음이 계속되는 한 개인은 자기 실존의 한 기둥을 사회의 바깥에, 그리고 현재 시간의 바깥에 두고 살아간다. 죽음이 이어지는 한 생명에 대한 낙관적 관점, 즉 영원은 시간을 통해 도달될 수 있다는 신념, 그리고 개인은 사회 속에서 인간으로 완성될 수 있다는 신념은 오직 하나의 결과만 얻는다. 절망 말이다.

그렇게 되자 느닷없이 모든 사람은 죽음에 직면한 자기 자신을 만나게 된다. 그리고 그 순간에 자신은 혼자뿐이라는 사실을, 즉 개인 뿐이라는 사실을 알게 된다. 만약 인간의 실존이 순전히 사회 속에서만 가능하다면 인간은 갈 길을 잃고 만다. 키르케고르는 이런 현상을 진단하고 이것을 '개인이 되고자 하는 의지가 없는 절망the despair at not willing to be an individual'이라 명명했다. 표면상으로 개인은 영원 속에서의 실존이라는 문제와 조우遭遇한 충격에서 회복할 수 있을 것이다. 어쩌면 그는 당분간 그 사실을 잊어버릴 수도 있다. 하지만 그는 사회 속에서 자신이 실존한다는 자신감을 회복할 수 없다. 따라서 기본적으로 인간은 절망감에서 헤어나지 못한다.

만약 사회가 개인이 전적으로 사회 속에서 살기를 바란다면 사회는 개인이 절망감에 빠지지 않고 죽을 수 있도록 해주어야 한다. 사회는 오직 하나의 방법으로만 그렇게 할 수 있다. 개인의 삶을 무의미하게 만드는 것 말이다.

만약 당신이 어떤 종種에 속하는 나뭇가지에 매달린 나뭇잎에 지나지 않는다면, 즉 사회라는 육체의 체세포라면, 당신의 죽음은 진정한 죽음이 아니다. 그것은 집단 재생collective regeneration 과정이다.

그 경우 물론 그 삶은 진정한 삶이 아니다. 집단적 삶이라는 관점을 제외하고는 아무런 의미도 없는, 집단적 삶 속에 포함된 하나의 기능적 과정에 지나지 않는다. 그러므로 키르케고르가 100여 년 전에 지적했듯이 인간의 실존을 사회 속의 실존으로 규정짓는 낙관론은 즉각 절망으로 이어진다. 그리고 이 절망은 전체주의로 연결된다. 왜냐하면 전체주의는 인생은 무의미하고 개인은 존재하지 않는다는 것을 확인하는 데서 출발하기 때문이다.

전체주의적 신조가 강조하는 것은 어떻게 사는가 하는 것이 아니라 어떻게 죽는가 하는 것이다. 따라서 전체주의는 죽음을 참을 만한 것으로 만들기 위해서는 개인의 삶을 가치 없고 무의미한 것으로 만들어야 한다. 낙관론적 신조는 지상에서의 삶을 모든 것으로 인식하는 데서 출발하였다. 자기를 희생해 나치의 영광을 제고하는 것을 인간이 의미 있게 존재할 수 있는 유일한 행동으로 느끼게 했다. 절망이 삶의 본질 자체가 되고 만 것이다.

윤리로 도피하기

19세기는 로마제국 후기 시대에 이르러 이교도의 세계가 도달한 것과 꼭같은 시점에 도달했다. 19세기는 고대 시대와 마찬가지로 순수한 윤리적 세계로 도피함으로써 탈출구를 찾으려고 노력했다. 달리 표현하면 인간의 이성reason 대신에 덕행virtue을 기초로 하는 사회를 만들려고 노력했다. 독일 이상주의German Idealism의 위대한 철학 체계가 19세기를 지배했다. 그 이유는 독일의 철학 체계가 이성을 덕행뿐만 아니라 멋진 인생good life과도 동일시했기 때문이다. 독일 이상주의 시대에는 칸트의 철학이 주류를 이루었지만 헤겔의 철학도 크게 기여했다.

윤리적 문화, 즉 예수를 황금률을 가르치며 '지상에 살았던 최상의 인간'으로 인식하는 진보주의적 프로테스탄티즘의 노선, 칸트의 정언명령categorical imperative,* 남을 위한 봉사를 통한 만족, 그리고 이런 것들과 관련된 윤리적 명제들은 고대 사회에서 그랬던 것처럼, 19세기 사람들에게 당연한 것으로 받아들여졌다. 그리고 그것들은, 2000여 년 전에 실패했던 것처럼 19세기에도 현대 사회 속 인간의 실존을 위한 기초를 닦는 데 실패했다.

19세기를 대표하는 여러 최상의 대표적 개념 가운데 윤리적 개념은 정말이지 도덕적 완전성과 도덕적 위대성으로 이어진다. 19세기 휴머니즘의 반은 플루타르크Plutarch에 기반을 두고, 반은 뉴턴Isaac Newton에 기반을 둔 것으로 고결한 것이 될 수 있었다. 19세기 최후의 위대한 인간들, 예컨대 우드로 윌슨Woodrow Wilson**, 토마시 마사리크Thomáš Masaryk***, 장 조레스Jean Jaurès****, 테오도어 몸젠Theodor Mommsen***** 등을 떠올려 보기만 해도 충분하다.

키르케고르도 자신이 윤리적 개념을 인식했던 것보다 훨씬 더 그 개념에 매력을 느꼈다. 비록 모든 측면에서 헤겔과 다투었지만 키르케고르는 헤겔의 영향력에서 전혀 벗어날 수 없었다******. 그리고 키르케고르는 윤리적 삶의 상징으로써 소크라테스를 자연사적 인간

---

* 定言命令, 모든 행위자가 무조건 절대적으로 지켜야 하는 도덕률. '너 자신이나 다른 사람의 인격을 항상 목적으로 다루고 결코 수단으로 다루지 말라'라는 말로 정식화된다.
** 미국의 제28대 대통령, 노벨 평화상 수상
*** 체코의 초대 대통령
**** 프랑스의 사회주의 정치가
***** 독일의 역사가, 노벨 문학상 수상
****** 키르케고르는 실존하는 것 전체를 체계화하려는 헤겔의 시도를 공격하면서, 실존은 불완전하며 끊임없이 발전하기 때문에 체계적으로 구성할 수 없다고 선언했다.

의 역사에서 최상의 위치에 자리매김했다.

그러나 키르케고르는 또한 윤리적 개념이 완전성과 용기와 확신을 심어줄 수는 있을지 모르지만, 삶이나 죽음에 대해 어떤 의미도 주지 않는다는 것을 인식했다. 윤리적 개념이 제공할 수 있는 것은 오직 금욕적 체념뿐이다. 키르케고르는 이런 윤리적 개념을 낙관론적 절망보다 한층 더 큰 절망으로 간주했고, 그런 처지를 '개인으로 존재하고자 하는 의지에 대한 절망the despair at willing to be an individual'이라고 명명했다. 그 결과 윤리적 개념이 스토아 철학Stoic philosophy*만큼 고결하고 일관적인 어떤 것으로 너무나 자주 연결되지 않을 뿐 아니라 전체주의라는 극약에다 사탕발림한 것에 지나지 않는다는 것이 드러난다.

아브라함과 이삭의 비유 : 인간의 실존은 신앙 속에서 가능하다

그렇다면 단 하나의 결론은 인간은 오직 비극과 절망 속에서만 실존한다는 말인가? 결국 자아를 부정하는 데서만, 열반Nirvana, 涅槃을 통해서, 그리고 무nothingness, 無의 경지를 통해서만 유일한 대답을 찾은 동양의 현자들이 옳았다는 말인가?

키르케고르는 다른 대답을 하나 제시했다. 인간은 '절망 속에서가 아닌 실존existence not in despair'이, '비극 속에서가 아닌 실존existence

---

* 기원전 4세기 그리스 철학자 제논이 창시하여 기원전 2세기까지 이어진 철학의 한 파. 윤리를 중심 문제로 인식하고 욕망을 억제하여 자연의 법도를 따를 것을 주장했다.

not in tragedy'이 가능하다는 것이다. '인간의 실존은 신앙 속에서 가능하다Human existence is possible as existence in faith'는 것이다. 죄악sin의 반대는 덕행virtue이 아니라 신앙faith이다.

신앙이란 하느님을 통해 불가능한 것이 가능하게 되고, 하느님을 통해 시간과 영원히 하나가 되고 삶과 죽음이 의미 있게 된다는 확신이다. 신앙은 인간이 창조물이라는 것, 인간이 자율적인 존재가 아니며, 주인이 아니며, 목적이 아니며, 중심이 아니라는 것, 그러면서도 책임을 져야 하며 자유로운 존재라는 것을 인식하는 것이다. 신앙이란 하느님은 언제나 인간과 함께 존재한다는 것, 심지어 '우리가 죽는 순간'에마저도 함께 있다는 것을 확신함으로써만 극복할 수 있는 인간의 본질적 고독을 받아들이는 것이다.

드러커가 좋아하는 키르케고르의 저서들 중 하나인 『공포와 전율Fear and Trembling』에서 키르케고르는 다음과 같은 질문을 제기한다.

"아브라함이 자신의 아들 이삭을 희생할 의도를 갖는 것과 일반적인 의미의 살인을 하려는 것을 구분해주는 것은 무엇인가?"

만약 아브라함이 제물을 바칠 의도가 전혀 없었지만 하느님에게 자신의 복종심을 언제라도 표시하려 했다면, 아브라함을 살인자라고 할 수는 없어도 그는 훨씬 더 경멸스러운 인간이 되었을 것이다. 사기꾼과 거짓말쟁이가 되었을 것이다.

만약 아브라함이 이삭을 사랑한 것이 아니라 무관심했다면 아브라함은 살인자가 될 의도도 있었을 것이다. 그러나 아브라함은 의로운 인간이었다. 하느님의 명령은 그에게는 주저 없이 집행해야 할 절대적 명령이었다. 그리고 우리는 아브라함이 이삭을 자기 자신보다 더 사랑했다는 것을 알고 있다.

키르케고르가 제기한 질문에 대한 대답은 아브라함은 신앙을 가졌다는 것이다. 아브라함은 하느님을 통해 불가능한 것이 가능하게 된다는 것을 믿었다. 그래서 아브라함은 하느님의 명령을 따르고, 또 이삭을 살릴 수 있었다. 아브라함은 키르케고르 자신을 상징하는 존재였다. 그리고 이삭의 희생은 키르케고르 자신의 내적 비밀의 상징이자 위대하고도 비극적인 사랑의 상징이었다. 키르케고르가 자기 자신보다 더 사랑했지만 스스로 말살해버린 그 사랑 말이다.

키르케고르는 젊은 시절 레기네 올센이라는 어린 소녀와 사랑에 빠져 약혼을 한다. 그러나 곧 설명할 수 없는 죄의식 때문에 파혼한다. 이 사건은 키르케고르에게 심각한 영향을 미쳤고, 그의 여러 저서에서 반성과 해설의 자료로 인용된다.

아브라함의 이야기는 오직 신앙을 통해서만 가능한 인간의 실존에 관한 보편적 상징이다. 신앙을 통해서 개인은 보편적인 실존이 되고, 고립된 실존이기를 그만두고, 의미 있는 절대적 실존이 된다. 그러므로 신앙을 통해서만 진정한 윤리가 가능하게 된다. 그리고 신앙을 통해서만 사회 속의 실존은 의미를 갖게 된다. 또 진정한 박애 속의 실존이 된다.

신앙은 오늘날 너무도 자주 그럴듯하게 언급되는 이른바 '신비스러운 체험'이 아니다. 신앙은 다만 절망과 고난과 고통스럽고도 끊임없는 투쟁을 하면서 체험할 수 있다. 신앙은 비합리적인 것, 감정적인 것, 자연발생적인 것이 아니다. 신앙은 진지한 사색과 학습의 결과로, 확고한 원칙의 결과로, 완벽한 절제의 결과로, 겸손의 결과로, 그리고 더 높은 절대적 의지에 자신을 복종한 결과로 얻게 된다. 하느님과 자신의 통합이라는 내적 인식은—성 바울은 이를 희망이라 말했다. 그리고 우리는 성스럽게 되는 것으로 이해하고 있는 것은—겨우 몇 사람만이 도달할 수 있다. 왜냐하면 모든 사람은 절망을 느끼기 때문이다.

키르케고르는 종교적 경험에 관한 한 서구의 위대한 전통 속에 우뚝 서 있다. 성 어거스틴과 성 보나벤투라St. Bonaventura, 마틴 루터 Martin Luther, 존 오브 크로스St. John of the Cross*, 파스칼 Blaise Pascal의 전통을 잇고 있다. 키르케고르가 그 전통 속에서 독자적으로 자리매김하도록 한 것은, 그리고 오늘날 키르케고르가 매력적인 인물이 되도록 한 것은, 키르케고르가 신앙을 가진 사람들, 즉 기독교인들에게 시간과 영원 속의 삶의 의미를 일깨워주었기 때문이다. 키르케고르가 '현대적'인 인물인 것은 그가 심리학·미학·변증법의 현대적 용어를 구사하기 때문이 아니다. 그가 현대 서구의 고유한 질병, 즉 인간 실존의 붕괴, 정신적 삶과 육체적 삶의 동시성의 부정, 정신적 삶과 육체적 삶에서 하나가 가진 의미가 다른 하나가 가진 의미의 부정 문제에 깊은 관심을 가졌기 때문이다.

---

* 스페인의 신비주의자로 맨발의 카르멜회를 창시했다.

시간과 영원 : 어느 것을 선택할 것인가?

키르케고르는 시간과 영원 두 가지 문제를 동시에 해결하는 데 관심이 있었다. 그 반면 오늘날 우리는 두 가지 문제를 완전히 별개의 문제로 다루고 있다. '요가 수행자^{Yogi}'와 '공산당 인민위원^{Commissar}'*을 상호 배타적으로 가능한 것인 양 나란히 세워두고 선택하게 한다.

오늘날 우리는 시간과 영원 사이에서 이것이든 저것이든, 박애와 신앙 사이에서 이것이든 저것이든 간에, 하나만 선택하도록 한다. 그것을 통해 인간의 이중 실존$^{dual\ existence}$의 한 기둥만 절대적인 것으로 만들고 있다. 이것은 신앙을 완전히 포기하도록 몰고 갔다. '공산당 인민위원'은 권력을 누리고 목적을 달성하기 위해 정신의 세계 전체를 포기한다. '요가 수행자'는 시간 속의 인간 실존(즉 사회생활)을 악마에게 맡기고는 '나 하나만 구원받는다면 수백만 명이 목숨과 영혼을 잃는 모습을 묵묵히 바라볼 의사가 있는 사람이다.' 공산당 인민위원과 요가 수행자의 윤리 개념은 둘 다 어떤 종교인도 취할 수 없다. 정신세계에 살아야만 하면서도, 진정한 신앙은 박애 속에서, 그리고 박애를 통해서(즉 사회적 책임 속에서, 그리고 사회적 책임을 통해서) 가능하다는 개념을 견지해야만 하는 기독교인에게는 더더욱 취할 수 없는 개념이다.

하지만 적어도 인민위원과 요가 수행자는 정지한 개념이다. 또 정

---

* 이 용어는 아르투르 케스틀러$^{Arthur\ Koestler}$의 소설 『요가 수행자와 공산당 인민위원』에서 따왔다. 케스틀러는 헝가리 태생의 영국 소설가로 처음에는 공산주의자였다. 그러나 1945년 출판한 이 수필집은 공산주의에 대한 환멸을 기록한 책이다.

직하게 자신들의 파멸을 받아들이고 있다. 반면 '기독교 정신'을 표방하는 유럽의 여러 정치 집단, 프로테스탄트와 가톨릭, 미국에서 여전히 영향력을 갖고 있는 '사회 기독교' 운동 등이 문제를 회피하려고만 하는 것과는 대조적이다. 왜냐하면 이런 식의 시도는 주요 행동 강령을 신앙과 종교적 체험 대신에 도덕과 선의로 바꾸어놓기 때문이다.

도덕과 선의에 기초한 행동은 진지하고 성실한 선한 사람들 그리고 심지어 성스러운 사람들의 지원을 받고 또 때로는 추진된다. 하지만 그것을 정치적으로는 '요가 수행자'처럼 목적을 달성하지 못할 뿐만 아니라, 정신적인 생활을 제공하는 측면에서는 '공산당 인민위원'처럼 실패하지 않을 수 없다. 요가 수행자와 인민위원은 시간 속의 삶과 영원 속의 삶을 타협하기 때문이다.

"적어도 히틀러는 남녀 혼욕은 금지했다."

이 말은 오스트리아의 성직자이자 가톨릭 정당의 지도자가 1930년대 히틀러를 지지하며 한 말이다. 그것은 정치를 모르는 기독교적 도덕주의의 진면모를 소름 끼치게 풍자한 것이다. 그러나 그것은 도덕과 신앙이 혼동되는 상황에서는 언제든지 일어날 수 있는 어떤 것을 풍자한 것이다.

지상에서 행복하게 살려는 마음가짐이 필요하다

키르케고르는 쉬운 길을 제시하지는 않는다. 키르케고르는 이성 reason, 理性과 교조 dogma, 敎條보다는 종교적 체험에 초점을 맞춘 모든 종교적 사상가들 가운데 정신세계의 삶을 너무 지나치게 강조했다. 그 결과 키르케고르는 인간의 실존을 구성하는 두 기둥을 하나의 전체로 통합하는 데 실패하고 만 사람이 되고 말았다.

하지만 키르케고르는 문제만 본 것이 아니다. 그는 또한 자신의 삶과 저서들에서 인간의 실존, 즉 긴장 속에서만 존재하는 실존이라는 현실에서 도피할 수 없다는 것을 보여주었다. 키르케고르의 방대한 저술들 가운데 처음부터 익명이 아니라 자신의 이름으로 출판한 책은 『교화하는 담론』뿐이다. 이 책에서 키르케고르는 신앙은 사회적 목적을 달성하는 데 기여한다고 설명했다. 그 결과 『교화하는 담론』은 진정으로 종교적인 책이 되며 단순히 '요가 수행자'를 위한 책이 아니게 되었다.

키르케고르의 모든 활동, 즉 20년간의 은거, 저술활동, 사색, 기도, 그리고 고뇌는 그가 살아 있는 마지막 몇 달 동안 헌신적으로 열렬하게 정치 활동을 하기 위해 준비한 것에 지나지 않았다는 것 또한 우연한 일이 아니다.*

키르케고르의 신앙이 인간의 실존에 불가피한 그 무서운 고독, 고립, 부조화를 극복할 수는 없지만 인간의 실존을 의미 있는 것으로 만듦으로써 인간의 실존을 참을 수 있는 것으로 만들 수는 있다. 전

---

*키르케고르는 덴마크 국교회와 고위 성직자가 도덕과 전통을, 박애와 신앙과 혼동한 것을 맹렬히 비난하면서 혼자 치열하게 전쟁을 벌였다. 그 결과 덴마크 국교회를 변화시키지는 못했지만 많은 성직자와 개인의 태도를 바꾸어놓았고, 교회와 맺은 관계를 단절하도록 만들었다. 키르케고르는 기독교를 전파할 소명은 느끼지 않았지만 그것의 진정한 모습이 무엇인지를 이해시키려는 의무감은 확실히 가지고 있었다.

체주의 교조를 기반으로 하는 철학은 인간이 죽을 각오를 하게 해준다. 이런 철학의 힘을 과소평가하는 것은 위험하다. 왜냐하면 슬픔과 고뇌의 시대, 파국과 공포의 시대(즉 1940년대 후반 드러커가 이 글을 쓰던 시대)에 사람이 두려움 없이 죽을 수 있다는 것은 위대한 일이기 때문이다. 하지만 그것만으로는 충분하지 않다. 키르케고르의 신앙 역시 인간에게 죽을 각오를 하게 한다. 그러나 키르케고르의 신앙은 그와 동시에 인간으로 하여금 (지상에서 행복하게) 사는 것이 중요하다는 사실을 일깨우고 또 그렇게 살아가도록 해준다.

1993년 『자본주의 이후의 사회』에서 드러커는 영국 간호사이자 인도주의자 에디스 카벨$^{Edith\ Cavel}$의 일화를 인용했다.

"도망친 연합군 포로 약 200명을 자신이 운영하던 벨기에 병원에 은신시켜 탈출을 도와준 죄목으로 독일군의 손에 처형장으로 끌려가면서 카벨은 '애국심만으로 충분하지 않다'고 내뱉었다."

애국심은 조국을 위해서 목숨마저도 기꺼이 바치겠다는 마음가짐이다. 개인에게는 시민정신이 뒷받침되어야 한다. 시민정신은 자신의 국가를 위해 공헌하려는 의지다. 바꾸어 말해 그것은 국가를 위해 살겠다는 의지다.

카벨의 사형을 전 세계 언론은 매우 동정적인 논조로 보도했다. 그녀는 믿음이 큰 성공회 신자로서 독일군과 연합군을 가리지 않고 도와주면서 '나는 구원을 바라는 생명이 있는 한 멈출 수 없다'라는 격언을 자주 인용했다. 되풀이하지만, 그 말은 사람은 조국을 위해 죽을 것이 아니라 조국을 위해 살아야 한다는 것을 암시하는 것이었다.

02

프랑스혁명은 자유와 평등과 박애의 뿌리가 아니다

프랑스혁명과
영국의 보수주의적 반혁명

계몽사상과 프랑스혁명이 19세기의 자유를 증진하는 데
공헌했다는 사실은 부정할 수 없다.
그러나 이들은
파괴적인 방법으로 공헌한 것이다.

피터 드러커

인간이 알 수 있는 것은 역사적으로 성장해온 실제적인 사회뿐이다.
따라서 인간은 자신의 정치적·사회적 행동의 기반으로
이상 사회를 전제로 할 것이 아니라
기존의 사회적·정치적 현실을 택하지 않으면 안 된다.

피터 드러커

02

어떤 사회가 기능적인 사회인가?

1937년 초 드러커는 런던을 떠나 '영국 신문사 컨소시엄 미국 주재 기자'로서 뉴욕에 도착했다. 1937년 미국 경제는 심각한 공황에 허덕이고 있었다. 드러커가 보기에 미국 경제는 영국 경제보다 더 심각했다. 그러나 드러커는 미국 사회가 활기차고 건강하다는 사실에 충격을 받았다.

오늘날 우리가 흔히 말하는 구호 "경제가 먼저야, 바보 같으니라고!" 하는 것은 당시에는 생각조차 할 필요가 없는 것으로 보였다. 뉴딜정책은 의식적으로, 공공연하게 '개혁'을, 즉 '사회의 회복'을 '경제'보다 앞에 두었다. 정말이지, 그것이 바로 뉴딜에 대해 공화당이 떠들어대는 불평이자 비판이었다. 하지만 국민은 뉴딜을 압도적으로 지지했고, 프랭클린 루스벨트를 대통령으로 거듭 선출했다.

경제 문제에 관한 한 미국은 유럽만큼이나 과거 지향적이었다. '대공황 이전'이라는 말이 모든 경제 문제를 측정하는 기준이었다. 그러나 한 가지 다른 점은 미국 사회는 미래 지향적이었다. 그리고 그 점은 정부 활동이라는 차원에만 국한된 것은 결코 아니었다. 미국의 모든 대학이, 심지어 가장 규모가 작은 농업대학마저도 교육 개혁과 교육 실험을 추진하고 있었다. 시카고대학에서 모티머 애들러Motimer Adler가 중세의 삼학(문법grammar, 논리학dialectic, 수사학rhetoric)을 다시 가르친 것을 필두로 블랙 마운틴대학 같은 곳에서 더할 바 없는 열정과 흥분에 들떠 '자기 자신의 일을 하자!'라고 가르친 것을 실행하기 위해, 기존의 모든 규율을 철폐하는 데까지 이르렀다.

라인홀트 니버Reinhold Niebuhr와 폴 틸리히Paul Tillich는 프로테스탄트 교회에 활기를 불어넣었고 자크 마리탱Jacques Maritain과 신토마스주의자들Neo-Thomists은 가톨릭 교회를 부흥시켰다.

보스턴의 매사추세츠 종합병원과 뉴욕의 장로교 병원, 마운트 사이나이 병원 같은 몇몇 선구적 병원들은 병원을 '가난한 사람들이 죽음을 기다리는 장소'에서 '질병을 진단하고 치료하는 과학에 기초한 장소'로 바꾸었다.

뉴욕의 현대미술관Museum of Modern Art: MOMA을 필두로 모든 미술관이 스스로 변하고 있었다. 심지어 캘리포니아의 팔로알토 같은 꽤나 소규모 도시들도 시립 교향악단을 조직했다. 경제적으로 미국은 심각한 공황에 빠져 있었지만, 사회적으로는 진정한 르네상스를 경험하고 있었다.

따라서 그것은 드러커에게 다음과 같은 질문을 던졌다.

"어떤 사회가 기능적인 사회인가? 전체주의를 초래하게 했고 그 결과 붕괴된 공동체를 다시 창출할 수 있는 기관들은 어떤 것인가?"

드러커는 이 질문에 대답하기 전에 먼저 런던에서 이미 많이 진척했던 『경제인의 종말』*을 마무리했다. 이 책은 1938년 늦가을 영국에서 출판했고 1939년 초봄에는 미국에서 출판했다.

그다음 드러커는 '어떤 사회가 기능적인 사회인가?'에 대한 질문을 기초로 『산업인의 미래』를 저술하여 1942년 출판했다. 물론 『산업인의 미래』는 이런 질문들에 대해 대답을 제시하지는 못했고, 그 후에도 드러커는 그 질문을 계속하고 있었다. 『산업인의 미래』는 그 후 드러커가 공동체, 사회, 정치체제를 연구하는 기초가 되었다. 특히 『산업인의 미래』에서 드러커는 『경제인의 종말』에서 언급하지 못한 '전체주의의 역사적 뿌리'를 탐구했고 영국의 보수주의가 프랑스혁명에 맞서 국가가 혼란에 빠지는 것을 막은 이유에 대해 설명했다.

계몽사상과 프랑스혁명은 자유의 뿌리가 아니다

현대 정치 문헌과 역사 문헌은 오늘날 우리가 누리고 있는 자유의 뿌리는 계몽사상Enlightment*과 프랑스혁명이라고 거의 통설처럼 서술

---

* 『경제인의 종말』 중 '히틀러의 궁극적인 해결책', 즉 유대인의 말살을 예측한 원고는 1936년 반나치 성향의 잡지인 『오스트리아 가톨릭』에 게재된 것이다.

하고 있다. 이 믿음이 너무도 일반적으로 완벽하게 수용되었기 때문에 18세기 이성주의자Rationalist**의 후예들은 자유liberty라는 바로 그 단어를 독점하고는 자신들을 스스로 진보주의자Liberals***로 명명하였다.

이곳에서 말하는 진보주의자는 흔히 말하는 개인의 자유를 존중하는 '보수주의적 자유주의자'라기보다는 '진보주의자'를 말한다. 표준적인 의미로서의 '진보주의'는 이념적인 의미에서 현재 사회체제를 개혁 혹은 변혁하는 데 중점을 두는 정치 철학을 말한다. 진보주의는 인간의 문제를 인간의 이성으로 해결할 수 있다고 본다.

계몽사상과 프랑스혁명이 19세기의 자유를 증진하는 데 공헌했다는 사실은 부정할 수 없다. 그러나 이 둘은 파괴적인 방법으로 공헌했을 뿐이다. 그것들은 과거의 사회구조가 남긴 유산을 날려버린 폭탄이다. 사실은 계몽사상, 프랑스혁명, 그리고 그것들의 사상적 계승자인 1940년대 '이성주의적 진보주의Rationalist liberalism'에 이르기까

---

* 17~18세기에 등장한 유럽의 한 사상으로, 프랑스의 볼테르와 루소, 영국의 베이컨과 로크, 독일의 칸트 등이 대표적인 인물이다. 인간과 자연에 대한 합리적·과학적 인식에 의한 이성을 개발하여 인류의 보편적 진보를 추구하였다.

** 또는 합리주의자. 비이성주의적 존재와 신앙을 배척하고 합리적 논증을 중요시한다. 지식의 성립과 확실성의 근거를 선천적인 이성에서 모색하려는 사람들.

*** 개인의 사유와 활동에 대한 간섭을 배제하고 가능한 한 자유를 증대함으로써 인간의 정신과 문명을 더욱 완전한 상태로 진보시키고, 사회의 모순을 점진적으로 해결하려는 사람들.

지 모두 자유와 화해할 수 없는 반대 측면에 서 있다.

근본적으로 이성주의적 진보주의는 전체주의적이다. 그리고 서양의 역사에서 일어난 각종 전체주의 운동totalitarian movement*은 그것들이 등장한 각 시대의 진보주의에서 성장했다. 전체주의 운동은 루소에서 히틀러에 이르기까지 직선으로 이어진다. 그 연속선상에 막스밀리앙 로베스피에르Maximilien Robespierre, 마르크스, 스탈린이 있다. 그들은 하나같이 자신들의 시대의 이성주의적 진보주의의 실패를 바탕으로 성장했다. 계몽사상과 프랑스혁명은 자유의 뿌리이기는커녕 오늘날의 세계를 위협하는 전체주의적 독재의 씨앗이 되었다.

계몽주의가 발견한 것 : 이성의 절대성과 로베스피에르의 공포정치

계몽사상이 발견한 것들 가운데 가장 위대한 발견은 인간의 이성은 절대적이라는 것을 받아들인 것이다. 이 발견에 기초하여 그 이후 각종 진보주의적 신조가 등장했을 뿐만 아니라, 루소 이후에는 여러 종류의 전체주의적 신조도 형성되었다. 따라서 로베스피에르가 이성의 여신Goddess of Reason을 자신의 상징으로 삼은 것은 우연이 아니다. 그의 상징은 그 후에 나타난 혁명가들의 그것보다는 덜 세련되었지만 실질적으로 그렇게 다른 것은 아니었다.

---

* 개인의 모든 활동은 전체, 즉 민족과 국가 또는 단체의 존립과 발전을 위해 존재한다는 이념 아래 개인의 자유를 억압하는 체제.

계몽사상에서 진보주의적 전체주의, 그리고 프랑스혁명의 혁명적 전체주의와 로베스피에르의 영구혁명과 공포정치는 오직 구체제를 파괴할 능력밖에 없었다. 기껏해야 그들은 오래된, 절망적으로 붕괴된 중상주의 이전 사회의 자리에 기능적이긴 하지만 전제적인 중상주의 사회를 건설할 수 있었을 뿐이다.

프랑스혁명이 살아 있는 사람에게 '이성의 여신' 역할을 하게 한 것 또한 우연이 아니었다. 이성주의 철학*의 요점은 절대적인 이성의 완성을 살아 있는 인간에게서 실현할 수 있다는 것이었다.

이성주의의 상징과 구호도 내내 바뀌었다. 1750년경에는 '과학자'가 최고의 지위를 누렸지만, 그로부터 100년 뒤에는 경제적 공리주의 economic utilitarianism와 '쾌락과 고통의 계산법'을 앞세운 사회학자가 그 자리를 차지했다. 오늘날은 인종 결정론과 선동을 앞세운 '과학적 정신생물학자 Scientific psychobiologist'가 그 지위를 점하고 있다. 또다시 1930년대 서구는, 1750년 무렵의 이성주의자들인 계몽사상가들과 백과전서파들 Encyclopedists**에 의해 처음으로 형성한, 그리고 1793년 (로베스피에르가) 공포정치를 통해 처음으로 혁명적 독재로 이어지게 한

---

* 이성주의 철학은 이성이라는 이름으로 기독교 전통 교리에 도전하게 되었다. 이성주의 철학은 '계시'보다는 '인간의 이성'과 '판단력'을 사용했다. 그들은 현세적이기 때문에 하느님에 대해서보다는 인간이라는 주제에 관심이 더 많았다. 기독교는 신비한 것이 아니며, 이성으로 증명할 수 있어야 한다고 했다. 이성으로 증명되지 않는 것은 반드시 거부했다. 이신론理神論은 종교를 이성으로 생각하는 합리주의 신학을 말한다.
** 1751~1780년 당시 계몽적·진보적 사상가들이 합리주의에 입각하여 저술한 총 35권으로 간행된 백과사전의 집필자들. 예컨대 디드로, 달랑베르, 케네, 볼테르 등을 지칭한다

것과 동일한, 전체주의적 절대주의Totalitarian absolutsm*와 기본적으로 맞서고 있다.

물론 진보주의로 불리는 것이 무조건 절대주의적 신조(진리와 가치의 절대성을 주장하는 신조)를 표방한다고는 할 수 없다. 그렇지만 모든 진보주의는 전체주의적 철학의 씨앗을 품고 있다. 마치 모든 보수주의 운동이 반동적으로 되는 성향이 있듯이 말이다.

이성주의적 진보주의자의 문제 : 거부할 줄 알지만 건설할 줄 모른다

유럽 대륙에서 추진된 진보주의 운동 또는 진보주의 정당들 가운데 자신들의 근본적 신념이 전체주의가 아니었던 경우는 하나도 없었다. 미국에서도 처음부터 전체주의적 요소를 강하게 띠고 있었다. 그것은 청교도적 전통이기도 하고 유럽의 영향을 받았기 때문이다. 그리고 제1차 세계대전 이후 진보주의는 어디서나 절대주의가 되었다. 오늘날 진보주의자가 자신이 표방하는 객관적 신조에서는 절대주의자라는 점은, 거의 변명의 여지없이, 진실이다.

객관적으로 이성주의적 신조와 자유는 양립 불가능하다는 사실이 이성주의자 개개인 또는 진보주의자 개개인의 선의와 양심을 부정하는 것은 아니다. 이성주의적 진보주의자는 오직 자신만이 자유를 위해 독재에 맞서 있다고 믿는다. 또 그는 개인적으로는 전체주의적 독

---

* 이탈리아의 파시즘과 독일의 나치즘을 의미한다.

재와 그것이 표방하는 것은 무엇이든 혐오한다는 것도 틀림없다는 사실이다. 그리고 그다음에는 그런 사람이 독재자의 최초 희생물이 되고 만다.

이성주의적 진보주의자는 자신의 시대의 불의^{不義}, 미신, 그리고 편견을 거부하는 행위를 하는 것을 자신의 역할로 간주한다. 예를 들면, 계몽사상가들은 귀족의 특권, 농노제, 그리고 종교적 비관용^{非寬容}을 쓸어냈다. 그들은 또한 지방자치와 지방정부도 파괴했다. 그 후 유럽 대륙에서 이때 쓰러진 자유를 완전히 다시 추스른 나라는 없다. 그들은 성직자의 권력남용, 특권, 그리고 억압을 공격했다. 그들은 동시에 유럽의 교회를 정부 행정기구의 손아귀로 몰아넣었다. 그들은 종교 영역이 갖는 사회적 자율성과 도덕적 권위를 박탈하기 위해 최선을 다했다. 게다가 계몽주의자들은 자신들의 온갖 능력을 동원하여 독립적인 법원과 일반법을 비판했다. '이성주의적으로 완벽한' 법전을 편찬하고 국가가 지배하는 법원을 설립해야 한다는 18세기 이성주의자들의 주장은 전지전능한 전체주의 국가로 곧장 이어졌다.

19세기에 등장한 '자유' 앵글로-아메리칸 자유주의$^{free\ Anglo-American\ liberalism}$가 상당 부분 계몽사상가들이 파괴한 바로 그런 기관들을 다시 세우는 것을 기초로 했다는 것은 우연의 일치가 아니다. 즉 지방자치정부, 자유롭고도 자율적인 교회, 일반법, 사법부의 독립을 기초로 한 것 말이다.

이성주의자는 선별기준도 없이 기존의 기관들을 파괴하고 반대할 줄은 알지만, 그들이 파괴한 구^{舊}제도하의 기관을 대신할 새로운 기관을 개발할 능력은 전혀 없다. 그들은 건설적 행동의 필요성을 인식하지도 못한다. 그들에게 유일한 선은 악을 제거하는 것이다. 그들은 나쁘거나 억압적 기관들을 비판하여 제거하기만 한다면 자신들의 직분을 다한다고 생각한다. 그러나 정치적·사회적 생활 영역에서 새로운 기관이 제도적으로 현실화되지 않으면 아무런 효과가 없다.

사회는 기능적 권력관계에 기초하여 조직해야 한다. 정치에서 구제도의 전복顚覆은 더 나은 제도의 건설로 이어질 때만 합법적이다. 따라서 아무리 나쁜 것이라 해도 기존의 것들을 쓸어버리는 것만으로는 해결책이 되지 않는다. 그리고 없애버린 기관 대신에 새로운 기능적 기관을 도입하지 않으면, 잇따른 사회생활의 붕괴는 애초에 파괴된 것보다 더 나쁠 수도 있는 악의 씨앗을 뿌릴 것이다.

이성주의적 진보주의자는 권력을 잡았지만 유지하는 데는 실패했다

이성주의적 진보주의자는 어디서든 권력을 잡아도 그것을 유지하는 데는 언제나 실패했다. 1917년 2월혁명 후 임시정부의 수상이 되었으나 반 년가량 정치적 마비상태 끝에 볼셰비키에게 패배하고 미국으로 망명한 러시아의 알렉산드르 케렌스키Aleksandr Kerensky 진보주의 정권의 운명은 가장 분명한 한 가지 사례에 지나지 않는다. 1918년 독일 사회민주당Sogialdemokratische Partei Deutschelands; SPD*은 정권

---

* 1875년 설립된 독일에서 가장 오래되고 규모가 제일 큰 정당. 1912년 제1차 세계대전 직전 34.8퍼센트를 득표했으나 패전 후 당이 여러 갈래로 분열되었다

을 획득했을 때 정치적 행동을 취할 능력이 없었다. SPD는 당시의 카이저 빌헬름 2세$^{Wilhelm\ II}$에게는 효과적인 야당 역할을 했다. SPD의 지도자들은 진지했고 명예를 존중했다. 그들이 유능한 행정가들이었을 뿐 아니라 개인적으로 용감하고 인기 있는 사람들이었음은 틀림없었다. 하지만 놀라운 사실은 SPD가 실패했다는 것이 아니라 SPD가 정치적으로 무능할수록 야당 역할을 계속했다는 점이다. 왜냐하면 오히려 정권을 잡은 뒤 1922년 또는 1923년까지 SPD는 완전히 분열되기 때문이다.

(이성주의적 진보주의자들의 정치적 실패에 대해) 그다지도 독특하고도 일관성 있는 실패 기록을 단지 상황의 산물이라거나 우연한 사고였다고 설명할 수는 없다. 진정한 이유는, 이성주의적 진보주의는 본질적으로 정치적 불임이라는 저주를 받고 있기 때문이다. 이성주의적 진보주의는 내부적으로 자기 자신과 끊임없이 다투면서 존재한다. 이성주의적 진보주의는 상호 배타적인 두 가지 원리에 기초를 두고 있다. 이성주의적 진보주의는 오직 체제를 반대만 할 뿐이지 건설적 행동은 할 수 없다.

이성주의적 진보주의는 자신의 절대성은 이성주의적 연역^{演繹}의 결과이므로 증명할 수 있으며 논리적으로 더는 논쟁의 여지가 없다고 확신한다. 그리고 이성주의적 진보주의의 본질은 자신의 절대성은 이성주의적으로 자명하다고 스스로 선언하는 데 있다. 그러나 절대적 이성$^{absolute\ reason}$은 절대로 이성주의적일 수 없다. 그것은 논리적으로 증명된 적도 부정된 적도 없다. 모든 이성주의의 기본 신조는 비이성주의적^{irrational}이었을 뿐 아니라 근본적으로 반이성주의적

antirational이었다. 이 점은 인간의 고유한 이성주의적 '완성 가능성 reasonableness'을 선언한 계몽사상가들의 철학적 이성주의도 마찬가지였다. 이 점은 또한 개인의 이기적 탐욕이 '자연의 보이지 않는 손 invisible hand of nature'을 통해 공익을 증진하게 되는 메커니즘을 발견한 1848년 혁명 세대의 공리주의적 이성주의utilitarian rationalism*도 마찬가지였다. 그 점은 인간을 심리적으로도, 생물적으로도 사전에 그 운명이 결정된 존재로 본 20세기의 이성주의도, 부분적으로는, 마찬가지다. 그리고 이런 원리는 하나같이 오직 폭력으로만, 그리고 절대적 지배자를 통해서만 정치적 행동으로 전환될 수 있다.

지식인은 좌파여야 한다는 주장의 배경은 무엇인가?

하지만 이성주의자는 이런 사실을 받아들일 수 없다. 그는 자신의 원리principles가 이성주의적이며, 이성주의적 수단으로 자신의 원리가 목적을 달성할 수 있다는 주장을 견지하지 않을 수 없다. 그는 자신의 원리가 이성주의적으로 자명하다는 것을 신조dogma로 유지한다. 결국 그런 시도는 실패하지 않을 수 없다.

한편 이성주의자는 자신의 신조에 대한 어떤 반대도 인정할 수 없다. 그 어떤 반대도 곧 절대적 진리에 대한 반대이기 때문이다. 다른

---

* 19세기 전반 영국의 벤덤이 주장한 최대 다수의 최대 행복을 추구함으로써 이기적 쾌락과 사회 전체의 행복을 조화하려는 정치 사회 사상.

한편으로, 그는 그 반대에 맞서 싸울 수 없다. 왜냐하면 (이성주의를) 오해하는 것은 곧 이성주의자를 오해하는 것일 수밖에 없는데 그것은 오직 정보가 부족해서 오는 것이다. 이런 논리를 1920년대와 1930년대에 미국은 물론이고 유럽에서 유행한 '지식인intelligent person은 좌파 편에 서야만 한다'라는 말보다 더 잘 설명하는 것도 없다. 그리고 1930년대 말과 1940년대 초 나치의 선전이 활발할 당시, 프로파간다의 전능성에 대한 믿음belief in the omnipotence of propaganda*은 이성주의 신앙이 절대주의로 연결되는 기초를 놓는 동시에 자기모순을 분명하게 드러내는 것이다.

한편 '이성주의적 진보주의자'는 타협할 수 없다. 그들은 양보를 허용할 수 없는 완벽한 신앙을 갖고 있기 때문이다. 빛을 보기를 거부하는 사람은 그가 누구라 해도 정치적 협력관계를 맺을 여지가 전혀 없는 암흑 세력으로 보는 것이다.** 다른 한편 이성주의자는 적과 다툴 수도, 적을 압도할 수도 없다. 그들은 적의 존재를 인정할 수 없기 때문이다. 존재하는 것은 적이 아니라 이성주의적 진리에 대한 완벽한 증거를 제시하기만 하면 이성의 빛을 보게 될 사람들뿐이기 때문이다.

그러므로 이성주의자는 반대자의 음모에 성스럽게 분노하고 정보가 부족한 사람들을 깨우치려는 열정에 가득 차 있다. 그는 무엇이 옳고 필요하며 좋은지 언제나 알고 있다. 그리고 그것은 언제나 간단

---

* 이성주의는 이성주의적으로 자명하다는 선전.
** 이성주의자는 이성을 빛으로, 그 반대를 암흑으로 표현한다.

하고도 쉽다. 하지만 그는 그것을 현실로 구현할 수 없다. 그는 권력과 타협할 수도, 맞서 싸울 수도 없기 때문이다. 그는 정치적으로 항상 마비상태에 있다.

루소의 일반의지의 문제 : 백과전서파와 루소의 차이

이성주의적 진보주의자의 비극은 자신의 신앙을 정치적으로 실현하는 데는 오직 한 가지, 즉 전체주의밖에 없다는 점이다. 자유에 대한 개인적인 진지한 믿음이 객관적으로는 오직 독재로 연결될 뿐이다. 그 이유는 이성주의적 진보주의자의 정치적 불임에서 빠져나오는 길이 단 하나밖에 없기 때문이다. 즉 이성주의를 버리고, 공개적으로 전체주의자가 되고, 절대주의자가 되고, 그리고 혁명가가 되는 길 말이다.

계몽주의 시대에, 이성주의에서, 그리고 외관상의 합리성에서, 비이성주의적irrational이고도 반이성주의적인 전체주의antirational totalitarianism로 가는 치명적 길을 공개적으로 만든 사람은 루소였다. 루소가 '일반의지volonte generale, general will'*를 이성주의적으로 확인할 수 있다거나 혹은 이성주의적으로 인식할 수 있다고 주장한 적은 없다.

---

* 一般意志, 도덕적 의지이자 공동선을 목표로 하는 의지다. 루소는 모든 사람은 공동선을 추구하는 도덕적 관점을 가질 수 있으며, 그 경우 사람들은 만장일치로 결정할 수 있다고 생각했다. 민주주의 사회에서 국가는 시민의 일반의지를 대표하며, 각 시민은 국법을 지킴으로써 실리를 추구한다는 이론이다.

일반의지는 존재한다. 그러나 어떻게, 어디에, 왜 존재하는지는 아무도 모른다.

루소는, 개인을 일반의지에 따라 전체 공동체에 '절대적으로' 내맡겨야 모두 평등해진다는 이른바 '자유의 패러독스' 탓에 전체주의자라는 비판을 듣는다. 루소에 따르면 '사회계약'으로 일반의지를 구현하는 국가가 세워질 경우, 국민이 국가의 명령에 복종하는 것은 외적인 권력에 복종하는 것이 아니라 스스로에게 복종하는 것이다. 루소의 『사회계약론』은 모든 구성원을 마음대로 다룰 권력을 국가에게 줄 수 있다는 것인데, 여기서 루소의 이론이 국민의 절대복종을 강요하는 독재국가 이론으로 전도될 위험이 있다는 비판을 받는다.

국민의 절대복종을 강요하는 독재국가에서 시민의 자유는 대체 어디에 있는지 의문을 품을 수밖에 없다. 비록 루소는 단 한 사람에게 다른 사람보다 더 큰 권력을 줄 수 없다는 단서를 달았지만, 비판의 화살을 피할 수는 없다. "루소는 자유에서 출발하지만 실제로는 절대군주라는 옛 독재자의 자리에 '일반의지'라는 새로운 독재자를 앉혔고, 그것 앞에서는 '개인'의 어떤 요구도 정당성을 갖지 못한다. 따라서 '사회계약론'은 자코뱅주의자들의 성경이 되고, 결국 로베스피에르는 일반의지라는 명목으로 공포정치를 주도했다"는 비판을 받는다.

일반의지는 보편적으로 수용되어야 한다. 당연하지 않은가? 일반의지는 완벽하고도 절대적이니 말이다. 이성을 소유한 사람은 누구라도, 사회의 최고 의지를 이해하는 사람은 누구라도, 그것을 대부분의 사람에게, 많은 사람들에게, 개인에게 강요할 자격을 받았을 뿐만 아니라 강요할 의무가 있다. 자유는 일반의지를 완벽히 실현해야만 달성할 수 있다.

  루소는 개인의 이성이나 자유에 대해서는 언급하지 않았다. 루소가 직접 민주주의, 즉 대표자의 선출을 배제하고 모두 정치에 직접 참여하는 도시 국가형 소규모 정치 단위를 완벽한 정부의 유일한 형태로 제시한 것은 사실이다. 게다가 루소는 자신이 속한 사회를 떠남으로써 체제를 거부할 수 있는 권리를 개인의 불가분의 절대적 권리로 강력히 주장했다. 이 사실은 루소가 개인적 자유를 추구했다는 증거로 인용되어왔다. 하지만 여러 조건이, 18세기 중엽과 같이, 개인이 이동의 자유를 실현할 수 없는 세계에서 루소의 주장은 낭만적이고 화려한 표현법에 지나지 않는다. 그렇지 않다면 히틀러가 유대인들에게 이민을 '제의'한 것 역시 '자유'를 제공한 것으로 해석해야만 한다(오늘날 북한의 현실이 바로 이것이다).

  루소가 이성주의를 거부하면서 자신의 이념 체계가 다른 철학자들의 그것과는 근본적으로 차이가 있음을 발견한 것은 옳았다. 루소는 '비이성주의적 절대주의irrational absolute'로 변신하고 계몽사상의 기본 이념을 정치적 목적에 적합한 것으로 만들었다. 루소는 공개적으로 비이성주의Irrationalism로 변신함으로써 백과전서파를 정치적 실패로 몰아간, 이성주의의 족쇄에서 삐져나왔다.

  백과전서파가 교육과 과학적 조사調查라는 이성주의적 과정을 택했던 데 반해, 루소는 계시啓示라는 내면의 빛을 추구했다. 백과전서파는 인간을 물리적 법칙에 따라 규정하려 했다. 반면 루소는 인간을 충동과 감정에 따라 행동하는 정치적 인간으로 보았다. 백과전서파는 점진적·이성주의적 개선을 추구했다. 반면 루소는 가장 비이성주의적인 힘, 즉 혁명으로만 도달할 수 있고 확립할 수 있는 지상천국을 믿었다. 루소는 정치와 사회에 대해 백과전서파가 아는 것을 모두 합한 것보다 더 많이 알고 있었다는 것은 의심의 여지가 없다. 사회 속의 인간을 보는 루소의 관점은 현실적이었던 반면 이성주의적 계몽사상가들의 관점은 절망적·낭만적이었다.

『인간 불평등기원론』에서 루소는 이렇게 주장했다.

"자연 상태의 인간은 평화로웠지만 미약한 존재이므로 '사회계약'을 통해 공동체를 만들고 자연인에서부터 사회인이 되었다. 하지만 사유재산과 국가가 등장하면서 인위적인 불평등이 싹튼다. 이는 하늘의 섭리인 자연법에 어긋난다. 그렇기 때문에 신분 차별과 정치적 불평등을 조장하는 절대왕정은 없어져야 한다."

이렇게 주장함으로써 루소는 절대왕정을 옹호하는 보수파 귀족에게 '불한당'으로 찍힌다.

루소는 사유재산제를 낳은 인류의 문명 자체도 '자연 상태'에 좀 더 가깝게 '수정해야 마땅하다고 주장했다. 이렇게 주장함으로써 루소는 이성과 인류문명의 순항을 신뢰하는 디드로 같은 '진보파 계몽주의자'들과 결별하게 되었다.

사실 루소는 자신의 기본적 이념이 공격당할 때만 싸우면 되었다. 인간이 만든 절대 이성에 대한 믿음, 루소 스스로 이성을 소유한다는 믿음, 더 나아가 절대적 이성을 소유하는 사람은 누구든 그것을 타인에게 강요할 수 있는 권리와 의무를 지고 있다는 믿음이 공격을 당할 때만 싸우면 되었다.

루소는 계몽사상의 이성주의를 포기했기 때문에, 그는 오늘날과 같은 위대한 정치적 세력을 형성하게 되었다. 그는 인간의 완성 가능성human perfectibility에 대한 계몽사상가들의 믿음을 유지했기 때문에, 그는 인간의 개인적 자유를 부정했다. 그리하여 루소는, 1930년대 세대가 겪고 있는 것(나치와 구소련의 공산주의)과 견줄 정도의 인류의 대재난, 즉 루소의 추종자 로베스피에르가 프랑스혁명 후 실시한 공포정치를 초래할 도화선에, 불씨를 지핀 위대한 전체주의자 겸 혁명가가 되었다.

루소에서 마르크스에게로 : 루소와 마르크스의 차이

이성주의자와 진보주의자는 항상 정치적으로 유능한 '비이성주의적 전체주의'의 손에 권력을 빼앗겼다. 그러다 보니 루소의 권력 획득 방법은 언제나 정치적 불임에 뒤따라 등장했다. 루소의 방법을 최초로 따른 사람은 마르크스다.

마치 루소가 18세기 초 계몽사상기들이 정치적으로 무능하다는 점을 드러냈을 때 등장한 것과 마찬가지로 마르크스도 19세기 초 '공리주의적 이성주의자들'이 정치적으로 실패했을 때 활동하기 시작했다. 1848년 혁명 때* 루소 이후의 '이성주의적 진보주의'는 모두 파산했다.

1848년 이후의 이성주의적 진보주의는 당시 프랑스, 오스트리아, 독일, 그리고 스페인의 반혁명 왕정이 붕괴되면서 자신의 무릎 아래 넘어진 권력을 잡았다. 그러나 어느 국가에서도 예외 없이 이성주의적 진보주의는 권력을 다시 놓치는 것 외에는 다른 아무것도 할 능력이 없다는 것을 증명했다.

　마르크스는 동시대 진보주의자들이 신봉하는 절대주의를 견지했고, 인간을 합리적 경제인으로 인식하는 경제적 결정론을 지지했다. 하지만 마르크스는 개인의 자유로운 이성주의적 경제 행동으로 완벽한 경제 사회가 실현될 것이라고 기대하는 이성주의는 거부했다. 그 대신 그는 비이성주의적인 원리를 선언했다. 즉, 인간의 행동은 개개인이 처해 있는 계급 상황$^{class\ situation}$에 따라 규정된다는 결정론 원리 말이다.

　이 원리는 인간의 이성주의적 행동, 사고, 그리고 분석 능력을 거부한다. 모든 사람의 행동과 사고는 개인의 의지와 이해의 범위를 초월하는 계급 상황의 결과물이다. 마르크스는 공리주의자들의 역사적 유물론을 유지했다. 그러나 마르크스는 궁극적으로 '조화를 가져오는 유물론' 대신, '계급 갈등을 초래하는 유물론'으로 대체했다. 인간의 궁극적 완성이라는 이성주의자의 믿음도 유지했다. 그러나 완성의 범위를 프롤레타리아 계급에 국한했다.

---

*1815년 나폴레옹의 패망에 따른 유럽의 새로운 국제질서를 규정지은 빈 체제가 1848년 2월 파리의 민중봉기를 계기로 붕괴되고, 노동자가 주도하는 정부가 유럽 전역에서 탄생했다. 마르크스의 공산당 선언도 이 때 발표되었다. 그러나 각국의 혁명정부는 곧 보수파에 의해 패퇴하고 말았다.

마르크스는 루소보다 한 단계 더 나아갔다. 루소는 다른 모든 전체주의자가 진정 그렇게 인식한 것과 마찬가지로 혁명을 필수적인 것으로 보았다. 그러나 그것은 불가피한 것은 아니었다. 루소는 의심의 여지를 남겼지만 마르크스는 아무런 의심도 하지 않았다.

마르크스는 묵시록적 선견지명을 바탕으로, 지상천국으로 안내할 혁명의 불가피성을 역설했다. 과거의 모든 사회는 각각 하나의 계급 사회였기 때문에 미래에는 완벽하게 계급 없는 사회가 당연히 달성될 것이라는 마르크스의 믿음은 말만 요란한, 터무니없는 그리고 믿을 수 없는 주장이다. 그러나 정치적으로 이런 믿음의 비합리성은 오히려 힘을 발휘했다. 그 주장은 또한 믿음만 제공한 것으로 그치지 않았다. 그것은 정신의 조종자, 즉 철학자의 모습을 띤 혁명적 독재자의 등장을 가능하게 했다. 변증법의 불가피성을 학습했고, 또 언제라도 절대적 지식을 강요할 수 있는 독재자의 등장 말이다.

마르크스에서 히틀러에게로 : 마르크스와 히틀러의 차이

마르크스가 자신의 이념을 '과학적'이라고 선언한 것은 정치적으로 별로 중요한 사건이 아니다. 마치 마키아벨리가 로마 가톨릭 교회의 충실한 신자라는 사실이 별로 의미가 없는 것과 같이 말이다. 마르크스가 『자본론Das Kapital』에서 '과학적'이라는 말을 사용하지 않았다고 해도 마르크스는 여전히 정치적 위력을 발휘했을 것이다. 마르크스가 목적을 달성한 이유는 그가 자본주의 발전에 관해 가장 해박한 역사가였기 때문이 아니다. 또 그가 자본주의 경제에 대한 가장 지겨우며 현학적이고 일관성 없는 이론가였기 때문도 아니다. 마르크스가 정치적 위력을 발휘한 것은, 인간의 본성에 관한 절대주의적 명제를 이미 신뢰하고 있는 세계와 사회에다가 절대주의적 명제를 정치적으로 의미를 부여하고 공산주의 혁명을 주창했기 때문이다.

루소는 혁명(프랑스혁명)이 일어난 덕분에 정치적 추종자들을 거느리게 되었다. 반면 마르크스는 정치인, 심리학자, 철학자로서 루소에게 훨씬 뒤지는 데다 혁명도 일어나지 않았는데도 강력한 정치적 세력을 형성했다(최초의 공산주의 혁명은 70년 후에 일어난 레닌 혁명이다). 루소와 달리 마르크스는 혁명은 불가피하다고 역설하는 것만으로 충분했던 것이다.

그러나 마르크스주의는 산업 국가에서 혁명의 신조로 실패한 반면, 유럽 대륙에서는 정치적 이념으로 계속해서 영향을 떨치고 있다. 마르크스주의는 많은 사람에게 전체주의를 인식시키고 알렸다.

마르크스주의는 대중이 인간이 만든 절대적·묵시록적 예언의 논리를 받아들이도록 했다. 그 하나만으로도 마르크스주의는 히틀러리즘Hitlerism의 아버지라고 불리기에 충분하다. 마르크스주의는 또한 현대의 전체주의에 정치적 이념의 형태와 구조를 물려주었다. 마르크스가 자신의 시대에 파산한 이성주의적 진보주의, 즉 고전 경제학파와 공리주의자의 진보주의에 했던 것*과 같은 것을 히틀러는 1930

---

* 이성주의를 포기하고 비이성주의적 절대주의를 공개적으로 채택함으로써 무능한 이성주의적 진보주의를 강력한 정치적 세력으로 전환한 것.

년대의 실패한 이성주의에 그대로 적용했다.

영국은 어떻게 프랑스혁명을 극복했는가?

그렇다면 영국은 어떻게 프랑스혁명에 전염되지 않고 그것을 극복했는가? 영국이 프랑스혁명에 맞설 수 있도록 해준 것은 무엇이며, 동시에 내전이나 사회의 붕괴도 없이 프랑스혁명과 나폴레옹의 독재에 대한 대안으로 중상주의 사회mercantile society*를 개발하도록 한 것은 무엇인가? 이 질문에 대한 대답은 많다. 예를 들면, 영국인의 인종적 우수성, 영국 해협, 영국 헌법 등이 있다. 그러나 이 셋 가운데 어느 것도 적절한 대답이 아니다.

   1770년 영국에서 일어나는 모든 사건은 계몽 전제주의를 향해 점점 더 빠르게 이동하고 있었다. 그러나 1780년에는 오히려 반전체주의적 세력이 권력을 잡았다. 영국 국왕 조지 3세는 왕권 강화를 시도했다. 그러나 식민지 정책이 실패해 북미대륙의 독립전쟁을 유발했고, 패배했다. 그 후로 영국은 절대권력을 회복할 기회를 얻지 못했다. 영국 국왕에 맞선 혁명 경쟁자들, 예컨대 루소의 주장을 따르는 전체주의자들, 즉 전제 군주제와 중앙집권식 군주제 대신에 자신들

---

* 16세기 후반에서 18세기까지 유럽 절대 왕정의 기반을 확립하는 데 기여한 경제 정책이다. 국가의 부를 증대하기 위해 보호무역주의로 수출산업을 장려하고, 절약과 저축으로 자본을 창출하였으며, 이윤을 보장함으로써 결과적으로 자본주의 발전에 유리한 환경을 만들었다.

의 전제주의, 절대주의, 중앙집권식 정부를 구축하려는 세력들도 패배했다. 국왕의 절대주의도, 대중의 절대주의도 다시는 그 힘을 회복할 수 없었다.

식민지 주민들의 성공적인 저항으로 영국 정부의 권력은 실질적으로 윌리엄 피트William Pitt*와 에드먼드 버크Edmund Burke**의 손으로 넘어왔다. 그리고 자유의 기본 원리를 바탕으로 한 새로운 정부 형태가 구축되었다.

자유를 추구하기 위한 19세기 영국의 여러 정치 시스템은 모두 실질적으로 구휘그당Old Whigs*** 정권의 짧은 통치 기간에 완성되었다. 그들은 북미 대륙의 13개 주와 전쟁하는 것을 반대했기 때문에 권력을 잡았다. 그들은 행정부는 의회에 책임을 지도록 하면서 내각제를 도입했다. 현대 정당 제도와 공무원 제도를 구축했다. 그리고 국왕과 의회의 관계도 규정했다. 1790년의 영국은 건강하고 이상적인 사회는 아니었다. 그러나 영국은 새로운 자유 사회를 위한 기본 틀을 확립했다. 게다가 그 기본 틀은 미국 혁명 직전에 실질적으로 패했지만 식민지의 성공적인 저항 덕분에 정치적으로 회복했을 뿐만

---

* 1766~1768년 사이에 연립내각의 총리를 지냈으며 대大피트라고 불리기도 한다. 1783년 총리가 된 아들은 소小피트로 불린다.
** 영국의 휘그당 소속 정치인으로서 프랑스혁명가들의 이성주의적 이상주의에 비판을 가하고, 혁명의 도덕적 열기와 정치 재건이라는 거창한 투기적 프로그램들이 전통과 전래의 가치를 파괴하는 것을 비난했다.
*** 17세기 후반 상공업 계급을 기반으로 성립된 영국 최초의 근대적 정당. 명예혁명 이후 토리당과 대립하면서 우위를 확보하고 정당 책임 내각제를 확립했으며, 1714년에서 1782년까지 전성기였다.

아니라 권력마저 잡게 된 휘그당이 제시한 원리였다.

1776년 미국 혁명의 사상과 원리가 미친 결정적 영향은 영국과 유럽 대륙을 비교함으로써 가장 잘 알 수 있다. 19세기 영국에서는 자유당Liberals*과 보수당Conservatives 모두 자유 사회라는 동일한 원리에 기반을 두고 있었다. 두 당 사이의 갈등은 자유 자체가 아니라 자유의 한계 때문에 발생했다. 자유 자체의 본질 혹은 의미에 대한 것이 아니라 '권위주의'와 '개인주의' 사이의 해묵은 갈등이었다.

자신들을 스스로 '진보적 개혁을 주창하는 진보주의자'라고 칭한 유럽 대륙의 정당은 이성주의자이고 절대주의자였다. 게다가 어떤 실질적 자유도 완전히 부정했다. 19세기 유럽 대륙의 진보주의자는 프랑스혁명의 산물이었다. 반면에 보수주의자는 사실상 계몽 전제주의 시대의 잔재가 부활한 것이었다.

19세기 유럽 대륙이 누린 자유는 이 두 가지 상반되는 절대주의 신조가 서로에게 독재 권력을 행사할 능력이 없었던 결과로 얻어진 것이었다. 즉 자유는 저절로 얻어진 것이 아니라 대등하게 강하고 똑같이 전체주의적인 두 적 사이에 맺어진 무장 휴전의 부산물이었다.

반면 영국과 미국에서 자유는 당연한 것이었다. 그리고 (자유의 한계는) 정당 간 갈등의 기초가 되었다. 유럽 대륙에서 자유는 소극적인 것이었다. 다시 말해 특정 정당의 전횡이 없는 상태가 자유였다. 자유는 오직 어느 정당이 자유를 좋아해서라기보다는, 상대 정당을 덜 좋아했기 때문에 존재했다.

---

* 휘그당의 후신

영국의 보수주의 제도 : 양당제도, 내각제, 직업 공무원 제도

19세기 영국인들이 누린 자유를 안겨다준 것과 관련하여 모든 사람이 귀가 따갑도록 들어온 두 가지 구호가 있다. 바로 '의회 주권'과 '다수파 정권'이다. 19세기 영국의 정치 제도는 실제로는 대체로 의회 주권을 제한하고 또 다수파 정부를 제한하는 것으로 구성되어 있다. 실질적으로 영국은 다수파의 동의 절차를 거쳐 소수파의 지배를 제약했다. 이런 목적을 실현하기 위한 구체적인 정치적 제도가, 반대파를 정부의 실질적인 한 축으로 참여시키는 양당제도, 내각제, 그리고 직업 공무원 제도다.

'19세기 영국 헌법은 정부 없이도 작동할 수 있었지만 반대파가 없이는 기능을 수행할 수 없었다'라고 할 수 있다. 비록 과장이 없는 것은 아니지만 말이다. 언제라도 정권을 인수할 능력이 있는 야당이 항상 존재한다는 것은 영국 정치의 실질적인 성격이다. 야당인 소수파의 반대 견해는 권력을 쥐고 있는 다수파와 마찬가지로 영국 국민과 영국 정부의 의사이기 때문에 다수파의 의사는 최종적일 수도, 절대적일 수도 없었다.

영국과 미국의 제도는 '비민주주의적'인 것으로 종종 비판받아왔다. 영국의 정치 제도는 다수파의 절대적 지배를 막는다고 한다. 그러나 다수파의 절대적 지배를 막는 것이 바로 양당제도의 역할일 뿐만 아니라 양당제도가 존재하는 주요한 이유다. 절대적 지배를 방지함으로써만 자유를 보호할 수 있다. 영국의 제도는 소수파의 정권 획득을 막는다고 말하는 것 역시 양당제도에 대한 찬사이지 비난이 아니다.

　새로운 정치사상이나 새로운 정치 지도자가 기능을 발휘하고 있는 기존의 대규모 정당에서 그 입지를 증명하도록 하는 것보다 정치적으로 더 유익한 것은 없다. 그렇게 하면 새로운 것들이 오래된 것들을 당당히 밀어내기 전에 새로운 것이 오래된 것보다 더 좋고 효과적이라는 것을 먼저 증명하도록 압력을 가하게 되는 것이다.

　소규모 정파와 당파가 의회가 구성한 정부를 파괴하는 것은 정상적인 정부의 기능을 거의 발휘할 수 없을 정도로 정치적 단위를 세분하도록 유도한다. 그 경우 소규모 정치 집단들에게, 다시 말해 자신들 외에는 그 누구의 이익도 대변하지 않는 정치 집단들에게 결정적인 지위, 협상능력, 그리고 전체 인구 대비 실질적 지지자 비율 이상으로 공적 자금을 사용할 권력과 자유만 허용하는 꼴이 된다. 그러므로 양당제도는 다수파의 독재에 대한 안전장치일 뿐만 아니라 소수파의 횡포에 대한 보호 수단이기도 하다. 반면 유럽의 이성주의는 인간의 완전성을 추구하기 위해 자유를 희생했다.

　양당제도로 다수파의 지배를 제한한 것은 영국의 정부권력을 분산하고 제한을 가하는 제도적 장치 가운데 하나다. 두 번째 요소는 내각제, 즉 총리직의 등장이었다. 총리직은 사실상 대피트가 첫 번째 총리로 취임한 이래 로버트 필^{Robert Peel}* 이후 변하지 않고 유지되어온 것과 같이, 의회에서기 이니라 국민에게서 그 권력을 위임받는다.

---

* 토리당을 보수당으로 개편한 영국의 정치가로 1834~1835년과 1841~1846년 두 차례에 걸쳐 총리를 지냈다.

총리는 국민이 선출한다. 영국의 유권자는 지역구 국회의원에게 투표한다. 벤저민 디즈레일리$^{Benjamin\ Disraeli}$, 윌리엄 글래드스턴 $^{William\ Gladstone}$, 허버트 애스퀴스$^{Herbert\ Asquith}$에게 직접 투표한 것이 아니다. 미국의 유권자가 법적으로는 자신의 표를 대통령 후보에게 직접 투표한 것이 아니라 선거인단의 한 구성원에게 던지는 것과 같다.

비록 영국의 헌법에 관한 어떤 문헌에서도 찾아볼 수 없지만, 모든 총리가 이해하고 있는 이 사실은 정부의 권력과 역할을 효과적으로 분산하는 작용을 했다. 다시 말해 '견제와 균형'을 효과적으로 수행하는 제도였다.

첫째, 그것은 의회의 활동 범위와 권력을 상당히 제한했다. 둘째, 공무원 제도는 의회와 완전히 독립적이었다. 공무원 제도는 의회 권력을 외부에서부터 확실히 제한했다. 19세기 영국에서 점진적으로 발달한 그런 형태의 공무원 제도는, 그것이 의회를 견제하고 균형을 이루었던 것과 꼭 마찬가지로, 의회에 의한 견제와 균형을 유지하는 독립적인 권력이었고, 의회와 더불어 영국을 통치하는 공동 지배자였다. 그러나 공무원 개개인은 의회의 통제를 받지 않으며 의회가 임명하는 것도 아니고 의회에 의존하지도 않는다.

보수주의적 반혁명의 방법론은, 보수주의 원리가 과거에 중요했던 것과 마찬가지로, 오늘날 우리에게 매우 중요하다. 오늘날 정치와 관련된 많은 기고가와 정치학자는 원리가 전부이고 방법론 같은 것은 필요하지 않다고 생각한다. 이것은 정치의 본질과 정치 행동을 기본적으로 오해한 산물이다.

제도적 뒷받침이 없는 원리는, 원리가 없는 제도가 효과를 보지 못하는 것과 꼭 마찬가지로 정치적으로 효과가 없고 사회 질서에 폐해를 끼친다. 보수주의적 방법론은 영국 사람들에게 원리만큼이나 중요했다. 그리고 그들이 성공한 것은 그들의 원리와 마찬가지로 방법론 덕이었다.

첫 번째 기둥 : 미래 지향적 태도

영국과 미국의 보수주의자들이 사용한 방법론은 다음 세 가지로 요약할 수 있다.

첫째, 유럽 대륙이 프랑스혁명으로 피를 흘릴 때 영국의 정치가들은 과거를 복구하지 않았을 뿐만 아니라 복원하려는 의도도 가지고 있지 않다. 그들은 과거를 이상향으로 그린 적이 한 번도 없었다. 그리고 그들이 사는 현세에 대한 환상에 푹 빠져 있지도 않았다. 그들은 사회 현실이 이미 변했다는 것을 알았다. 그들은, 자신들의 할 일이란 오래된 원리에 기초하여 새로운 사회를 통합하는 것 외에 다른 무엇이 있다고 상상해본 적이 없었을 것이다. 현실을 바꾸기 위한 어떤 시도도 장려하지 않았을 것이다.

따라서 영국이 보수당원들은 과거의 보수주의자라기보다는 현재와 미래의 보수주의자들인 셈이다. 그들은 미래의 문제를 해결하려고만 했지 과거를 해결하려고 하지 않았으며, 다음에 올 혁명을 극복하려고만 했지 최근에 일어난 혁명을 극복하려고 하지 않았다.

두 번째 기둥 : 문제해결 지향

그들이 사용한 방법론의 기본적 성격으로서 두 번째는 그들이 미래의 청사진이나 만병통치약 같은 것을 믿지 않았다는 것이다. 그들은 폭넓은 일반 원리의 틀을 신봉했다. 그리고 그 점은 양보하지 않았다. 하지만 그들은 제도적 해결책이 실제로 작동할 때만, 즉 그것이 사회 문제를 실질적으로 해결할 때만 받아들일 수 있다는 것도 알고 있었다. 또 사실상 견고한 제도적 도구는 모두 실제로 모든 이상적인 목적달성에 공헌할 수 있다는 것도 알았다.

그들은 교조주의를 신조로 삼았지만 일상생활 정치에서는 극단적으로 실용주의적이었다. 그들은 이상적이거나 완벽한 정치구조를 세우려고 노력하지 않았다. 그들은 실질적인 해결책을 모색하는 구체적인 상황에서는 심지어 스스로 모순에 빠지는 것도 감수할 정도였다. 오직 당면한 문제를 풀어줄 해결책만 원했다. 그 해결책이 기본원리라는 주요한 틀을 벗어나지 않는 한 말이다.

세 번째 기둥 : 실증적 처방

보수주의 반혁명이 사용한 마지막 방법론은 버크가 명명한 '처방prescription'이다. 그것은 '전통의 신성함'과는 아무런 관계가 없다. 버크 자신은 전통과 선례가 기능을 제대로 발휘하지 못하면 냉정하게 그것들을 무시했다. '처방'은 불완전한 인간 원리에 대처하는 정치

방법론 분야의 한 표현 방식이다.

　그것은 간단히 말해 '인간은 미래를 미리 볼 수 없다'는 것이다. 인간은 자신이 어디로 가고 있는지 모른다. 알 수 있는 것, 이해할 수 있는 것은 오직 역사적으로 성장해온 실제적인 사회뿐이다. 따라서 인간은 자신의 정치적·사회적 행동의 기반으로서 이상 사회를 전제로 할 것이 아니라 기존의 정치적·사회적 현실을 택해야 한다. 인간은 완벽한 제도적 도구를 절대로 발명할 수 없다. 따라서 인간은 이상적인 일을 하기 위해 새로운 도구를 발명하려 하기보다는 오래된 도구에 의존하는 것이 더 좋다. 우리는 오래된 도구를 작동하는 방법, 그것이 할 수 있는 것과 할 수 없는 것, 그것을 사용하는 방법은 물론 그것을 어느 정도까지 신뢰할 수 있는지 알고 있다.

　반면 우리는 새로운 도구들에 대해 아무것도 모르는 것만으로 끝나는 것이 아니다. 만약 새로운 것들이 완벽한 도구라고 과장되어 선전된다면, 그것들은 아무도 기대하지 않았거나 완벽한 것이라고 주장하지 않았던 오래된 것들보다 기능을 덜 발휘할 것이라는 점을 상당히 높은 확률로 확신할 수 있다.

　'처방'은 인간의 불완전성을 표현하는 것만으로 끝나지 않는다. 그것은 모든 사회는 역사적 성장의 결과라는 사실을 인식했다는 표현만으로 끝나지 않는다. 그것은 또한 경제 원리다. 보수주의 방법론을 요약하면 다음과 같다.

　첫째, 우리는 과거를 복원할 수 없다. 따라서 오래된 산업사회 이전의 중상주의 체제로 돌아가려고 노력하기보다는 새로운 산업사회적 현실을 수용해야 힌다는 인식이 필요하다.

둘째, 이상적인 청사진과 만병통치약을 단념하고 긴박한 문제에 대해 부분적이거나 불완전한 해결책이라도 찾는다는 의지가, 달리 말해 겸손하고 덜 화려한 해결 방법에 만족할 의지가 필요하다.

셋째, 우리는 오직 우리가 가진 것만 사용할 수 있다는 것, 그리고 가고자 하는 곳에서가 아니라, 우리가 서 있는 자리에서 출발해야 한다는 사실을 아는 지혜가 필요하다.

03

도대체 국가의 존재 이유가 무엇인가

보수주의적 국가이론과 역사발전

국가는 이 세상의 질서이자
최고의 영원한 질서가 해체된 후에 등장한 기구로,
인간적인 목표와 의미를 가진 지상의 왕국이다.
그리고 인간적인 목표와 의미는 다시 말해, 권력은
만약 하느님의 불변의 질서와 연결되지 않으면,
만약 이 세상에 대한 하느님의 계획과 연결되지 않으면
사악하고 비도덕적이며 파괴적이다.

프리드리히 율리우스 슈탈

한 개인에게 주어지는 완전한 자유라는 것은,
정말이지 한 사람을 위한 임의적인 권력은,
나머지 사람들의 자유를 빼앗는 것이다.
In völlige Freiheit, ja Willkür für einen, Unfreiheit für alle anderen.

피터 드러커

03

발터 할슈타인의 회고

제2차 세계대전 후 EEC(EU의 전신) 설립자들 가운데 한 사람이자 ECC 초대 위원장을 지낸 발터 할슈타인^{Walter Hallstein}*은 1970년 피터 드러커를 만나 다음과 같이 말했다.

"나는 제2차 세계대전 직전에 변호사로 활동하고 있었지요. 그 무렵 귀하가 쓴 소책자 『프리드리히 율리우스 슈탈 : 보수주의적 국가이론과 역사발전』을 읽은 덕분에 나치에 가담하지 않게 되었어요."

드러커는 1978년 자서전 격인 『방관자의 모험』에서 당시 상황을

---

* 독일 외무부 차관 시절 동독을 승인하는 나라와는 외교관계를 맺지 않겠다는 할슈타인 독트린을 입안했다.

다음과 같이 서술했다.

"1932년 봄 가장 친한 친구인 베르톨드 프라이버그$^{Berthold\ Freyberg}$와 이 문제에 대해 대화했다. 어느 날 갑자기 나는 나의 깊은 곳에서 우러나오는 말을 들었다. 그리고 나는 이렇게 말했다. '베르톨드, 만약 나치가 정권을 잡게 되면 나는 독일을 떠날 거야.'"

드러커가 튀빙겐에 있는 모어출판사에 보낸 프리드리히 율리우스 슈탈에 관한 원고는 작은 책자로 팸플릿보다 조금 크다. 슈탈은 프러시아의 뛰어난 정치가로서 오토 비스마르크$^{Otto\ Eduard\ Leopold\ von\ Bismarck}$가 등장하기 직전 시대의 보수적인 국회의원이었다. 그는 법률의 지배 아래 자유를 인정하는 철학자로 헤겔이 갖고 있던 베를린대학의 철학교수 자리를 이었다. 하지만 그는 헤겔의 철학을 거부하는 학자들의 지도자이기도 했다. 게다가 슈탈은 유대인이었다. 따라서 슈탈을 보수주의와 애국주의의 이름 아래 1930년대의 혼란기를 극복할 모범적 정치가이자 이론가로 묘사하는 것은 나치즘에 대한 정면 공격이었다.

1933년 4월 4일, 드러커는 모어출판사 소유주이자 편집인인 오스카 지벡$^{Oskar\ Siebeck}$에게 보낸 편지에서 자신의 원고를 『역사와 현재 속의 법과 국가 시리즈』편에 출판해줄 것을 요청하면서 다음과 같이 말했다.

"귀 출판사의 동 시리즈는 이미 큰 명성을 얻고 있으며 많은 부수를 출판하고 있으므로 본인이 보기에 처음부터 나의 논문은 출판하기에 가장 좋은 간행물로 보였습니다. 나는 또한 슈탈의 주요 업적을 새로이 편집하여 출판하려는 의도를 가진 귀 출판사가 이 분야의 저술가에게 관심이 있으며, 그의 중요성을 인식하고 있음을 익히 알고 있습니다."

드러커는 자신을 프랑크푸르트 게네랄안차이거의 외신 담당 편집자 겸 프랑크푸르트대학 국제법 강의 조교로 소개했다. 4월 6일 지벡은 드러커에게 다음과 같은 답변을 보냈다.

"본인은 귀하의 원고를 『역사와 현재 속의 법과 국가 시리즈』로 출판할 채비를 잘하고 있습니다."

슈탈에 관한 소책자는 1933년 4월 26일 출판되었다. 그 직후 드러커는 독일을 떠났다. 나치는 이 소책자를 드러커의 의도대로 받아들였다. 이 소책자는 즉각 금서가 되었고 공개적으로 소각되었다. 드러커가 영국으로 이주한 반면 오스카 지벡은 여전히 독일에 남아 있었다. 1939년 1월 5일자 편지에서 모어출판사 사장 게오르그 지벡은 드러커에게 자신의 할아버지에게 닥쳐온 운명을 다음과 같이 써서 보냈다.

"우리 할아버지는 1936년까지 출판사의 편집인이셨는데, 제3제국 문화부와 협상하던 일이 무위로 돌아가자 자결하고 말았습니다."

보수주의 독일 사상가 세 사람

1930년대 초는 드러커가 겨우 20대로 접어드는 때다. 그를 둘러싸고 있는 사회, 경제, 그리고 정부는, 정말이지 문명이라고 할 만한 것은 모두 몰락하고 있었다. 그 당시 연속성은 철저히 끝나가고 있었다. 그리고 그런 현상 때문에 드러커는 100여 년 전 발생한 사회붕괴라는 비슷한 상황에서 나중에 법치국가Rechtsstaat라는 개념으로 정립된 제도를 발명하여 사회 안전을 도모한 걸출한 독일 사상가 세 사람에게 관심을 갖게 되었다. 그들이 걸출했던 이유는 그들 모두 호기심이 많고 활동 범위가 매우 넓었기 때문이다. 그들은 또한 각각 기독교 불가지론자, 로마 가톨릭 신자, 개종한 유대인이었기 때문이다. 우선 빌헬름 훔볼트Wilhelm von Humboldt는 유럽 계몽주의 전통의 최후 인물이다. 나폴레옹 전쟁 당시 주도적 정치가였으며, 최초의 현대적 대학인 베를린대학을 1809년에 설립한 사람으로 과학적 언어학의 창시자다.

두 번째 인물 요제프 폰 라도비츠Joseph von Radowitz는 직업 군인 출신으로 국왕의 신뢰를 받아 내각의 수석 장관이 되었다. 나중에는 잡지 편집인으로 활동했고 독일, 프랑스, 이탈리아, 네덜란드, 벨기에, 오스트리아 등 유럽의 모든 가톨릭계 정당을 창설한 사람이다.

세 번째 인물 프리드리히 율리우스 슈탈Friedrich Julius Stahl은 베를린대학에서 헤겔이 강의했던 철학 교수직을 이어받았다. 또한 법철학자인 슈탈은 쇠퇴하는 루터파 기독교의 신학이론을 재건하였다. 그리고 그는 드러커가 보기에 독일 역사상 유일하게 뛰어난 국회의원이었다.

이 세 사람에 관해 연구하면서 드러커는 자신의 사고체계와 연구업적에서 중심적인 역할을 하는 주제인 '연속과 변화continuity and change'라는 명제를 도출해냈다. 그들은 전통을 계승할 안정된 사회와 정치를 만들려고 했다. 그러면서도 변화가 일어나도록, 정말이지 매우 빠른 변화가 가능하도록 만들려고 노력했다. 그 점에서 그들은 눈에 띄게 성공했다. 근대에 들어와 유럽 대륙에서 창안된 유일한 정치이론을 창출했던 것이다. 적어도 그것은 그로부터 50년 후 마르크스가 등장하기 전까지 유일한 정치이론이었다.

보수주의 국가이론은 의무를 표현하므로 그것이 의무를 표현하는 동안은 국가의 존재를 인정해야 한다. 그러나 보수주의적 이론은 또한 국가가 단 하나의 의무가 되지 않도록 막아야 하며 국가가 '전체주의 국가'가 되지 않도록 막아야 한다. 왜냐하면 국가는 이 세상의 질서이고 최고의 영원한 질서가 해체된 뒤 등장한 기구로 인간적인 목표와 의미를 지닌 지상의 왕국이기 때문이다. 인간적인 목표와 의미, 즉 권력이 만약 하느님의 불변의 질서와 연결되지 않으면, 만약 이 세상에 대한 하느님의 계획과 연결되지 않으면 권력은 사악하고 비도덕적이고 파괴적이 되기 때문이다.

보수주의는 현상 유지와 더불어 점진적인 변화를 추구하는 정치이념이다. 각각의 문화는 각각 다른 공유가치를 갖고 있기 때문에 문화권에 따라 보수주의자들이 추구하려는 가치는 달라진다. 보수주의자들 중에는 현상status quo을 유지하려는 사람들도 있고 점진적인 변화를 꾀하는 사람들도 있다. 다만 과거로 회귀하는 수구주의와는 구별된다. 미국의 사회학자 로버트 니스벳Robert A. Nisbet은 『보수주의』에서 보수주의의 특징을 분야별로 나누어 설명했다. 첫째, 정치적으로는 자유주의를 지향한다. 둘째, 경제적으로는 재산권 보장을 확립한다. 셋째, 사회적으로는 법치 구현을 추구한다.

뮌헨의 유대인 집안에서 태어난 슈탈은 19세 때 루터교회에서 세례를 받았고 평생 열성적인 신자로 살았다. 슈탈은 뷔르츠부르크대학, 하이델베르크대학, 에어랑겐대학 등에서 공부했다. 1832년 뷔르츠부르크대학의 법학교수가 되었으며 1840년 베를린대학의 교회법 및 정치학 교수가 되었다. 이때부터 슈탈은 교회법 변호사, 종교회의 위원으로 활동했다. 1850년에는 에르푸르트 지방의 국회의원이 되었고, 비스마르크가 추진한 독일의 연방화에 거부하는 태도를 유지했다.

슈탈은 기계적 자연관을 비판하고 거부한 독일의 철학자 프리드리히 셸링Friedrich Wilhelm Joseph Schelling의 영향을 받았고, 그의 권고를 받아들여서 『법철학의 역사적 관점Die Philosophie des Rechts nach geschichtlicher Ansicht』을 집필했다. 여기서 슈탈은 자신의 법적·정치적 관점을 기독교적 계시에 기초를 두었고 이성적 강령을 거부했다. 이런 원리의 연역적 귀결로 국가교회state church는 엄격히 신앙고백적이어야 한다는 지론을 펼쳤다. 이런 관점을 『기독교 국가와 그것이 갖는 하느님 및 유대주의와의 관계Der christliche Staat und sein Verhaltniss zum Deismus und Judenthum』(1874)에서 한층 더 명료하게 밝혔다. 종교회의의 장로로서 슈탈은 복음주의 연합운동(프로이센 복음교회의 진수인 칼뱅파와 루터파의 화해)을 약화시키는 데 자신의 영향력을 발휘했다. 그리고 루터교회의 영향력을 강화하는 데 힘을 쏟았다.

간단히 말해 슈탈은 법률의 지배 아래 자유를 인정하는 철학자이자 프로이센의 뛰어난 정치가로 비스마르크가 등장하기 직전 시대의 보수적인 국회의원이었다.

슈탈은 국가는 지상에 신의 영광을 구현하는 사명을 갖는다고 보았고 다수에 의한 정치보다는 권위에 의한 정치를 제창하며 의회제보다 군주제를 옹호했다고 하는 주장도 있으나, 이는 지나친 단순화다. 여기서 슈탈이 말하는 권위는 성서에 게시된 신이며 신의 말씀이야말로 모든 법질서가 존중해야 할 기본가치Grundwerte로 보았다. 신의 권위는 오로지 신의 뜻을 위해 역사 속에 개입하는 것이지 국가와 교회의 구성원에 의해 혹은 그 구성원을 위해 존재하는 것이 아니다.

따라서 슈탈은 국민주권을 반대하고 국민의 신분을 반영하기에 적합한 군주제를 지지했다. 군주에게 부여된 하느님의 권위는 절대 수용되어야 하고 오직 군주가 신의 명령을 거부할 때 저항할 수 있다고 했다.

하지만 군주가 신의 명령을 거부했는지에 대한 판단은 신만이 하는 것이기 때문에, 국가의 구성원들은 혁명을 일으켜 권력체제를 바꾸려 해서는 안 된다고 주장했다. 이 부분이 슈탈을 보수주의자로 분류하는 이유다. 슈탈의 이론은 나중에 비스마르크의 군주귀족정치 체제 Fürstenaristokratie로 정착했다.

보수주의적 국가이론과 역사발전

드러커는 『보수주의적 국가이론과 역사발전』을 역사가 야콥 부르크하르트Jakob Burckhardt의 다음 말을 인용하면서 시작한다.

"정신적인 것과 물질적인 것 모두 변하기 쉬우며, 시간의 흐름은 인간이 사회생활에서 필요한 의복과 정신적 삶의 피복을 구성하는 형식을 끊임없이 털어내버린다. 그러므로 역사의 주제는 두 가지 동일한 근본적인 경향을 보여주고 표현한다.

첫째, 모든 정신적인 것은 그것이 포착되는 영역이 어디든 간에, 그것이 변한 것같이 보이고, 우연한 것으로 보이고, 좀 더 큰 것을 구성하는 작은 부분처럼 보이고, 무한한 전체로 보이면서도 역사적 측면을 갖고 있음을 증명하려 한다. 둘째, 우연히 발생한 모든 것에는 정신적 측면이 있으며, 그 정신적 측면은 영원불멸을 구성하는 것의 한 부분을 제공한다. 왜냐하면 정신적인 것은 변하기는 하지만 일시적인 것은 아니기 때문이다.

드러커는 1930년대 독일에서 일어난 사상 논쟁의 와중에, 그리고 정치적 대결 과정에서 반복적으로, 그리고 서로 매우 다른 진영에서도, 새로운 '살아 있는 보수주의living Conservatism, lebendigen Konservativismus'가 요청된다는 얘기를 듣고 있다고 전제하며 자기 생각을 펼쳤다. 드러커는 『보수주의적 국가이론과 역사발전』에서 '살아 있는 보수주의'를 다음과 같이 설명했다.

"사실 '살아 있는 보수주의'가 무엇을 의미하고 보수주의가 수행해야 할 과제가 무엇이어야 하는지는 명확하지 않다. 하지만 유럽 역사상 최후의 위대한 보수주의 체제에 관심을 갖는 것, 프로테스탄티즘 영역에서는 유일한 보수주의 체제 이론인 슈탈의 이론에 관심을 갖는 것은 분명 충분한 이유가 있다.

더 나아가 거기에는 비스마르크 이전의 역사적 사건의 고유한 가치를 평가할 수 있다. 따라서 당대에 가장 영향력 있는 정치사상가 슈탈에 대해서 올바로 판단할 수 있는 시기는 우리가 비스마르크와 정치적으로 일정한 거리를 두고 난 이후인 지금에나 가능하다."

복고주의에 대한 대안과 슈탈이 해결해야 할 과제, 그리고 종교적 경험

슈탈의 이론은 오직 그 당시의 정치적 과제라는 측면에서만 이해할 수 있다. 슈탈은 '살아 있는 보수주의'를 수단으로 하여 복고주의Restoration와 혁명Revolution이라는 반테제antithesis*를 극복하고, 대재난을 회피하려고 시도했다. (물론 그의 시도가 적절한 시기에 주목을 끄는 데는 분명 실패했다.) 슈탈은 자신의 지적 생애에 네 가지 분야에서 복고주의에 대한 대안을 찾으려 했다.

첫째, 형이상학 분야에서 슈탈은 '하느님의 창조적 개성the creative personality of God, der schöpferischen Persönlichkeit Gottes'이라는 첫 번째 원칙을 통해 통일성과 다원성이라는 정반대 상황을 극복하려 했다. 동시에 이것은 대립polarity(또는 양극성)이라는 원칙을 통해 헤겔의 변증법Hegel's dialectic을 극복하고 있음을 말해준다.

둘째, 윤리학 분야에서 슈탈은 '도덕적 왕국moral kingdom'이라는 개념을 통해 '내·외부적으로 향한 의지inner and outer-directed will'라는 반테제, 즉 권위와 자유라는 반테제를 해체하고 극복했다.

셋째, 역사철학에서 슈탈은 자연법과 역사학파**의 반테제, 그리

---

* 변증법적으로 정반대 상황을 의미한다.
** 한 나라의 경제상황은 그 나라의 총체적이고 역사적인 경험의 결과물로 이해해야 한다고 주장하는 경제학파다. 이들은 고전 경제학파가 연역적으로 추론한 경제법칙을 부정하고 역사적 접근방식에 기초하여 경제를 설명하고자 했으며, 순수한 경제적 동기와 결정은 전체 사회질서의 한 구성요소일 뿐이라고 보았다. 또 귀납적인 방법으로 전체 사회질서의 계속적인 발전을 설명할 필요가 있다고 믿었다. 추

고 이성reason과 하늘의 섭리heavenly disposition라는 반테제를 '역사적 관점에서 본 법철학'이라는 관점, 즉 (하느님의) '세계 계획이라는 제약 아래 자유로운 인간 행동'이라는 개념으로 극복하려 했다.

마지막으로 정치학에서 슈탈은 '순수한 입헌군주국'을 건설함으로써 혁명과 복고주의의 반테제를 극복하고, 민주주의와 봉건제도 혹은 절대 왕정의 반테제를 극복하려 했다.

그 중요성이 무엇보다도 정치과학과 정치학에 있는 슈탈의 이론을 형이상학, 윤리학, 역사철학을 언급하면서 제시하는 것은 언뜻 이상하게 보일지도 모른다. 그러나 이것은 슈탈의 인생 후기에 정치과학과 정치학 업적이 양적으로는 압도적으로 많은데도 슈탈의 이론 체계에서 철학(종교와 관계가 깊은 철학)의 중요성과 조화를 이루고 있기 때문이다. 슈탈의 이론 체계에는 자신의 근본적인 철학적 인식에 기초하지 않은 것은 단 하나도 없다. 심지어 그의 정치적 연설과 구체적인 질문에 대한 답변서도 없다. 그 결과 정치학, 형이상학, 윤리학, 그리고 역사철학은 오직 슈탈의 이론 체계라는 관점으로만 이해할 수 있고 또 의미가 있다.

슈탈이 해결해야 하는 과제에는 다음과 같은 것들이 필요하다. 슈탈은 '동시대의 모든 살아 있는 세력 집단들all the living forces of the age'이 자신들과 세상을 파괴하는 무익한 전쟁에 개입하는 대신에, 공동

기 역사학파와 후기 역사학파 모두 정부가 경제에 개입하는 것을 긍정적이고 필요한 것이라고 보았다. 초기 역사학파를 창립한 학자들은 빌헬름 로셔, 브루노 힐데브란트, 카를 크니스 등이다

의 목적을 위해 통합하는 정치 형태를 발견해야만 했다. 이 과제는 모든 세력 집단을 가장 세분화된 분파마저도 '최고의 원칙'에 입각하여 존재하는 더 수준 높은 불변의 질서와 체제에 통합시키고 기초를 둠으로써 해결할 수 있다.

모든 구성요소를 더 수준 높은 질서로 통합하지 않으면 (그것들을 영원한 목표와 목적에 종속시키지 않으면) 세상에는 '살아 있는 조직' 대신에 '생명 없는 기계'가 있을 뿐이고, 새로운 통일 대신에 타협만 있을 뿐이며, 새로운 공동체 대신에 오직 새로운 조직만 있을 뿐이다.

슈탈은 이런 최고의 원칙을 종교적인 원칙으로 인식했다. 슈탈에게 결정적으로 영향을 미친 중요한 사건은 독일 바이에른 지방의 게토에서 태어난 당시 17세의 유대인 청년인 자신이 1819년에 프로테스탄트로 개종한 종교적 경험이다. 슈탈의 모든 인생과 이론은 이때 경험한 것과 그것이 부과한 의무에 기초를 두고 있다.

종교적 경험은 그에게 역사학파와 만나는 길을 열어주었다. 역사학파는 슈탈의 이론에 결정적인 역할을 한다. 종교적 경험은 슈탈에게 결정적 영향요인인 헤겔의 사상과 접하도록 했고, 그리고 헤겔을 넘어 슈탈의 이론이 발전해나갈 방향을 제시했다.

반헤겔주의와 헤겔 비판, 정치가 슈탈에 대한 평가

이러한 근본적인 종교적 경험이 없었다면 슈탈은 페르디난드 라살Ferdinand Lassalle이나 마르크스와 똑같은 헤겔주의자가 되었을 것이다. 왜냐하면 헤겔의 범논리주의panlogism*는 처음에는 슈탈의 가슴에 매우 매력적으로 다가왔고, 명백했으며, 무엇이든 낭만주의적인 것과는 반대였기 때문이다.

이 점은 슈탈이 몇 년 동안 헤겔 사상에 심취했다는 사실, 슈탈이 오랫동안 이 위대한 사상적 체계와 거리를 두지 못했고 또한 그것에서 영향을 많이 받았다는 사실로 미루어보아도 명백하다. 슈탈이 드디어 헤겔에게서 벗어났을 때는(슈탈은 헤겔의 일면의 모습을 철저히 파악함으로써만 그렇게 할 수 있었다) 헤겔을 계몽주의 시대의 종말을 이끈 이성주의자Rationalist로만 보았다. 그리고 그렇게 함으로써 헤겔의 진정한 위대성이 어디에 있는지 파악하게 되었다.

헤겔에 대한 비판은 슈탈에게는 두 가지 영원한 세력인 이성주의rationalism(또는 합리주의)와 비이성주의irrationalism(또는 비합리주의) 사이에 커다란 지적 갈등을 겪게 되는 계기가 되었다. 결과적으로 해결해야 하는 과제, 즉 철학을 종교와 결합하는 일, 철학을 신앙에 기초를 두게 하는 일, 신앙을 통해 철학을 의미 있게 만드는 일 등은 슈탈이 연구하는 출발점이다. 그리고 여기서부터 슈탈은 자신의 출발점을 망각하지 않고 차례차례로 정치과학과 정치학으로 나아간다. 따라서 슈탈은 모든 힘과 사상이 당연히 이 두 가지 최고의 원칙(철학과 종교의 결합, 신앙을 통해 철학을 의미 있게 만드는 일)에서 우러나오는 것으로 보았다. 그것이 바로 슈탈의 이론 체계에 커다란 설득력과 논리적 통일성을 제공하는 것이다.

---

* 우주의 근원을 로고스로 보고, 우주를 그 실현으로 인식하는 철학.

정치가로서 슈탈은 높이 인정받을 만한 자격이 없다. 오히려 그는 당대에 그리고 후세 사람들이 일반적으로 그에게 붙여준 반동주의자 Reactionary의 모습을 확인시켜주는 것처럼 보이는 전혀 균형이 잡히지 않은 인물을 대변한다. 슈탈은 위대한 이론가이자 엄격한 법치주의자며 날카롭게 표현하는 사람이자 반테제를 제시하는 사람이다. 그런 사람들은 대체로 현실 정치에서는 실제로, 그것도 무엇보다도 의회에서는 실패하고 만다. 왜냐하면 본질적으로 그들은 '이것이냐 저것이냐'를 인식하지 못하고, 항상 '전부 아니면 전무' 가운데 하나를 선택하기 때문이다.

그들은 현실적으로는 오직 미세한 차이만 있는 상황에서 불변의, 타협할 수 없는 반대를 인식하거나 만들어 반대하곤 한다. 그들의 이론가적인 태도는 그들에게 각각의, 그리고 모든 분야에서 더 높은 원칙을 이끌어내도록 유도하며, 토론을 세계관에 관한 질문 수준으로까지 끌고 간다. 그러나 슈탈을 철저히 몰락시키기 위해서 하느님은 그에게 위대한 국회의원이 될 수 있는 모든 외적 자질을 충분히 부여했다. 슈탈은 번득이는 말솜씨를 자랑하는 매력적인 연설가였으며 분명 독일 의회 역사에서 가장 우아한 국회의원이었다. 슈탈의 연설문 내용은 오늘날 기준으로 보면 철저히 한물간 것이다. 하지만 그의 연설문을 읽는 사람은 여전히 그것이 신선하고 영적이며, 그리고 가장된 비애감에 호소하지 않는다는 것을 발견하게 된다. 게다가 거기에 특별한 능력마저 더해졌다. 그것은 모든 회의에서 즉각적으로 주도적 역할을 하는 능력이었다.

불가피하게 그에게 맡겨진 뛰어난 역할을 감안하며, 그의 실패는 특별히 남들의 눈에 잘 띄었다. 그러나 그가 실패하는 데 큰 역할을 한 것은 그의 성격적 부적합성보다는 아마도 우리가 슈탈의 정치 여정을 1850년과 1860년 사이 10년간, 프러시아 보수당의 뛰어난 지도자 노릇을 한 시기에 그가 거둔 정치적 성공에 기초하여 항상 그를 평가한 분위기 탓도 있었을 것 같다. 그 이전에 슈탈은 프러시아 정치 무대의 뒤쪽에 있었고 또 결정적인 영향력을 발휘하지 못했다. 그 10년 동안은 19세기 독일 역사에서 가장 무익하고 비참한 시기였다. 사회적으로 무기력한 분위기는 모든 것에 영향을 미쳤다. 후술하겠지만, 그런 시기에 슈탈의 정치이론이 빛을 보았다.

1848년 강력하게 출발한 독일 진보주의German Liberalism*는 스스로의 약점과 분열 때문에 비탄에 빠졌다. 진보주의 진영의 온건파들은 부르주아 혁명을 겪은 직후 파리에서 그랬던 것과 마찬가지로 베를린, 헤세 다름스타트, 팔라틴 선제후령에서 단지 주인이 바뀌고 통치권력이 '국왕과 성직자'에서 '부르주아'로 이동하는 것에 만족하지 않고 스스로 정치권력과 경제적 부의 일정 지분을 요구하는 프롤레타리아 대중의 첨병이 이미 버티고 서 있다는 사실을 알고 놀랐다.

---

*독일 자유주의.

보수주의 예언과 철학자로서 슈탈 : 이성적 해결책을 무시한 슈탈

혁명은 일단 촉발되고 나면 누그러지지 않고 확산된다는 보수주의 예언은 그것으로 검증되었다. 동시에 나폴레옹 3세의 쿠데타는 보수주의자들이 역시 옳았다는 것을, 즉 보수주의자들이 '혁명의 진압'은 불가피하게 전제정치^{despotism}*로 이어진다고 본 것이 옳았음을 증명해주는 것이었다. 독일 진보주의는 그런 통찰의 압력에 밀려 파탄을 맞았다. 따라서 진보주의의 내부적 붕괴가 시작된 것은 그때부터다.

정치적·도덕적 요구는 뒷전으로 밀려났고 오직 경제적인 요구만 유지되었다. 그것은 곧 오늘날 우리에게는 너무도 부자연스럽게 보이는 '입헌군주국의 원리$^{Monarchical\ principle}$'** 아래 제휴가 이어지도록 하기에 충분했다. 이 원리를 통해 '국왕과 성직자' '사적 기업'은 상호 보호하기 위해 화해하게 되었다.

그러나 진보주의의 반대파, 즉 보수주의자들 역시 1848년 일어난 혁명을 계기로 자신들의 과거 기반을 잃어버렸다. 틀림없이 그들의 적들이 가진 내부적 약점 때문에 그들에게 정치적 회복을 시도하도록 촉구했을 것이다. 하지만 비타협적 반동주의자들마저도 이런 것은 부자연스럽고 오래가지 못할 것이라는 점을 인식하고 있었다.

복고주의는 확신에 차서라기보다는 오히려 혼란 때문에 추진된 측면이 훨씬 더 많다. 왜냐하면 결국 어떤 조치라도 취해야만 했고, 단

---

* 국민의 의사를 존중하지 않고 지배자의 의지에만 근거하여 정치하는 방식.
** 슈탈의 이런 이론은, 그 원리가 반동적이라고 비판을 받았다.

단히 묶인 매듭을 풀 수 있는 다른 수단은 아무데서도 찾지 못했기 때문이다. 만약 독일 통일이라는 꿈에서 서글프게 깨어난 후 한 가지 모습으로 설명하려 한다면, 그 당시 사회의 희망 없고 비참한 그림을 보면 된다. 그 당시 출판된 몸젠*의 저서『로마의 역사』에 묘사된 절망적인 호소 속에서 그것을 오늘날에도 여전히 찾아볼 수 있다.

이 무렵, 앞서 언급한 것처럼 슈탈은 정치적으로는 그 영향력이 절정기에 있었지만 개인적으로는 각별히 어려운 시기였다. 그의 이론이 옳았다는 것이 1848년에 사실상 증명되었기 때문이다. 슈탈은 자신의 이론을 더 개발하지도 않았다. 그리고 자기 자신도 더는 진전할 수 없었다. 그 이유는 비록 그 당시에는(그것이 몇 년 후 확실하게 드러나게 되는 것 정도로) 분명하지 않았지만 그가 제안한 국가의 모습은 그의 손으로, 한편으로는 진보주의 진영에 전달되었다. 그리고 다른 한편으로는 복고주의 운동의 원동력이 된 국가의 모습(입헌군주국)이 이미 정치적 현실이 되었기 때문이다. 슈탈이 자신의 이론을 계속 고수하는 한, 그리고 그것을 달성해야 할 목표로 여기는 한, 그는 역사 발전을 멈추려고 생각했을 것이고, 그것으로 그는 보수주의자에서 반동주의자로 변했을 터였다.

게다가 1848년 혁명은 심각한 충격을 던져주었다. 초보수주의자

---

*독일의 역사가 겸 작가. 1902년 노벨 문학상 수상. 몸젠은 자유란 독일 국가들이 외세의 영향에서 독립하는 것을 의미할 뿐 아니라 독일 시민들이 전제주의나 경찰국가를 제외한 어떤 종류의 정치체제든 스스로 선택할 권리를 갖는 것을 의미했다. 그는 자유주의자로서 공화국을 이상적인 국가형태로 생각했으나 입헌군주제일지라도 그것이 헌정憲政의 탈을 쓴 위장한 전제정치가 아니면 괜찮다고 보았다.

들ultra-Conservative이 두려워했던 공포를 확인시켜주는 것으로 보였고 슈탈이 차츰 완고한 비타협적 프로테스탄티즘으로 은퇴하도록 몰아갔다. 1848년 이전에는 레오폴트 폰 게를라흐Leopold von Gerlach* 같은 강직한 보수주의자들이 슈탈을 '좌익 반대파'의 한 사람으로 종종 의심할 이유가 충분히 있었던 반면, 1848년 이후에는 슈탈은 '정통 보수파' 속에서도 가장 정통적인 지도자가 되었다.

1861년 슈탈이 사망했을 무렵 그의 이념은 탄력을 받아 강력히 발전되어 이미 슈탈 개인의 이념을 넘어서 널리 확산되었다. 그러나 정확히 말해 그것이 바로 우리가 정치인으로서 슈탈과 철학자로서 슈탈을 분리하여 논할 수 있도록 해준다.

만약 우리가 슈탈을 오직 1848년 이전까지만(더 정확히 말해 1850년 에르푸르트의 통일 국회에서 실패하기 이전까지만) 존재한 정치철학자로 간주한다면 우리는 정치가로서 슈탈은 비난할 수 있다. 하지만 철학자로서 슈탈은 존경해야 한다. 사실 1850년 이후 슈탈은 학자로서는 실질적으로 침묵을 지켰다. 본질적으로 그는 과거에 발표한 논문들

---

* 프로이센의 장군이자 프리드리히 빌헬름 4세의 부관 겸 정치고문. 옛 질서를 유지하려는 보수적인 정책을 꾸준히 추구했고, 1848년 혁명이 실패로 끝난 뒤부터는 이러한 성향이 더욱 심해졌다. 레오폴트는 나폴레옹 전쟁에 참가해 원래 지니고 있던 보수적이고 낭만적인 정신을 더욱 고취하게 되었다. 그리고 애국시인 아힘 폰 아르님, 하인리히 폰 클라이스트뿐 아니라 나중에 프리드리히 빌헬름 4세가 된 프로이센 왕세자와도 친교를 맺었다. 그는 신앙심이 깊있고 독일에 널리 퍼졌던 경건주의를 실천했다. 정치면에서는 스위스의 정치학자 카를 루트비히 폰 할러와 독일의 철학자이자 정치학자인 슈탈의 보수주의 견해를 따라 정치적 현상유지를 주장하고 프로이센과 신성동맹을 맺은 오스트리아와 러시아를 지지했다.

을 수정하고 고치는 작업에만 몰두했다.

따라서 우리가 슈탈의 이론에 관심을 가질 부분은 1848년 이전의 시기에 국한한다. 그의 이론적 업적을 그 시기의 조건과 요구사항에 비추어 가치와 중요성을 측정해야만 하는 것이다. 이미 언급한 바와 같이 슈탈 이론의 출발점은 헤겔과의 갈등, 즉 그가 헤겔을 어떻게 보았는가, 하는 것이었다.

이것이 신학에 몰두했던 청년 슈탈이 이론의 출발점을 선과 악의 이중성 dualism of good and evil 으로 삼지 않고 왜 헤겔의 중심 문제, 즉 통일성과 다원성의 이중성 dualism of unity and multiplicity 으로 삼았는지를 설명해준다. 헤겔은 이런 이중성을 반테제로 표현한 후 그것을 변증법적으로, 즉 이성으로 분해함으로써 극복했다.

슈탈은 이성적 해결책 rationalist solution* 을 신앙 차원에서뿐 아니라 이성 차원에서도 (계몽주의 이후) 최초로 무시했다는 것은 슈탈의 가장 깊은 통찰이다. 또 그의 가장 중요한 철학적 성취다. 슈탈은 변증법적 방법을 순수한 기계적·이성적 절차로 간주했다. 그 결과 변증법적 방법은 아마도 자연에 내재된 갈등을, 즉 슈탈이 '구체적인 갈등 concrete conflict' 으로 명명한 비이성적 갈등을 거부할 수는 있었지만 절대로 분해할 수 없다.

어쩌면 변증법적 방법은 취소될 수 없고 해결되거나 극복될 수 없을 것이다. 왜냐하면 그런 것들은 모두 이성적이고 기계적인 접근방법이기 때문이다. 정말이지 심지어 해결책에 대한 질문을 구성하는

---

*인간의 이성으로 모든 문제를 해결한다는 것.

것마저 잘못하는데, 그 이유는 해결책은 논리적으로 연속적인 반면, 질문의 요점은 어떻게 해서 이중성이 존재하게 되었는지를 기술하고 또 설명하려는 것이기 때문이다. 그러므로 변증법적 방법, 즉 이성적 해결책은 존재하는 것에 '분석적 명령analytical imperatives'과 '증거 제시give evidence'는 할 수 있다. 하지만 누가 확실성을 보증하며, 누가 보다 더 높은 규칙을 제공하며, 누가 최초의 동인을 제공한다는 말인가?

이성적 해결책으로는 그것을 절대 해결할 수 없다. 그 이유는 이성적 해결책은 그것이 전제로 삼고 있는 개념postulated concept에 이미 논리적으로 내재된 결론을 설명하는 것 이상으로는 해결할 수 없기 때문이다. 따라서 세계를 설명하는 문제에 부딪히면 이성적 해결책은 항상 이성을 믿으라고 호소할 수밖에 없다. 이성적 해결책은 '나는 생각한다. 고로 나는 존재한다' 혹은 '내가 여기에 서 있는 것만큼이나 확실하다'라는 말에 보증을 제공하지 않으면 안 된다. 슈탈은 이에 대해 결정적으로 그리고 비웃으면서 '그것은 생명이 유한한 존재인 인간이 하기에는 불확실한 보증이다'라고 반박한다.

슈탈은 이성의 전지전능the omnipotence of reason 개념을 반대하고는 창조된 인간이라는 비이성적인 첫 번째 원리the irrational first principle of the creative personality를 제시했다. 그리고 이중성을 변증법적으로 모순과 종합contradiction and synthesis으로 분해하는 대신에 우리가 그의 방법론이라고 명명할 수도 있는 양극성polarity에 근거를 두었다. 슈탈은 이것을 출발점으로 삼아 자신의 모든 이론 체계를 수립했다.

슈탈의 첫 번째 원리는 인격을 지닌 창조적 하느님the personal, creative

God이다. 그 하느님 속에 존재의 완전성the fullness of being이 처음부터 보증되어 있는 것이다. 슈탈은 자신이 주장하는 보다 더 높은, 살아 있는, 영원한 단일성을 통해 첫 번째 원리를 설명한다. 그 첫 번째 원리는 '하나의 유대a single bond, das gemeinsame Band'를 통해 단일성과 다원성oneness and multiplicity, Einheit und Vielheit 둘 다 포함한다.

하느님과의 유대, 그리고 개인들 간의 상호 유대는 우리가 자발적으로 수용하는 의무감과 더 높은 의지에 복종함으로써 창조된다. 하느님의 인격적 의지는 모든 사람을 어디에 있든 간에 아우르는 공통의 지배력을 갖는 '인간들 위에 존재하는 유대다.'

의식적이고 자유 의지로 복종함으로써 정신적으로 통일되는 인간을 의식적으로 지배하는 것, 즉 고도로 인격적이지만 임의적인 것은 아니며 필요한 특성을 가진 통치기구는 슈탈의 국가이론의 중심이다. 이것이 '도덕적 왕국moral kingdom, sittlichen Reiches'* 개념으로 최고의 윤리적 개념이며, 보편적·절대적 인간 목적이고, 도덕적 세상에 대해 하느님이 정해준 목표다.

"도덕적 왕국이 완벽하게 실현된 것은 곧 하느님의 왕국이지 지상의 왕국이 아니다."

그러나 이 세상은 자유 의지를 지닌 인간이 지배하고 인간은 자신의 창조주를 하나의 독립적인 존재로 만나게 된다. 인간의 행동, 즉 인간의 독립성과 고유성을 표현한 것이 곧 역사다. 따라서 역사는 요

---

* 서울대 최종고 교수는 이를 인륜人倫의 왕국王國으로 표현했는데, 루터가 말한 신의 나라와 세상의 나라의 개념을 종합한 것으로 해설했다.

컨대 세속적일 수밖에 없다.

역사발전과 살아 있는 보수주의 그리고 개인

슈탈은 역사발전은 '하느님 속에서가 아니라 하느님 바깥에서 진행된다'*라고 생각했다. 슈탈이 생각하기에 종교개혁이 인간에게 이런 사실을 깨우쳐주었다. 역사 앞에서 개인의 책임을 분명하게 자각하도록 했다는 것은 종교개혁이 영원한 과제라는 것이다. 그러므로 슈탈은 중세 시대의 신학이론을 꽤나 단호하게 무시했다.

그러나 슈탈은 동시에 인간이 창조주와 역사의 의미를 결정한다는 신념을 거부한다. 역사의 의미를 결정하는 것은 차라리 하느님에게 속하는 것으로, 비이성적인 '도덕적 왕국을 실현'하는 것이다. 그러나 이것은 인간이 이해할 수 없는 것이므로 인간 혼자만의 힘으로는 절대로 접근할 수 없다. 역사의 실현은 인간의 노력으로 이루어질 분야가 아니라 하느님의 구원으로 가능하다.** 그러므로 역사는 순전히 세속적인 조건으로 앞으로 나아가지는 않으며 도덕적 왕국으로 향하는 전향적 진보도 없다. 슈탈은 또한 진보에 대한 계몽주의의 신념도 거부한다. 그렇지만 역사가 전적으로 비이성적인 것만은 아니

---

* Historical development proceeds 'not in God, but outside him.' Die geschichtliche Entwicklung geht 'nicht in Gott, sondern auβer ihm' vor.
** The fulfillment of history is not the work of man, but salvation through God.

다. 아마도 역사는 진보를 나타내는 것이 아니라 하느님 보시기에 좋은 방향을 택할 것이다. 그러므로 도덕적 왕국을 준비해야만 하는 것이다.*

따라서 역사적으로 일어난 사실이 무엇이든 간에 단순히 (역사적으로 일어난 사실이라는) 그 이유만으로는 신성불가침한 것이 아니라 틀림없이 부적절한 부분이 있고 개선이 필요하며 개선할 가능성도 있다. 그리고 끊임없는 변화 상태에 있다. 그런 한편 역사는 세상에 나타난 그 무엇이고, 하느님의 눈앞에서 성장했으며, 가치 있는 것이고, 보존할 만한 가치가 있는 것이다.**

인간의 행동과 하느님의 섭리는 동일선상에 있다는 식의 역사 인식에서 이끌어낸 직접적인 결론이 바로 살아 있는 보수주의다.***

역사는 철저히 지상에서 일어난 그 어떤 것이다. 하지만 세상의 모든 인간은 그들이 태어나게 된 법률, 즉 자유로운 인격의 법률에 종속된다. 다시 말해 언제나 인간들 위에는 도덕적 왕국에 적용되는 최고의 도덕적 법률이 존재한다는 것이다. 이 도덕적 왕국에 근거하여 지상에 수립된, 불완전한, 부적절한, 낮은 수준의 형태로서의 조직으로서, 도덕적 왕국은 국가로 불리게 된다. 그리고 국가는 도덕적 왕

---

*History does take its course in the sight of God and must therefore be a preparation for the moral kingdom.
**But it is something that has come into being, has grown in God's sight, is venerable and worthy of preservation.
***The direct conclusion of such a conception of history as equation of human deed and divine dispensation is a living Conservatism.

국이므로 그 질서는 창조적 인격이라는 첫 번째 원리에서 도출되지 않으면 안 된다.

따라서 국가는 '인간 위에 존재하는 권위', 즉 그 의지가 인간의 것보다는 더 높고 인간의 것과는 다른 힘이 필요하다. 국가의 권위는 지배자의 것이 되지 않을 수 없다. 그러나 권위에 복종하는 사람들 역시 자유 의지와 개별적 인격을 지닌 자유로운 인간이다.

사람들은 오직 자기 자신들의 고유한 도덕적 본성의 표현으로, 그리고 요구로 그 법률을 따른다. 그 결과 사람들은 입법 활동과 세율 결정 과정에 참여해 권리를 표현하고 자유의 보호를 요구할 수 있는 취소 불능의 청구권을 갖는다. 그러나 이 청구권은 거의 전적으로 소극적인 지위다. 합법적 권위에 반대하는 행동을 할 자격을 주는 것은 아니다.

혁명에 대해

슈탈은 영국과 미국 혁명은 후회스런 것이지만, 그러나 그럼에도 불구하고 이해될 수 있는 일이고, 정말이지 어쩌면 심지어 하느님의 율법에 직접적으로 반하는 부당한 박해에 대한 발발로서 정당화될 수도 있을 것이라는 점을 간파한다. 그다음 차례차례로 슈탈은 하느님의 질서 그 자체를 공격한, 그리고 그러므로 엄격히 비난받아야 할 1789년과 1848년에 발발한 혁명들과, 부당한 박해에 대한 정당한 저항이지만 그러나 혼란스런 형태로 발발한 혁명들 사이에 구분을 하게 되었다.

1848년 혁명은 기본적으로는 프랑스혁명으로 달성된 자유와 평등의 근대 시민 사상의 정착, 영국 산업혁명의 진전에 따른 자본주의 경제의 급속한 발전, 노동자 계급의 성립에 따른 사회주의의 광범한 전개 등이 원인이 되어 일어났다. 물론 그 근저에는 자유주의와 민주주의라는 큰 조류가 있었다.

1848년 혁명은 프랑스 2월혁명을 비롯하여 빈 체제에 대한 자유주의와 전 유럽적인 반항운동을 모두 일컫는 표현이다. 이 한 해에 유럽 지역은 대부분 혁명의 소용돌이 속으로 빠져들었고, 빈 보수반동 체제를 붕괴시켰다. 영국과 프랑스에서는 사회적·정치적 평등 이념이 자본주의 경제의 발전으로 구체화되려 하고 있었다. 내셔널리즘을 지주로 하는 자유 통일의 방향을 명확히 추구하기 시작한 것이 독일, 이탈리아 및 기타 후진국들이었다. 영국과 프랑스는 선거권 확대와 노동자 계급의 권리 요구가 주요 이슈였다. 독일과 이탈리아 등지에서는 봉건적 체제 타파로 전개되었다.

독일에서는 3월혁명이 일어나 시민혁명과 병행해서 국민적 통일 운동이 오스트리아, 프로이센, 서남 독일에서 전개되었다. 3월혁명에서는 봉건적 체제를 타파하고, 근대 민주정치의 기초를 구축하는 면에서는 충분한 성과를 거두지 못했다. 그것은 산업 시민 계급이 노동자 등 혁명세력에 대한 공포 때문에 봉건세력과 타협한 결과였다. 프랑크푸르트 국민의회에서 볼 수 있듯이 통일적 독일 국가를 건설하는 구상도 보수화한 프로이센과 오스트리아의 구세력에게 거부되었다.

우리는 1848년 이전의 독일이 처한 상황에 대한 슈탈의 해결책이 갖는 가치와 의의를 다음과 같은 사실에 기초하여 가장 잘 판단할 수 있다. 그 당시 독일은 정확히 말해 입헌군주국 형태로 국가의 수장으로서 강력한 국왕이 존재하고 국가의 이익을 위해 국왕과 신민이 협조하고 있었다. 그리고 1848년 이후에는 입헌군주국이 권력을 확보하게 되었다. 그것은 여기서 모범으로 처음 제시되었을 뿐 아니라 세계에 대한 뛰어난 해석으로 자리 잡았다. 1850년 에르푸르트 의회에서 슈탈은 그런 국가가 어떻게 군주귀족정치 체제^{Fürstenaristokratie}로 전환할 수 있는지를 제시했다.

비스마르크는 연방 제후국을 건설한다는 아이디어의 창안자가 누구였는지에 대해서는 생각도 하지 않고 그것을 자명한 원리로 채택하고 추진하였다.

그리하여 슈탈의 국가이론은 1918년까지 독일 연방국가의 기초가 되었다. 이론적 업적이 너무도 자명하여 그 지적 창안자가 잊히는 것은 (그 지적 아이디어에 대한) 최상의 인정 형태이며 동시에 그 해결책이 우수했다는 것을 가장 잘 표시하는 것이다.

슈탈은 어떻게 이 문제를 해결했는가? 그 당시 여러 정당의 세력에 걸맞게 타협한 것도 아니고 상당히 완벽한 헌법 기구를 이용한 것도 아니다. 슈탈은 모든 반대파를 '새롭고 보다 더 높은 통일체$^{a\ new\ higher\ unity}$'로 재편함으로써 해결했다. 그 통일체 속에서 여러 세력은 갈등을 빚지 않고 충분히 발전하여 '보다 더 높은 전체$^{higher\ whole}$'에 봉사했다. 그리하여 슈탈의 국가이론은 과거의, 그리고 당대의 강령과 비교하여 더 높은 통일체가 되었나. 그 통일체는 생명력이 있고 지속할 가치가 있는 것이면 과거의 것이라 해도 모두 다시 강화된다. 이것은 슈탈의 이론이 관찰자의 관점에 따라 상당히 다르게 분류되는 이유를 설명한다.

어떤 사람은 슈탈의 이론을 최후의 낙오자나 독일 이상주의의 최후의 위대한 체제로 보기도 하고, 어떤 사람은 최초의 '보편적인 정치과학'으로, 즉 국가에 대한 최초의 실증주의적 접근으로 본다.

둘 다 옳기도 하고 틀리기도 하다. 왜냐하면 슈탈의 경우 세계에 대한 철학적 해석과 공식적인 법적 고려는 너무도 단단하게 묶여 있어서 한 가지를 떼어내어 따로 연구하는 것은 전체 시스템을 해체하는 것과 마찬가지이기 때문이다.

여기서 우리는 또한 양극성이라고 서술한 바 있는 원리가 실현되는 것을 관찰한다. 처음부터 슈탈은 이성에 대한 계몽주의자들의 미신적인 믿음에 반대했다. 가장 위대하면서도 위험스러운 계몽주의 주창자는 헤겔이었다.

슈탈은 우주를 이성으로만 설명하고 이해하려는 시도는 세계의 통일성unity of the world을 파괴하고 말 것이라는 점을 매우 분명하게 인식하고 있었다. 슈탈은 '나는 생각한다. 고로 나는 존재한다'라는 구절이 조만간 그 스스로 모순을 드러낼 것이고 존재의 해체로 이어질 것이라는 점을 뛰어난 통찰력을 발휘하여 예측했다. 이는 오늘날 심리분석, 지식사회학, 행동주의 등의 발달로 진정 그렇게 되어가고 있다.

슈탈 자신도 오직 믿음only faith, nur der Glaube, sola fide만이 지적 존재의 원천이 될 수 있다는 점을 경험했다. 그러나 동시에 슈탈은 정반대의 실수, 즉 이성의 거부와 지식인의 희생이라는 실수를 저지르지는 않았다. 오히려 슈탈에게 이성은 필수적인 질문이었다. 그러나 그것은 최초의 원리가 아니라 오직 한 가지 수단으로, 즉 하느님의 창조물로서 인간은 인격을 갖고 있다는 것을 인정하는 일정한 한계 내에서 인간의 고유한 자유로 하는 질문이었다.

슈탈은 한편으로는 이성의 기준을 포기하는 것을 실증주의Positivism의 위협에 대한 피난처로 보았다. 존재하는 모든 것에 대한 실증주의의 무비판적인 가치중립적 등식은 상대주의Relativism로 귀결되지 않으면 안 되고, 그 결과 모든 정신적 지위와 신앙고백의 포기로 이어지지 않으면 안 된다.

다른 한편으로 슈탈은 이성의 포기를 종교개혁의 가장 중요한 성과, 즉 슈탈이 전념을 바쳐 동의한, 인간의 자유를 위협하는 것으로 보았다.

보수주의자로서 슈탈의 역사적 위치

슈탈은, 지난 1000년 동안 족적을 남긴 위대한 보수주의 사상가들, 예컨대 플라톤, 토마스 아퀴나스, 단테보다는 순위가 훨씬 더 아래다. 하지만 그는 근본적으로 그들과 다르다. 그런 위대한 사상가들은 보편적 타당성을 인정받을 만한 체제를 창조했다. 그들은 역사발전을 거부하지 않았다. 심지어 역사발전을 알지도 못했다.

영원히 변하지 않는 아이디어와 인간의 본성과 계시된 진리 등은 그들의 출발점이고 주제이므로, 실과적으로 그들의 강령이 지닌 보편적 타당성, 무조건성, 관용성은 단순히 가정이 아니라 내적 필연성이었다. 그러나 슈탈은 역사의 전개, 변화, 시의성을 자기 이론의 구성요소로 삼아야만 했다. 슈탈이 19세기에 살았기 때문만이 아니다. 그의 인생과 이론에 근본적인 영향을 미친 요인, 예컨대 종교개혁, 역사학파는 물론이고 슈탈 자신의 말에 따르면, 자신의 어린 시절의 결정적 경험, (불가피하게 프랑스혁명으로 연결된) 해방전쟁 등이 그로 하여금 마지못해 역사를 긍정적으로 보도록 했을 뿐만 아니라 버크의 경우처럼 기꺼이 역사 발전을 받아들이게 했다.

그리고 논리적 귀결에 따라 보수주의자로서 슈탈에게 다음과 같은 질문이 떠오르게 된다. 인간의 불변의 본성을 인정한다는 사실과 지속적인 변화(역사 발전)를 인정한다는 사실이 어떻게 조화를 이룰 수 있는가? 영원한 질서와 영원한 목적의 존재에 대한 지식과, 인간의 삶의 목적에 관한 가정이 어떻게 조화를 이룰 수 있는가? 인간이 획득할 수 있는 목적의 거부, 즉 발전에 대한 진보적 사상의 거부는 인간의 발전을 인정한다는 것과 어떻게 조화를 이룰 수 있는가?

마지막으로 혁명의 거부와 만약 혁명이 일어났을 때 초래될 사회적 격변의 결과에 대한 불가피한 인정과 어떻게 조화를 이룰 수 있는가? 그리고 전통의 보존과 새로운 유기적 성장에 대한 지지가 어떻게 조화를 이룰 수 있는가?

전통적인 보수주의 관점에 따르면 이런 질문에는 해답이 없다. 왜냐하면 보수주의는 인간의 본성이든 '인간의 본성에 상응하는 계시啓示된 교회Natur entsprechenden geoffenbarten Kirche'든 간에(비록 교회의 기초는 과거에 성립되었지만), 그런 점은 인간이 바꿀 수 없는 영원히 지속되는 것이라는 전제 하에, 인간에 대한 확고하고도 변경할 수 없는 형식과 질서가 있다는 가정에 기초하여 성립된 명제이기 때문이다. 이 질서만이 지상의 인간에게 그가 존재하는 의미와 가치를 제공한다.

그러므로 인간의 행동은 인간이 만들지 않은, 그 의미와 가치가 인간의 영향을 받지 않는, 이런 질서를 향하고 통합되지 않으면 의미도 없고 초점도 없다. 따라서 개개인의 삶 그 자체만으로는 망상이거나 혹은 진정한 삶을 위한 준비과정에 지나지 않는다. 오직 이런 질서와 의미가 있는 영원한 공동체와 결합해야만 한다. 그러므로 영원한 질서는 개인의 삶을 구성하는 하나의 구성요소인 반면, 변화와 사건들의 연속은 한마디로 말해 망상에 지나지 않는다.

이와는 대조적으로 역사 개념은 변화를 인정하고 변화가 의미 있다고 가정한다. 따라서 역사발전의 가정, 즉 시간이 경과하면 인간이 변한다는 가정과 불가피하게 연결된다. 개개인의 인생은 이런 역사발전에서 하나의 연결 고리이며, 역사발전 과정에서 개인은 의미를 획득하고 의미를 갖는다.

개개인의 인생은 역사발전을 거쳐 연결된다. 시간의 경과, 즉 변화는 인생을 구성하는 요소들이 되는 것이지 영원성과 불변성을 구성하지 않는다. 따라서 인간의 행동은 불가피하게 세속적인 의미와 가치를 가질 뿐이다. 그러므로 전통적 보수주의 관점과 시간의 경과(즉 변화)를 인정하는 것은 상호 배타적인 반대 처지에 서 있는 것이다.

이런 결론에 도달했다고 해도 우리는 보수주의와 역사 사이에서 타협하려는 시도를 즉각적으로 비난하는 사람들과 그런 중재를 순수한 보수주의의 해체와 포기로 보는 사람들을 반박할 수 없다. 그러나 논리적으로 완벽한 이런 관점은 불가피하게 보수주의자들이 살아 있는 세력이 되는 것을 막는다는 사실을 개인의 마음속에 명백히 해두는 것이 필요하다.

보수주의와 역사발전의 화해

'보수주의와 역사발전의 화해'라는 해결 불능의 질문에 대답하려는 시도는 이런 체념을 충분히 이해하고 하여야만 한다. 역사의 흐름을 인정한다는 것은 보수주의적 국가이론으로 하여금 역사적으로 존재하게 된 것을 인정하도록 강요하며, 현재까지 발전해온 것은 '성취'로서 가치 있는 것이고 또한 의미 있는 것으로 인정하도록 강요한다. 더 나아가 그것은 미래의 변화를 인정하도록, 즉 앞으로 일어나게 될 것도 인정하도록 강요한다.

　이미 성취된 것을 미래로 전달하고, 그것이 이전 상태로 복구되는 것을 막는 것은, 그것이 혁명으로 파괴되는 것을 막는 것과 마찬가지로 의무 사항이다. 마찬가지로 앞으로 존재하게 될 것을 이미 존재했던 것의 연속으로 인정하는 것은 기존의 것에다 그것을 유기적으로 혼합하고 부속물로 만드는 것을 당연한 의무로 여기게 한다. 그것도 폭력적 봉기가 일어나지 않고서 말이다. 그러나 그것은 기존의 것이나 미래의 것과 관련해서 발생해서는 안 되며, 오직 인간의 지각에서 제외되고 인간이 인식할 수 없는 최고인 하느님의 불변의 질서를 위해 발생해야 한다. 그러나 존재 자체에 대한 지식은 보수주의의 기본적인 경험으로 존재한다.

기존의 것은 그것이 오직 이런 질서와 일치하는 범위 내에서 보존할 가치가 있으며, 미래의 것은 그 정도의 범위 내에서만 허용된다. 기존의 것도, 미래의 것도 그 자체로는 아무런 가치도 의미도 없으며, 오직 하느님의 질서 속에서만 가치와 의미를 지닌다. 거듭 말하거니와 보수주의적 국가이론이 직면한 과제를 해결하는 유일한 길은 당대의 살아 있는 여러 세력을 이 질서 속에 끌어들이고 통합해서 그것들을 그 질서를 통해 합법화하는 것이다.

한편으로는, 이런 보수주의적 근본주의Conservative radicalism*는 과거를 과거 자체를 위해, 즉 그것이 과거이기 때문에 보호한다는 관점을 거부하게 한다.

때로는 이러한 관점 뒤에는 뿌리 깊은 비관적인 보수주의자들pessimistic Conservative이 틀림없이 존재한다. 다시 말해 역사적 진행과정은 언제나 질서의 해체를 더욱더 이끌어갈 것이고, 그 결과 어제가 내일보다 여전히 더 좋다는 관점을 유지한다. 그러나 그 결과는 너무도 자주 과거의 것을 맹목적으로 무분별하게 이상화하는 것에 그치고 만다. 달리 말해 그것은 기본적으로 '진보에 대한 믿음'이 자의적인 것과 마찬가지로, 역사발전에 대한 회귀적 믿음, 즉 '과거 회귀에 대한 믿음'에 지나지 않는다.

이런 수구적인 태도의 기능, 즉 역사적 사실을 인용하기를 좋아하

---

*과거 사실의 인용은, 지금까지도 그랬고 앞으로도 그렇겠지만, 논리적으로도 정치적으로도 그 효력을 발휘하지 못한다.

는 수구적 태도*, 그리고 발전의 부인否認 속에 자아를 소진하고 마는 수구적인 태도는 전적으로 잘못된 것이다. 기껏해야 그것은 '앞으로 나아가는 자동차의 브레이크' 노릇을 할 뿐이어서 순전히 기계적인 것이고, 장애물에 지나지 않는 것으로 자동차가 어느 방향으로 나아가도록 지정해주지는 못한다. 바로 그런 이유 때문에 그것은 간혹 극단적인 반대의 곤경, 즉 혁명으로 이어지기도 한다.

다른 한편으로, 다가올 미래의 질서에 희망을 거는 것은, '인간은 완벽한 상태로 진보할 수 있다는 믿음'에서 모든 혁명을 그 자체만으로도 환영하고, 과거를 되돌아보는 것을 무조건 거부한다. 그리하여 불가피하게 혁명으로 이어지게 하거나 반동과 복고주의로 방향을 바꾸게 하는 관점은 불가피하게 거부하게 된다.

결론 : 한 사람을 위한 임의적인 권력은 나머지 사람들의 자유를 빼앗는 것이다

보수주의적 국가이론은 예를 들면, 역사적으로 발전한 정치와 양심의 자유, 즉 정치적 자결의 자유를, 그리고 의사표현의 권리와 수적으로 지속적으로 증가하는 사회적 계층이 정치적 권력을 나눌 권리, 개인의 자유 등을 요컨대 속박의 해체라는 관점에서 역사발전이 초래한 모든 것을 단순히 용인하는 것에 그치는 것이 아니라, 실질적으로 인정하고 방어해야만 한다.

그러나 역사발전이 인정을 받으려면 그것이 합법성이 있다는 근거를 확보해야만 한다. 따라서 최고의 질서에 대한 지식에서부터, 신앙을 통한 정당성을 요구하는 불완전한 인간에 대한 지식이 보수주의적 국가이론을 위해 나타나게 된다. 죄 많은 인간은 확고한 권위를 필요로 한다. 그들을 국가와 교회에 묶어두기 위한 기반으로서, 인간의 욕구와 약점에 대한 지식은 긴밀하고도 규모가 큰 가족, 군대, 국가 그리고 종교로 구성된 공동체와 결합해야 한다.

그러므로 보수주의적 국가이론은 정치적 자유란 오직 그것이 더 높은 공동체적 의무를 고수하는 경우에만 가치가 있다는 사실을 알고 있다. 그렇지 않으면 결과는 자기 파괴적이고 무정부적이며, 불가피하게 독재주의와 전제주의로 이어지게 된다. 한 개인에게 주어지는 완전한 자유라는 것은, 즉 한 사람을 위한 임의적인 권력$^{\text{arbitrary power for one man, Willkür}}$은 모든 사람을 위한 자발적인 자기억제 대신에 나머지 사람들의 자유를 빼앗는 것$^{\text{lack of freedom for all the rest}}$이다.

모든 의무의 해체도 마찬가지다. 양심의 자유도 마찬가지다. 양심의 자유가 세속의 방종으로, '이 지상 왕국'으로, 유물론의 숭배와 인간 이성에 대한 숭배로, 그리고 볼셰비즘의 유사 계층으로 전락하지 않으려면 신앙의 안전과 의무 속에 머물러야만 한다. 이런 필요성은 또한 국가 자체에 대한 보수주의적 국가이론의 입장을 결정한다.

보수주의적 국가이론은 그것이 수행할 의무를 표시하기 때문에 의무를 표시하는 동안에는 국가를 인정하지 않을 수 없다. 그러나 보수주의적 국가이론은 또한 국가가 유일한 의무가 되는 것을, 다시 말해 '전체 국가$^{\text{total state, totalen Staat}}$'가 되는 것을 예방해야만 한다. 국가는 이 세상의 질서이고, 최고의 영원한 질서가 해체되어' 나타난 기구이며, 인간의 목적과 의미를 가진 왕국이기 때문이다.

이런 의미와 목적은 말하자면 권력은 만약 그것이 하느님과 불변의 질서와 연계되지 않으면, 만약 권력이 세상에 대한 하느님의 계획과 연결되지 않으면, 그것은 사악하고 타락한 것이며 파괴적이다. 보수주의적 국가이론이 이 무거운 의무를 항상 깨닫고 있는 한, 그리고 최고 질서하에서의 모든 세력이 새로운 통일체 속에서 묶여 있다는 것을 알고 있는 한, 그것은 그 앞에, 특히 독일에서, 그리고 지금의 독일에 대해 큰 과제를 안고 있다.

모든 가치를 재해석하는 시대에, 이런 과제를 첫 번째로 인식하고 해결책을 찾으려 시도한 것은 슈탈의 업적이다. 이것이 슈탈이 모든 것에 실패했는데도, 그리고 철학자로서 슈탈의 지위가 상대적으로 낮은데도 어떤 사회적 변고 period of upheaval의 시대에는 그의 중요성이 부각되는 이유다.

19세기 후반부터 제1차 세계대전까지는 보수주의적 국가이론, 즉 슈탈의 국가이론이 정치체제의 기초가 된 국가로는 유럽에서 독일이 유일했다. 그런 점에서 슈탈의 시도가 완전히 실패한 것도 아니다. 그러므로 슈탈이 스스로 자랑스럽게 한 말, 즉 자신의 해결책은 '과거로 되돌아가는 것'이 아니라 '앞으로 발생하는 문제를 해결하는 것 solution was not 'to turn backwards', but 'to get through.' seine Losung sei nicht 'rückwärts', sondern 'durch'"이라고 한 말은 타당하다.

드러커의 예측과 결과

보수주의적 국가이론은 두 가지다. 첫째, 국가가 '전체 국가'가 되는 것을 예방해야만 한다. 둘째, 한 개인에게 주어지는 완전한 자유는, 즉 한 사람을 위한 임의적인 권력은 나머지 사람들의 자유를 빼앗는 것이다. 이런 주장은 각각 나치 전체주의와 히틀러의 등장을 암시하는 것이었다. 결국 이 소책자는 나치의 눈에 벗어나 금서가 되었다. 나중의 일이지만 이 소책자에서 분석하고 진단하고 통찰한 것과 같이 독일은 전체주의의 노예가 되고 말았다.

  드러커는 이 소책자 이후에도 계속 관찰을 통해, 전체주의의 뿌리는 루소의 '이상적 사회'에서 시작하여 로베스피에르의 '공포정치', 마르크스의 '계급 없는 사회', 히틀러의 '국가 사회주의', 즉 나치즘으로 이어져 '사회에 의한 구제' 사상이 형성되었으나, 결국 동유럽의 몰락과 구소련의 해체로 '사회에 의한 구제' 사상이 종말을 맞았다고 분석했다.

04

독일의 대중이 히틀러에게 속은 이유는 무엇인가

전체주의의 기원

파시즘과 나치즘은 유럽의 정신적·사회적 질서로,
경제인 사회와 경제인 개념이 붕괴한 결과로 등장한 것이다.
만약 자유가 평등과 양립할 수 없다면, 대중은 자유를 포기할 것이다.
만약 자유가 안전과 양립할 수 없다면, 그들은 안전을 선택할 것이다.
피터 드러커

노예가 인간이 아닌 이유는 그들이 자유를 빼앗겨서가 아니라
자유를 위해 싸울 수 있는 가능성을 빼앗겼기 때문이다.
해나 아렌트

04

전체주의의 기원을 사회 경제적으로 분석한 『경제인의 종말』

드러커는 1934년 나치 독일을 탈출하기 위해 프랑크푸르트에서 『프리드리히 율리우스 슈탈: 보수주의적 국가이론과 역사발전』을 저술했다. 그 후 드러커는 영국을 거쳐 1937년 미국에 정착했다. 1939년 초 뉴욕에서 일반 대중을 상대로 하는 최초의 저술 『경제인의 종말: 전체주의의 기원The end of economic man: the origins of totalitarianism』을 출판했다.

드러커는 이 책에서 『프리드리히 율리우스 슈탈: 보수주의적 국가이론과 역사발전』의 결론 부분에서 우려했던 분석이 현실로 드러나서 전체주의가 독일에서 정치권력을 잡고, 그 결과 개인이 국가에 종속되었다는 사실을 밝혔다. 이어서 유럽의 미래를 진단하고 전망했다.

　드러커는 히틀러가 1933년 1월 30일 독일의 권좌에 앉은 지 몇 주 뒤 이 책의 초고를 쓰기 시작했다. 이 책의 일부분인 「나치 악마학에서 반유대주의가 차지하는 역할과 그것이 호소력을 지닌 이유에 관한 연구」는 (1935년인지 1936년인지 정확하지 않으나) 오스트리아 가톨릭계 반나치 출판사에서 소책자로 출판되었다. 그리고 나머지는 드러커가 영국에서 미국으로 처음 건너온 1937년 4월에서부터 그 해 말 사이에, 즉 제2차 세계대전 발발 직전에 거의 완성되었다. 이 책은 부제목이기도 한 '전체주의의 기원'에 대해 설명한 최초의 책이다.

　드러커는 전체주의가 등장한 원인을 사회적·경제적 관점에서 분석했다. 자본주의 체제와 그에 대한 거부로 등장한 공산주의 체제 양쪽이 목표로 내세운 '자유롭고 평등한 사회free and equal society'를 달성하지 못하자 대중은 실망했다. 또 전쟁과 공황과 실업에 지친 대중이 '일자리와 의식주만 해결해주면 자유와 평등을 포기하겠다'라고 체념하자 전체주의는 그 틈을 이용하여 군국주의 경제totalitarian Wehrwirtschaft를 통한 완전고용을 제시하며 정권을 잡았다는 논지를 폈다.

　드러커의 저술들은 수명이 길다. 미국이나 캐나다 공항의 규모가 큰 공항 서점에는 아직도 드러커의 책들이 진열되어 있다. 예를 들면 『경영의 실제』『자기경영노트』『단절의 시대』『혁신과 기업가 정신』 등은 각각 1954년, 1966년, 1968년, 1985년에 처음 출간되었으나 여전히 눈에 잘 띄는 곳에 꽂혀 있다. 이런 책은 모두 경영서적이므로 그렇다고 볼 수도 있다. 그런데 70년도 더 된 정치서적인 『경제인의 종말』이 간혹 있다는 사실을 알면 놀라지 않을 수 없다.

『경제인의 종말』은 드러커의 모든 사상(정치, 사회, 경제, 역사, 철학, 경영)의 원천이다. 나는 『경제인의 종말』 이후 드러커의 모든 저서는 드러커가 『경제인의 종말』에서 분석하고 주장한 것을 시간의 검증을 거치면서 자신의 생각이 옳았는지 틀렸는지를 밝히고 다시 분석하고 수정한 것들이라고 결론내렸다. 비록 드러커는 '사회의 미래를 예측하는 가장 좋은 방법은 그 미래를 만들어버리는 것'이라고 주장하면서 자신은 예측을 하지 않는다고 했지만 말이다.

이 책의 분석대상은 제1차 세계대전 이후, 대공황 시기, 제2차 세계대전 직전이다. 그러니까 흔히 말하는 양차 대전 사이에 국수주의적 전체주의*가 등장한 이유와 폭정 그리고 미래 전망에 대한 것이다.

국수주의적 전체주의는 이탈리아(1922~1943), 독일(1933~1945), 일본(1930~1940), 스페인(1939~1975)의 정계를 지배했다. 유럽에서 파시즘은 유일하게 영향력 있는 정치세력이 되었고, 민주주의를 국내적으로나 국제적으로 무능한 수세守勢로 끌어내렸다.

E. H. 카$^{Edward\ H.\ Carr}$는 1961년 저서 『역사란 무엇인가?$^{What\ is\ History?}$』에서 '역사는 현재와 과거 사이의 끊임없는 대화다'라고 주장했다. 50년 전에 쓰인 이 책을 읽는 것은 그런 의미다. 드러커가 제시하는 21세기 사회와 인간의 모습인 '지식사회$^{knowledge\ society}$'와

---

* 무솔리니의 파시즘과 히틀러의 나치즘 그리고 스탈린주의.

'지식근로자knowledge worker'의 기원은 결국 이 책에서 말하는 '비경제인 사회noneconomic society'*와 '경제인 모델 이후의 인간' 모델이라고 할 수 있다.

경제인 모델과 이윤동기와 자아존중 : 경제 시스템으로서 자본주의는 옳았다

1776년 애덤 스미스는 『국부론』에서 인간은 생필품과 편의품의 생산증대와 소비증대로 내세來世에서가 아니라 지상에서 물질적으로 행복해질 수 있다고 역설했다. 스미스는 '국부의 증대'는 분업생산방식, 자아존중(이기심), 사유재산권 보호, 자유경쟁, 시장경제로 달성된다고 주장했다. 개인이 각자의 이해에 따라 판단하여 규제를 받지 않는 자유시장에서 경쟁하면 '보이지 않는 손'이 작용하여 시장 참가자들의 이익과 국부의 증진으로 귀결된다는 것이다.

 자본주의는 사적 이윤의 촉진을 사회행동의 최고 규범으로 인정함으로써 자유평등 사회를 이룩할 수 있다고 기대한다. 물론 자본주의가 '이윤동기profit motive' 자체를 처음으로 발견한 것은 아니다. 그러나 자본주의는 '이윤동기'를 이상적인 자유·평등 사회를 실현할 수

---

* 여기서 noneconomic이라는 표현은 nonproductive 또는 not efficient라는 의미가 아니라 '경제를 가장 중요시하지는 않는'이라는 의미다. 그러므로 비경제인 사회는 개인의 사회적 지위나 명예 등이 임금, 상여, 소득 등 개인이 획득하는 금전적·경제적 가치로 평가받지 않는 사회를 의미한다.

있는 수단으로 적극적으로 평가한 최초의 그리고 유일한 사회적 신조였다.

이익은 인류가 등장한 이래 항상 개인에게 동기를 부여하는 중요한 요소들 가운데 하나였다. 개인이 살아가는 사회의 사회적 질서가 무엇이든 간에 앞으로도 그럴 것이다. 인간이 일을 열심히 하고 저축을 많이 하는 이유는 이기심 selfishness 보다는 자아존중 self-respect 때문이다.

자본주의가 산업혁명 이후 150년 이상에 걸쳐 지속적으로 발달한 결과로 물질적인 측면에서 경제적 안락함을 누리게 되자 유럽인은 자신들이 누리는 모든 성취를 제공해준 경제적 자유는 그 자체로 좋은 것이라고 착각하게 되었다. 19세기와 20세기 초 자본주의가 붕괴하고 만다는 명제가 등장했다. 그러나 그 명제를 지지하는 주장 가운데 자본주의는 경제 시스템으로서 실패했다는 말은 자본주의 시스템의 본질을 전혀 모르고 하는 주장일 뿐 아니라 사실상 틀린 주장이다.

경제 시스템으로서 자본주의는 끊임없이 가격을 인하하고 노동시간의 지속적인 단축을 실현하면서도 재화 생산량을 계속해서 증가시키므로 자본주의가 실패하지 않는 것은 말할 것도 없거니와 이루기 힘든 꿈 이상의 성공을 거두었다. 그리고 대량생산 독점자본주의하에서 최상의 것*과 최악의 것**을 동시에 완성한 현대 자본주의의 할아버지 격인 헨리 포드 Henry Ford 가 이룬 업적은 옳다. 그리고 자본

---

* 대량생산에 따른 가격 인하.
** 독점으로 생긴 불평등.

주의 체제의 미래에 관하여 자본주의의 몰락을 주장하는 전문가들의 견해는 틀렸다.

사회적으로 대량생산 방식은 외견상 완벽한 독점이다. 자본주의 자체를 믿으려면 '자유경쟁'을 믿어야만 한다. 중하층 계급과 상류 노동계층들에게 '자유경쟁'은 효율성이 조금이라도 좋아지면 기회의 평등과 사회적 지위의 평등 수준이 동시에 향상된다는 것을 의미한다. 그런 약속을 이행할 수 없게 되자 중하층 계급 사람들은 자본주의에 등을 돌리고 만다. 포드가 독점 생산으로 제품을 싸게 생산할 수 있게 된 그날 이후 경제적 발전은 불가피하게 더 큰 불평등을 초래하는 것으로 인식되었다. 포드는 자본주의의 성공이자 종말을 상징한다.

1776년 스미스는 『국부론』에서 '국부의 증대'는 분업생산 방식, 자아존중(이기심), 재산소유, 자유경쟁, 시장경제로 달성된다고 주장했다. 개인이 각자의 이해에 따라 판단하여 규제를 받지 않는 자유시장에서 경쟁하면 '보이지 않는 손'이 작용하여 시장 참가자들의 이익과 국부의 증진으로 귀결된다는 것이다. 이에 반해 알프레드 챈들러Alfred D. Chandler는 19세기 말 미국의 철도회사와 전신회사들을 분석한 뒤 시장이라는 '보이지 않는 손invisible hand'을 대신해서 대기업 경영자라는 '보이는 손visible hand'이 근대적 산업의 유통과 자원 배분의 방향을 결정하게 되었다고 주장했다. 챈들러는 1977년 『보이는 손The Visible Hand: The Managerial Revolution in American Business』에서 국부의 증대가 시장에 이끌리는 분업생산 방식의 개인기업에서부터 집중적 대량생산 방식의 대기업 경영자에 의해 결정되는 과정을 서술했으므로, 드러커는 동일한 주장을 챈들러보다 40년 앞서 한 것이다.

포드 이후 경제적 발전은 불가피하게 더 큰 불평등을 초래한다고 인식되었다. 그러나 유럽 사람들이 사회질서로서 자본주의에 보인 신뢰는 그보다 훨씬 전, 두 가지 이유로 붕괴되었다. 19세기 경제적 제국주의economic imperialism는 중산층 사람들에게 해외로 나가는 출구를 열어주었고 그들은 그 기회를 충분히 활용했다.

다른 하나는 결정적인 요소다. 미국이라는 국가의 존재 때문이었다. 미국의 독립선언이 자본주의 경제에 미친 영향과 미국의 헌법이 프랑스혁명에 미친 영향은 매우 크다. 경제적 자유로 평등을 달성하겠다는 꿈이 깨졌다는 것을 서서히 깨달은 유럽의 대중에게 진정 자유롭고 평등하고 민주적인 '무한한 가능성의 나라' 미국은, 유럽에서는 환상에 불과했던 이념이 사실은 옳았다는 것을 증명했다. 가난한 신문팔이가 백만장자가 되었다거나 오두막집에서 태어난 소년이 대통령이 되었다는 '성공담'은 미국의 대중에게 무용담인 것은 말할 것도 없다. 그보다 유럽의 대중에게는 한층 더 큰 무용담이자 전설이 되었다.

자본주의는 평등이라는 사회적 목적을 달성하지 못했다

자본가들과 자본주의를 옹호하는 사람들은 경제의 확대와 성장은 그 자체가 목적이 아니라는 사실을 망각하고 있다. 경제의 확대와 성장은 사회적·경제적 평등이라는 사회적 목적을 달성하기 위한 수단이다. 경제 발전은 천년왕국을 지상에 세운다는 약속을 실천하는 것이다. 이것이 바로 자본주의다. 따라서 사회적 목적이 없으면 자본주의는 아무 의미가 없으며 정당화될 수도, 존립할 가능성도 없다.

모순이지만 자본주의에 대한 반대는 경제적 자유를 도입해 혜택을 가장 많이 본 계층에서 항상 나왔다. 경제적 자유를 통해 평등을 실현하겠다는 약속을 지키지 못함에 따라 물질적으로 번영했는데도 사회 시스템으로서 자본주의에 대한 신뢰는 산산이 깨졌다. 프롤레타리아는 물론이고 자본주의를 통해 경제적·사회적으로 혜택을 가장 많이 누린 중산층도 자본주의에 등을 돌렸다. 기능공과 농노들이 경제적 자유를 받아들인 것은 오직 그것이 궁극적으로 사회적·경제적 평등을 이룩해준다고, 즉 사회적 목적 달성을 약속했기 때문이다. 그들은 종종 자신들이 누리게 된 해방에 반란을 일으켰다.

예를 들면 1811년 산업혁명 당시 영국에서 일어난 러다이트Luddites 폭동, 1846년 영국의 곡물법 폐지와 아일랜드 농부들의 곡물폭동, 1848년 독일 실레지엔 지역의 리넨공장 직공들의 데모, 1906년 러시아의 공동 촌락 농지를 경제적 자유와 경제발전을 위한다는 명목 아래 개인 농지로 전환한 스톨리핀Pyotr Stolypin의 농지개혁이 있은 후 일어난 러시아 농부들의 반란 등인데, 이 모든 반대 투쟁은 평화적으로든 강압적으로든 간에 자본주의가 평등을 달성하겠다는 약속을 하고서야 평정되었다.

1904년부터 1911년까지 제정 러시아의 총리를 지낸 스톨리핀은 농업분야를 중심으로 지방자치를 근대화하고 사법·중앙행정기구에 걸쳐 광범한 개혁을 실행하였다. 망명 시절 레닌으로 하여금 '나는 살아서는 러시아혁명을 볼 것 같지가 않아'라고 장탄식을 하게 만든 사람이 바로 스톨리핀이었다. 그러나 1911년 스톨리핀이 암살당한 지 6년 뒤인 1917년 2월 로마노프 황가는 러시아혁명으로 무너졌다.

사회적 목적이 중요하다는 것과 자본주의에 대한 믿음이 어느 정도 파괴되었는지 두 가지를 모두 증명하는 가장 결정적인 증거는 유럽의 노동계층이 마르크스가 주장하는 '대중의 빈곤화'라는 명제를 복음의 진리처럼 받아들인 데 있다. 이 명제가 틀렸다는 것이 사실로 드러났는데도 대중은 마르크스의 주장에 대한 신뢰를 전혀 거두어들이지 않았다. 왜냐하면 그 명제의 의도는 노동자가 자신은 점점 더 불평등해지고 프롤레타리아 계급에서 빠져나와 신분 상승의 기회가 점점 줄어든다고 느끼게 하려는 것이었기 때문이다.

중하층 계급이 자식들을 대학에 보내려는 이유

자본주의는 자유평등 사회의 달성이라는 차원에서, 평등을 달성하지 못했다. 경제발전은 평등을 보장하지 않을 뿐 아니라 '동등한 기회 equal opportunity'라는 형식적 평등도 보장하지 못한다. 그 대신 경제발전은 프티 부르주아 Petit-bourgeois라는 새롭고 극도로 경직되고 불평등한 계급을 창출했다. 게다가 프롤레타리아 계급에서 벗어나 프티 부르주아 계급으로 진입하는 것은 적어도 유럽에서는 프롤레타리아가 기업가 계급entrepreneur class으로 성장하는 것만큼이나 어렵다. 비록 현대 공업사회의 계급이 법적으로 세습되는 것은 아니지만 실제로 계급은 거의 그렇게 해서 형성되었다.

평등을 약속하는 것이 가장 중요하다는 사실은 중하층 계급 사람들이 그들의 자식들을 대학에 보내려고 애처롭게 노력하는 것을 보면 알 수 있다. 그들은 분명히 자본주의 경제의 바깥 영역에서 택할 수 있는 (대학 졸업 후 갖게 되는) 전문 직업을 기업 영역에서는 프롤레타리아로서 그들 자신과 자식들이 실현할 수 없는 평등을 달성할 수 있는 통로로 생각하는 것이다. 유럽의 대학 졸업자들은 이것 역시 환상에 지나지 않는다는 것을 알게 되자 자본주의에서 등을 돌리고 말았다.

사회주의의 근본 강령은, 자본주의가 자본의 집중과 대량생산 방식을 채택하여 점점 더 규모가 큰 생산단위로 통합되므로, 필연적으로 모두 프롤레타리아처럼 동등해지는 사회구조로 발전한다고 주장한다. 따라서 소수의 착취자들이 갖고 있는 재산을 몰수하면 자동으로 계급 없는 사회classless society로 나아가게 되는 것이다. 달리 표현하면, 생산단위가 커지게 된다면 특권을 누리는 자본가 계급들의 숫자도 당연히 줄어들게 될 것이다. 그렇게 되면 궁극적으로 모든 생산도구가 하나의 생산단위가 되는데, 이때 특권을 누리는 소수의 착취자들을 제거하면 생산단위는 노동자 공동체community of workers가 소유하고 당연히 노동자 공동체를 위해 운영될 것이므로 불평등과 특권은 한꺼번에 제거된다는 것이다.

계급 없는 사회는 허구였고, 중간계급은 더 증가했으며 만국의 노동자는 단결하지 않았다

마르크스주의는 1776년 『국부론』이 출판된 지 72년 후인 1848년 마르크스와 엥겔스Friedrich Engels가 『공산당 선언』을 통해 불평등하고 자유가 없는 자본주의 사회를 극복하고 계급 없는 사회를 만들어 지상에서 자유와 평등을 실현하겠다면서 등장했다. 하지만 그것은 계급 없는 사회를 만들지 못하고 몰락한다.

생산시설의 완벽한 사회화complete socialization of production capacity*와 함께 특권을 가진 소수의 착취자들은 줄어드는 대신 중간관리 계층(테크노크라트)의 수와 규모가 너무도 엄청나게 증가하여 최하층의 비숙련 노동자들을 수적으로 압도하게 된다. 그들은 비숙련 노동자들의 이름으로, 명목상으로는 비숙련 노동자들의 이익을 위해, 사회적·경제적 조직을 계획하고 설계하고 감독하고 관리한다. 하지만 사회주의에서는 새로운 계급이 등장하고 고착되어 계급 없는 사회가 아니라 새로운 계급 사회가 된다.

마르크스를 필두로 마르크스주의자들은 중간계층 문제 때문에 골머리를 앓았다. 마르크스는 이런 문제를 해결하기를 포기했다. 이 문제에 대해 스스로 만족할 만한 해결책을 제시하지 못한 것이 마르크스가 『자본론』의 결론 부분을 기술하지 않은 이유라는 사실은 일반적으로 알려져 있다.

---

*즉 사유재산이 없는 공산주의화.

그러나 마르크스주의의 경제적 약속이 달성되지 않았다 해도 사회적 평등 약속이 실현될 수 있다고 보이는 한, 마르크스 이념에 대한 신뢰를 흔들지 못할 것이다. 결국 마르크스주의는 혁명을 통해 자본주의의 불평등을 없애겠다고 약속한 신질서의 복음이라는 위치에서 자본주의 내부의 단순한 반대자로 전락했다. 사회주의는 반대자로는 매우 효과적이다. 그러나 반대를 위한 반대로 기력을 모두 소진하는 사회운동이 호소력과 유효성을 확보하려면 그것이 반대하는 제도, 즉 자본주의가 존재해야 한다.

파시즘은 유럽의 정신적·사회적 질서가 붕괴한 결과로 등장했다. 유럽이 붕괴하는 데 결정적인 역할을 한 것은 마르크스 사회주의 Marxist socialism를 믿지 않게 되었기 때문이다. 다시 말해 마르크스주의는 자본주의를 무너뜨리고 신질서를 형성할 능력이 없다는 것이 증명되었기 때문이다. 실제로는 특권을 누리는 남다른 사람들(공산주의 국가의 권력 엘리트들과 테크노크라트)의 숫자는 생산단위의 규모 증가와 비교하여 거의 기하급수적으로 증가한다. 특권을 누리는 중간관리자는 독립적인 기업가가 아니라 좀 덜 불평등한 프롤레타리아다. 급여를 많이 받는 대기업의 사장과 급여를 쥐꼬리만큼 받는 회계원 사이에는 수석 디자이너에서부터 조립 라인의 반숙련 감독직까지 의존적인 부르주아 계급 dependent bourgeois class이 엄청나게 많이 존재한다. 그들 가운데 그 누구도 마르크스주의 체제에서 '부르주아'를 규정할 때 사용하는 말인 '이윤 착취'에는 관심을 두지 않는다.

'만국의 노동자여 단결하라!'는 마르크스의 주장, 즉 국제 공산주의의 구호가 막을 내린 날은 1914년 세계대전이 발발한 날이라고 할 수 있다. 바로 그날 각국의 노동자 집단들이 자국의 이익과 신념을 바탕으로 국내에서 형성한 애국연대는 노동자계급의 국제연대 international solidarity보다 훨씬 더 강하다는 것이 분명해진 것이다.

각국의 노동자들로 구성된 군대는 역시 노동자들로 구성된 상대국의 군대에게 총을 쏘았다. 국제 노동자들은 단결한 것이 아니라 서로 생사를 건 전쟁을 벌였다. 그것은 마르크스주의가 주장하는 노동자계급의 국제연대를 거부하는 것이었다. 사회주의는 만국의 노동자가 단결하여 계급 없는 사회를 만들고 새로운 질서를 만든다는 주장을 철회하지 않을 수 없었다.

전체주의가 등장한 이유 : 전쟁과 공황과 경제인 모델의 종말

인간을 '경제적 동물 economic animal'로 보는 개념은 부르주아 자본주의 bourgeois capitalism와 마르크스 사회주의의 진정한 상징이다. 자본주의와 사회주의 모두 인간의 자유로운 경제활동을 인간 존재의 목적을 달성하는 수단으로 보았기 때문이다. 경제인은 경제적 만족만이 사회적으로 중요하고 또 의미가 있다고 간주하는 인간 모델이다. 경제인은 경제적 지위, 경제적 특권, 그리고 경제적 권리를 획득하기 위해 노력한다. 그것들을 위해 인간은 전쟁을 하고, 심지어 죽을 각오도 하는 것이다. 다른 모든 것은 단지 위선적이고 낭만적이지만 무의미한 것으로 취급된다.

'경제적 자유'를 통해 자유와 평등을 달성하겠다고 한 자본주의가 실패하자 사회주의는 '계급 없는 사회'로 자유와 평등을 달성하겠다고 주장했다. 하지만 자본주의와 사회주의 모두 그 목적을 달성하는 데 실패했다. 그 실패는 모든 정치 제도에 의문을 제기하도록 했다. 그중에서도 경제 영역에 가장 직접적으로 영향을 미쳤다. 그러나 가장 심각한 영향은 모든 서구사회가 성립될 때 기초로 삼았던 근본적인 개념을 뒤흔들었다. 즉 인간은 고유한 본성을 가지고 있고 사회에서는 자신만의 역할과 위치를 갖고 있다는 1, 2, 3장에서 논의한 개념 말이다.

개인의 경제적 자유는 자동으로 또는 변증법적으로 평등으로 연결되지 못한다는 것이 증명되자 그것은 자본주의와 사회주의 양쪽이 근거로 삼은 인간의 본성에 대한 개념, 즉 경제인$^{economic\ man}$의 개념을 무너뜨리고 말았다.

파시즘과 나치즘은 유럽의 정신적·사회적 질서로서 경제인 사회와 경제인 개념이 붕괴된 결과 등장한 것이다. 유럽이 붕괴되는 데 결정적인 역할을 한 것은 자본주의의 문제를 해결하겠다고 등장한 마르크스 사회주의에 대한 믿음이 실패했기 때문이다. 다시 말해 마르크스주의는 자본주의를 무너뜨리고 신질서를 형성할 능력이 없다는 것이 증명되었기 때문이다.

자본주의와 사회주의가 전쟁과 대공황을 막지 못하고 자유와 평등을 달성하지 못하자 파시즘이 등장했다. 파시즘은 과거 유럽의 새로운 권력자가 등장할 때 내세운 자유와 평등을 보장하겠다고 주장하지 않았다. 오히려 그 반대였다. 자본주의와 사회주의 이념에 대한 신뢰의 붕괴는 제1차 세계대전과 1929년 대공황을 겪으면서 개인의 실제적인 경험 차원으로 전환되었다.

제1차 세계대전 직후 후발 자본주의 국가에서 농민들의 권위주의적 정서와 자본주의의 위기가 맞물려 나타난 정치적·경제적 지배체제인 국수주의적 전체주의fascist totalitarianism는 주요한 세계 혁명이 되었다. Fascism의 어원인 이탈리아어 fascismo는 라틴어 fasces에서 유래한 것으로 고대 로마에서 권위의 상징이던 도끼를 의미한다. 이 용어와 상징은 1919년 베니토 무솔리니Benito Mussolini가 이탈리아 파시즘 운동의 상징으로 처음 채택했다. 무솔리니는 1920년대 초 새로운 파시즘 국가를 지칭하기 위해 토탈리타리오totalitario라는 용어를 최초로 만들었다. 그리고 국가 안에 모두가 있고 국가 밖에는 아무도 존재하지 않으며 국가에 반대하는 그 누구도 존재하지 않는다고 주장했다.

이런 대재난은 개인들로 하여금 기존의 제도들, 기관들, 그리고 오래된 신념과 원칙을 불변의 법칙으로 받아들이게 했던 일상생활을 파괴하고 말았다. 갑자기 개인들은 사회라는 표면 뒤에 있는 진공 상태에 노출되었다. 유럽의 대중은 처음으로 사회 속에 있는 자신의 존재가 합리적이고 분별력 있는 권력의 통치를 받는 것이 아니라 맹목적이고도 비합리적인 전쟁과 실업에 지배되고 있다는 것을 인식했다.

현대의 전쟁은 인간이 비합리적인 괴물irrational monster의 세계에 살고 있으며 소외되고 무력한 개체라는 사실을 깨닫게 했다. 그 속에서 개인은 평등하고 자유로운 구성원이고, 그 속에서 사는 개인의 운명은 주로 자신의 능력과 노력에 달려 있다는 개념은 환상이라는 것이 증명되었다.

　세계대전(제1차 세계대전)은 민주주의, 자유, 국제경제 협조, 민족자결, 그리고 자유주의적 자본주의의 이념을 지키기 위해 부득이 치러진 것이었으므로 세계대전 자체는 '세계의 민주주의'를 지킨다는 명분을 고수하는 한 의미가 있었다. 그러나 현실적으로 전쟁은 또한 부득이하게 제국주의적 패권 때문에 발발했기 때문에 제국주의 전쟁은 불평등 조약이 아니고는, 그리고 자유평등 사회를 지탱하는 모든 이념을 부정하지 않고는 끝날 수 없었을 것이다.

**전쟁과 실업이라는 악마를 추방할 수 있다면
자유와 평등도 포기한다**

세계전쟁과 대공황을 추방하는 것은 유럽 사회의 최고 목표가 되었다. 유럽 사회가 취한 최초의 조치는 자본주의와 사회주의 원칙에 기초한 전통 노선을 따라 사회를 더욱 발전시키고 개선하는 것이었다. 그리하여 세계대전 후부터 독일에서 나치즘이 등장하기 전까지 서구의 역사는, 그리고 뮌헨회담Munich agreement* 이전까지 서구의 민주주의는 사회와 개인의 이성과 정신적인 건강을 회복하려는 헛된 시

---

* 1938년 9월 독일 뮌헨에서 열린 회담으로서 독일, 이탈리아, 영국, 프랑스의 정상 회담 결과 체코슬로바키아의 주데텐란드를 독일이 접수하는 것을 승인. 영국의 체임벌린 수상은 이로써 전쟁을 막았다고 했으나, 히틀러는 이를 계기로 제2차 세계대전을 일으킨다.

도였다.

대중Mass은 세계전쟁과 대공황의 세계에서는 살 수가 없다. 그 결과 유럽 어디에서나 경제인 사회에 대한 믿음과 신조는 단 한 가지, 즉 그것이 전쟁과 실업을 불러들인다고 하는지, 아니면 전쟁과 실업을 퇴치한다고 약속하는지가 기준이 되었다. 전쟁과 실업 퇴치라는 목적을 이루기 위해서라면 다른 모든 것은 양보하겠다는 새로운 풍조는 경제발전을 바람직한 것으로 받아들였던 대중의 태도를 완전히 바꾸어놓았다.

자유라는 개념 자체가 근거를 잃었고 가치를 상실했다. 개인은 자신의 경제적 이익을 최대한 얻기 위해 행동하는 것, 즉 경제적 자유의 본질은 사회적 가치를 상실했다. 자신의 경제적 이익을 먼저 생각하는 것이 인간의 본성인가 하는 것과 관계없이, 그것이 평등을 증진할 수 없으므로, 대중은 경제적 행위 자체를 사회적으로 유익하지 않다고 간주하게 되었다.

그렇게 되자 실업의 위협, 공황이 도래할 위험, 경제적 희생의 위험이 덜하게 된다는 약속만 하면, 경제적 자유의 축소 또는 포기가 수용되고 환영받았다. 유럽의 대중은 전쟁과 실업이라는 악마를 추방할 수 있다면 자유와 평등도 포기하겠다는 각오가 되어 있었다.

하지만 비록 과거를 포기해도 우리는 최상의, 자율적인 것으로 수용할 수 있는, 인간 활동을 펼칠 수 있는 새로운 영역을 발견할 수 없었다. 대중은 의식적으로 또는 무의식적으로 전통적 사회를 포기하든지, 아니면 전통적 사회에 적응하면서 악마 퇴치 시도를 포기하든지 선택하지 않으면 안 된다는 것을 알게 되었다. 이런 모순이 바로 파시즘이 출현하는 진정한 이유이자 배경이다.

전체주의의 전략 : 비경제인 사회의 구축

파시즘의 등장은 우리가 살고 있는 시대의 획기적 사건, 즉 새로운 이념과 질서가 없다는 것을 대중이 체험했기 때문에 가능했다. 구질서는 타당성과 현실성을 상실했으므로 그것을 바탕으로 하는 세계는 비합리적인 것으로 인식되었다. 그러나 새로운 이념의 기초를 제공할 새로운 질서는 아직도 등장하지 않았다. 새로운 질서가 확립되어야만 사회적 현실을 조직하는 새로운 구조와 제도를 개발할 수 있다. 그리고 새로운 구조와 제도가 확립되어야만 새로운 최고의 목적을 달성할 수 있다.

우리는, 지금까지 따르던 구질서의 실체를 유지할 수 없다. 구질서는 정신적 혼란을 초래할 터인데, 대중은 그것을 견딜 수 없기 때문이다. 그렇긴 하지만 구조직과 구제도를 포기할 수도 없다. 그것들을 포기하면 사회적·경제적 혼란이 뒤따를 것이므로, 그것 또한 대중은 견딜 수 없기 때문이다. 새로운 실체를 형성하는 길을 찾는 것, 새로운 합리성을 제공하는 길을 찾는 것, 그러면서도 구질서의 겉모습을 유지하는 것을 가능케 해주는 길을 찾는 것은 절망에 빠진 대중의 절실한 요구다. 그 요구사항이 바로 파시즘이 실현하겠다고 한 과제다.

모든 역사적 경험에 따르면 혁명은 오래된 사회의 겉모습을 부수고 새로운 모습, 새로운 제도, 새로운 슬로건을 만들어내는 것을 영광스럽게 생각한다. 그러나 분별력 있는 관측자들이 혁명이 진행되는 도중에 관찰했던 것처럼, 사회적 실체는 천천히 변하거나 때로는 전혀 변하지 않는다. 그런데 파시즘 체제는 구질서의 실체를 무자비하게 파괴하였다. 그러나 가장 오래된 겉모습은 표면적으로 매우 신중하게 유지하고 있다. 나치 이전에 혁명이 일어났다면, 자신이 대통령으로 있는 공화국을 파괴하는 파울 폰 힌덴부르크Paul von Hindenburg를 독일공화국의 대통령(1925~1934)으로 그대로 옹립하지 않았을 것이다. 파시즘 체제에서는 구질서의 실체를 파괴하는 동시에 겉모습은 유지해야 했기 때문에, 혁명에 관한 역사적 규칙과 전면적으로 반대되는 모든 행위가 불가피했다.

전체주의가 모든 종류의 자유를 거부하고 철폐하는 것은 전체주의 스스로 떠맡은 임무, 즉 실체를 파괴하면서 겉모습은 유지해야 한다는 전제에서 파생되는 필연성 때문이다. 파시즘은 자유를 실현할 수 있는 인간활동의 영역이 없어졌기 때문에 출현했다. 따라서 파시즘이 사회에 제공하려고 하는 실체는 필연적으로 '자유가 없는 사회의 부자유한 실체unfree substance of unfree society'일 수밖에 없었다.

유럽의 대중이 전쟁과 대공황을 완화하기 위해 필요로 한 것은 강력한 기적을 일으킬 수 있는 능력을 지닌 마법사다. 마법사가 마법사로 불리는 이유는 그가 악마가 다시 정복한 세계의 감당할 수 없는 공포, 이성적 전통으로는 알려져 있지 않은, 그리고 어떤 논리적 법칙과 어긋나는 초자연적 방법으로 초자연적 기적을 일으키기 때문이다.

이탈리아와 독일 전체주의의 가장 근본적인 특성은 산업사회에 사는 개개인의 계급, 역할, 지위이 기초가 되는 경제적 민족economic satisfaction, 보상, 가치를 비경제적 만족noneconomic satisfaction, 비경제적 보상, 비경제적 가치로 대체하려는 시도다. 비경제인 사회는 파시즘이 추구하는 사회적 기적 가운데 하나다. 그것은 산업사회의 속성인 대량생산 방식의 유지를, 그리고 경제적으로 불평등할 수밖에 없는 생산방식의 유지를 가능하게 해주고 의미 있는 것으로 만들어준다.

여기서 '비경제적noneconomic'이라는 표현은 '비생산적non-productive' 또는 '비효율적not efficient'이라는 의미가 아니라 '경제를 가장 중요시하지는 않는' 이라는 의미다. 그러므로 비경제인 사회는 개인의 사회적 지위나 명예 등이 임금, 상여, 소득 등 개인이 획득하는 금전적·경제적 가치로 평가받지 않는 사회를 의미한다. 비경제인 사회는 탈산업사회post-industrial society 또는 탈자본주의 사회post-capitalist society(혹은 자본주의 이후 사회)의 개념과도 당연히 다르다. 탈산업사회 또는 탈자본주의 사회는 사회의 발전과정상 산업사회와 자본주의 사회 단계를 지난 사회를 말할 때 사용한다. 따라서 noneconomic society를 탈경제사회로 표현하는 경우 개념상이나 용어상 혼란을 일으킬 수 있다. 그런 이유로 하나의 용어로 여기서는 '경제인 사회'에 대비하여 '비경제인 사회'로 통일한다.

이것은 동시에 가장 긴급하게 달성해야 할 과제다. 적어도 독일에서는 그렇다. 대공황의 절정기에 독일의 모든 정당 중 유일하게 자본주의 생산방식을 철폐하라고 주장한 공산당은 득표율이 15퍼센트도 채 안 되었다. 그 당시 독일의 사회당은 다년간 자본주의를 수용했다. 심지어 공산당은 한쪽은 혁명파로, 다른 한쪽은 노동조합파로 분열되었다.

독일 사람들 절대 다수는 비록 제1차 세계대전 후 사회주의에 대해 신뢰를 잃어버렸지만 자본주의 생산방식에도 절망했다. 그들은 자본주의 체제로 복귀하는 것도, 사회주의 혁명도 원하지 않았다. 절망에 빠진 그들이 기대할 수 있는 것은 혼동뿐이었다.

파시즘은 사회주의와 자본주의 어느 쪽도 타당하지 않은 것으로 단정하고는 사회주의와 자본주의를 초월하는, 즉 경제적 가치에 기초하지 않는 비경제인 사회를 추구했다. 파시즘이 경제에 대해 갖는 유일한 관심은 산업사회의 생산수단을 원활한 상태로 유지하는 것뿐이다. 누가 그 비용을 부담하는지, 누가 이익을 보는지는 부차적인 질문이다. 이런 방향으로 나아가는 최초의 단계는, 사회적으로 전혀 혜택을 받지 못하는 최하층 계급의 사람들에게 경제적 특권층만이 누리던 비경제적 특혜 noneconomical paraphernalia를 제공하는 것이었다. 그런 시도들은 주로 파시스트 조직을 이용해 노동자들의 여가시간을 조직적으로 활용하는 방식으로 이루어졌다. 이탈리아에서는 '일과 후 Dopo Laboro'라는 구호로, 독일에서는 '즐거움에서 비롯된 힘 Kraft durch Freude'이라는 구호로 추진되었다.

영웅적 인간 : 대중의 사회적 질투심을 만족시킨 나치의 전략

히틀러와 무솔리니의 사회적·정치적 이념체계는 인간의 본성을

'영웅적 인간heroic man'으로 인식하고 출발한다. 전체주의가 시종일관 주장하는 새로운 사회관은 전쟁을 합법적인 최고의 목적으로 수용하지 않으면 신기루에 지나지 않는다.

나치는 독일의 농민계급을 '독일 민족의 생물학적 중추'로 특별한 지위를 인정했고 그들에게 사회적 우월성마저 느끼도록 했다. 농민이 민족의 생물학적 중추라면 노동자는 '정신적 중추'였다. 노동자는 전체주의 사회가 개발하려고 노력하는 자신의 경제적 신분과는 전혀 별도로 취급되는 새로운 인간의 개념이었다. 즉 자신을 희생할 각오가 되어 있고 자기 규제와 금욕을 통해 '내적 평등성'을 확립한 영웅적 인간 개념 말이다. 그 결과 모든 사람이 '노동자이자 병사'가 되는 것이다.

중산층 계급도 그들의 평등하고 당연한 사회적 지위를 역시 다른 비경제적 특성을 통해 획득했다. 중산층은 '민족 문화의 기수旗手'로 선포되었다. 산업계의 기업가 계급은 전체주의 사회에서 지도자 개개인이 준수해야 하는 영웅적 리더십 원칙에 따라 그들이 담당할 사회적 지위를 부여받았다. 준군사적 조직들, 즉 파시스트 시민군, 돌격대, 친위대, 히틀러 청년단, 각종 여성 조직들도 비경제적 목적에 이용되었다. 파시스트 시민군뿐만 아니라 나치의 돌격대에게 제공된 가장 큰 배려는 그들이 자신들의 출신성분과 전혀 관계없이 승진할 수 있다는 점이었다.

모든 계급의 사회적 질투심을 만족시키기 위한 이런 시도와 각각의 사회 영역마다 비경제적 우월성을 무한정으로 제공하려는 시도는 자본주의 강령이나 사회주의 강령의 관점으로는 측정할 수 있는 것보다도 훨씬 더 성공적이었다. 그런 시도들은 하층계급 사이에 사회적 평등감정을 진실로 느낄 수 있도록 했다.

그런 시도들에 확실한 신뢰를 보내지 않은 계급은 혁신 기업가와 일반 사업자 계급뿐이었다. 그들은 경제적으로 획득한 지위 대신에 새로운 비경제적인 사회적 우월성으로 대체하려는 의사가 없는 계급이다. 혁신 기업가와 일반 사업자는 새로운 비경제적 보상이 명예로운 직위라는 빈껍데기만 남겨두고 자신들이 누리는 경제적 실체를 박탈하려는 시도라는 사실을 일찍이 눈치채고 있었다.

그러나 영웅적 인간관은 사회에 대해 목적과 의미를 제공할 수 없다. 영웅적 인간관은 생을 부정하여 희생의 자기정당화는 사회를 부정하고 파괴하기 때문이다. 무솔리니의 '위험하게 살아라!$^{Live\ dangerously!}$'라는 슬로건도 개인에게 적용할 때는 괜찮을지도 모른다. 그러나 사회는 계속해서 유지되어야만 한다. 사회는 또한 안전하게 유지되어야만 한다. 만약 개인이 자살하는 것에서 만족감과 성취감을 느낀다면, 사회는 전혀 의미를 가질 수 없게 된다. 결국 무질서 상태가 등장하지 않을 수 없게 된다. 바로 이런 내적 모순이 파시스트가 창조하려는 새로운 질서를 좌절시켰던 것이다.

제2차 세계대전과 독소동맹의 예측 :
전체주의적 군국주의 경제의 목적은 전쟁이다

경제적·사회적 생활에 관련된 모든 활동을 군사 체제에 맞춘 경제

조직인 전체주의적 군국주의 경제totalitarian Wehrwirtschaft는 산업사회의 겉모습은 그대로 유지하면서 사회에 비경제적 기초를 제공하는 중요한 사회적 목적을 수행한다. 즉, 평등을 달성한다.

군국주의 경제는 그 중요성이 사회적 목적보다 조금도 못하지 않은 목적, 즉 완전고용을 창출하고, 실업이라는 악마를 퇴치하려는 목적을 수행한다. 비록 순전히 사회적 목적으로 추진되었다 해도 그런 엄청난 전쟁무기들을 보유한다는 사실이 안겨주는 압력은 결국 무기를 사용하는 궁극적 목적인 전쟁을 유발할 것이다.*

군국주의 경제의 실체는 모든 사회적 관계를 상사와 부하의 관계, 고급 장교와 하급 장교의 관계 모델로 통합하려는 의도를 감추고 있다. 그것은 경제적 특권에서 비롯된 권위 대신에 명령 통제에 따르는 권위로, 경제적 보상의 격차(보수) 대신에 군사적 격차(훈장)로, 사적 이익추구 동기 대신에 군대의 행동규범 동기로, 조립 생산라인의 노동자의 역할을 개별 군인의 역할로 대체하려고 한다.

군국주의 경제는 육체노동자의 모든 자유를 철폐하고 노동조합을 억압한다. 노동자가 스트라이크를 일으키는 것은 허용되지 않는다. 노동자는 명령받은 대로 많은 시간 일해야 한다. 그는 고용주에게 사표를 낼 수도, 다른 공장으로 이직할 수도 없다. 이주 허락이 없이는 한 도시에서 다른 도시로 이사할 수도 없다. 국외로 나가지 못하는 것은 두말할 나위도 없다. 군국주의 경제 원칙은 최하층 계급부터 최고위층 계급에 이르기까지 모든 구성원은 어떤 결정이 내려지든지

---

* 이것은 드러커가 제2차 세계대전의 발발을 예측한 것이다.

간에 독립적 행동이나 자유가 허용되지 않는 계층구조다. 모든 구성원은 상사의 명령을 무조건 따라야 한다.

전체주의 경제학과 자유 자본주의 경제학 사이의 근본적인 차이는, 전체주의 경제학은 모든 경제적 목적을 단 하나의 사회적 목적, 즉 완전고용에 종속시킨다는 점이다. 경제적 진보와 부富의 증가는 부수적으로 따라온다. 그러므로 군국주의에 기초한 비경제인 사회는 실업이라는 악마를 퇴치하는 데 성공하고 있다. 그러나 군국주의에 기초한 비경제인 사회는 현대의 또 다른 악마의 위협인 전쟁을 합리적이고 의미 있는 것으로 보이도록 만들 수 있어야 한다. 그뿐만 아니라 전쟁을 바람직한 것으로 만들 수 있는 경우에만 성공과 타당성을 증명할 수 있다. 전쟁 자체가 목적으로 수용되면, 마치 부르주아 민주주의와 마르크스 사회주의가 경제발전 자체를 목적으로 삼는 것처럼, 파시스트 국가의 과제는 완성된다.

독일이 전체주의 국가가 될수록 민주주의와 민주주의 국가들을 악마의 화신인 적敵으로 삼고, 그것들과 투쟁해야 할 필요성은 더욱 커진다. 독일의 정치 지도자들이 아무리 영국과 우호관계를 맺고 싶어 해도 전체주의 국가의 내부적 역학관계와 필요성은 영국과 우호관계를 맺으려는 그들의 외교적 의지보다 더 강하다는 것을 증명하게 될 것이다.

비록 영국은 적이 아니라 해도 프랑스는 적이다. 두 나라 모두 적이 아니라 해도 미국은 적이 될 수밖에 없다. 민주주의 국가들이 지속적으로 존재한다는 것은 전체주의 체제의 내적 안정성에 가장 심각한 위협이 되기 때문이다.

전체주의 나치체제의 적은 구소련 공산주의가 아니다. 마르크스 사회주의를 통해 자유와 평등을 획득할 수 있다는 믿음이 붕괴되면서 구소련은 독일이 추구하는 비자유 불평등 전체주의 사회, 순수한 부정적 사회, 그리고 비경제 사회로 향하게 되었다.

그것이 공산주의와 파시즘이 본질적으로 동일하다는 것을 의미하는 것은 아니다. 파시즘은 공산주의가 환상에 지나지 않는다는 것이 증명된 후 도달하게 되는 단계의 사회체제다. 그리고 공산주의는 히틀러 이전의 독일에서와 마찬가지로 스탈린 치하의 구소련에서도 환상에 지나지 않는다는 것이 증명되었다. 그러므로 지난 몇 년 동안 구소련은 순수한 전체주의적 파시스트 원칙을 한 가지씩 차례대로 채택하지 않을 수 없었다. 독일처럼 스탈린이 지배하는 구소련은 '비경제인 사회'의 설립을 맨 먼저 추진했다. 점차 다른 모든 목표를 수립하고 전반적인 사회구조를 군비확장에 맞추어 뜯어고쳤다. 그 이유는 독일에서와 마찬가지로 사회적 목적이었다.

구소련에서도 역시 파시즘 국가들처럼 자가발명한 악마들에 대항하는 '성전聖戰'의 분위기에 똑같이 휩싸이게 되었다. 구소련이 믿는 신조의 유일한 실체는 독일과 마찬가지로 조직 자체를 목적으로 삼고 지도자를 개인숭배하는 것이 되고 있다. 구소련과 독일 두 나라 모두의 진정한 적은 서구다.

독일과 구소련은 이념적으로나 사회적으로나 비슷하기 때문에 서로 힘을 합하게 될 것이다. 독일과 구소련이 모두 자국의 사회적·정치적 체제를 포기하지 않고는 자본주의 국가에서 필요한 자본을 획득하는 것은 불가능하다. 사회적·정치적으로 전체주의 사회는 경제적으로도 완전히 전체주의 사회가 되어야만 한다. 독소동맹은 양국이 경제적·군사적 애로사항을 극복할 수 있는 유일한 방법이 될 것이다.

독소불가침조약*은 드러커가 이렇게 분석한 지 불과 7개월 후인 1939년 8월 23일 실제로 체결되었다. 이 조약으로 동유럽에서 독일과 구소련의 세력권이 확정되었다.

구소련은 영국과 프랑스와 함께 나치 독일에 대항하는 집단안보협약을 체결하려 했으나 계속해서 묵살되고 있었다. 이는 특히 뮌헨회담에서 현저하게 나타났다. 1939년 5월 3일 구소련 공산당 서기장 스탈린은 유대인이자 집단안보 지지자인 막심 리트비노프 외무장관을 해임하고 그 자리에 V. M. 몰로토프를 임명했다. 몰로토프는 곧 나치 외무장관 요아힘 폰 리벤트로프와 협상을 시작했다. 구소련은 또한 영국, 프랑스와도 협상을 계속했지만 결국 스탈린은 독일과 협정을 체결하기로 결정했다. 이렇게 함으로써 스탈린은 구소련이 독일과 평화를 유지하고 1937년의 붉은 군대 장교 숙청으로 약화된 구소련 군대를 재정비할 시간을 얻으려고 했다.

히틀러로서는 구소련과 불가침조약을 체결함으로써 독일군이 구소련이라는 강대국의 실질적인 저항 없이 폴란드를 침공할 수 있으며 그런 뒤에 동부에서 구소련과 동시교전을 피함으로써 서부전선에서 프랑스군과 영국군과 벌이는 전쟁에 전념할 수 있었다. 구소련과 독일의 협

---

*German-Soviet Nonaggression Pact 혹은 Molotov-Ribbentrop Pact.

상은 모스크바에서 스탈린이 참석한 가운데 리벤트로프와 몰로토프가 1939년 8월 23일 불가침조약으로 결론지었다.

전체주의와 공산주의는 예외를 인정하지 않는다

사회통제에 조금이라도 예외가 생기면 전체주의 사회를 파괴하고 위험스럽게 만든다.

구소련 사람들은 이런 현상을 1920년대 후반 외국인 '조차지租借地'에서 배웠다. 자본주의 기업들로 구성된 섬들이 비록 구소련이라는 비경제인 사회와 엄격히 격리되어 있었고 조차지는 완벽한 통제 아래 있었지만, 그 존재 자체가 경제체제 전체를 오염시켰다. 외국인 조차지는 엄청난 경제적 유용성에도 불구하고 철폐해야만 했다. 전체주의 국가의 정치적·사회적 현실은 전체주의적 사회정치 구조를 갖지 않은 국가와는 긴밀한 경제협력을 금하고 있다. 그러므로 독일과 구소련은 그들이 외부의 경제협력 파트너를 찾는 과정에서 견해를 일치할 수 있다.

일본과 우크라이나

구소련 역시 두 전선에서 싸울 수는 없다. 구소련의 극동지역은 아시아의 강국 일본과 맞서고 있었다. 구소련의 전체 병력을 극동에 투입할 경우에만 그 지역을 방어할 수 있었다. 그렇지 않으면 저개발에 인구도 부족하고 빈곤에 찌든 구소련의 극동지역은 일본에게 유린될 것이다. 같은 논리가 구소련의 서부전선에도 적용된다. 블라디보스토크에 이어 우크라이나는 구소련의 가장 취약한 지역이다. 우크라이나 사람들은 구소련의 지배에 항상 저항해왔다. 따라서 구소련은 동쪽의 잠재적 침략자와 평화를 유지하든지 서쪽의 독일과 불가침조약을 체결하든지 해야 했다.

전체주의 국가가 붕괴하는 길 : 후계자 문제

지도자*가 무오류적인 존재로 수용되어야 하면 할수록 지도자는 자신이 항상 옳다는 믿음을 유지하기가 더욱 어려워진다. 따라서 지도자가 취약해질수록 체제도 함께 취약해진다. 기적은 성공률이 높아지면서 자주 되풀이되어야 하고, 기적을 보여주는 기간은 점점 더 단축되어야 한다. 기적에 대한 믿음은 그동안 줄곧 더 뜨거워진다. 대중이 지도자에 대한 믿음을 필요로 할수록 대중은 그 믿음이 부과하는 긴장감과 그 믿음이 갑작스럽게 붕괴될 위험을 한층 더 느끼게 된다.

전체주의의 지도자 원칙은 과거 유럽에 존재했던 어떤 1인 지배체제와도 다르다. 과거 지도자는 자신의 지배권한을 신(神)이 지배하는

---

* 히틀러, 무솔리니, 스탈린.

세상에서 신이 부여한 권한에 기초했든, 군대의 힘에 기초했든, 혹은 사람들의 위임에 기초했든 간에 자신의 지배에 대해 항상 사회적 재가裁可를 받았다. 하지만 전체주의의 독재자는 어떤 재가도 받지 않는다. 전체주의의 지도자가 자신은 신에 대해 책임을 진다고 공언한 것은 공허한 말에 지나지 않는다. 전체주의의 지도자도 추종자도 신을 믿지 않기 때문이다.

전체주의의 지도자가 주장하는 '대중으로부터의 위임'도 마찬가지로 의미가 없다. 그는 대중이 자신들의 지도자를 선택할 권리를 인정하지 않기 때문이다. 지도자가 주장하는 지배권의 유일한 근거는, 그리고 그의 지위와 권한에 대한 유일한 승인 근거는 그가 보통 사람들을 초월하여 존재한다는 것뿐이다.

전체주의 지도자는 전체주의 사회의 해결 불가능한 근본적인 갈등이 그를 통해서 해결책을 찾게 되는 악마다. 지도자의 권한은 지도자가 대중이 절망에서 탈출하기를 간절히 바란다는 믿음을 대중에게 상기시킬 수 있는 한 정당화된다. 따라서 전체주의는 절망을 계속 생산한다. 사회의 기초를 지도자의 악마적 본성을 믿는 종교적 신앙에 두는 것은 1인 독재체제의 지도자가 죽은 후 어떤 문제가 발생할 것인가 하는 질문을 불러일으키게 한다.*

---

*드러커의 이런 예측대로 무솔리니, 히틀러, 스탈린 등 전체주의의 지도자들은 후계자 없이 죽었다.

불가사의한 대중심리 : 거짓말은 파시즘의 매력이다

나치 프로파간다의 신뢰성에 대해 나치당 내부에서 일어난 모순을 잘 보여주는 예는 복스하임 문서Boxheim Document다. 히틀러가 권력을 잡기 몇 년 전, 일단의 청년 나치 당원들이 앞으로 도래할 나치국가의 미래상을 묘사하려고 했다. 그 내용을 담은 문서가 경솔하게 공개되었다. 그 문서는 청년 나치 당원들이 나치당의 공식적 프로그램과 히틀러의 연설과 저서 내용을 그대로 따랐음을 보여주고 있다. 문서의 결론에서 내린 예언은 놀라울 정도로 정확히 맞았다.

 나치의 강령에 기초하여 내린 결론으로 더 이상은 없을 텐데도 이 문서가 출판되자마자 많은 사람, 특히 나치 당원들이 그것을 엉터리라며 코웃음 쳤다. 그 당시 드러커는 나치 추종자들, 예컨대 학생들, 소규모 가게 주인들, 사무원들, 그리고 실업자들과 이야기를 나누었다. 그들 가운데 대부분은 그 문서가 주장하는 내용이 엉터리라고 생각했다. 그리고 나치의 강령과 신조가 실제로 실현될 것으로 믿는 사람들은 바보들뿐이라고 생각하지 않는 사람은 없었다. 모든 나치 추종자들이, 그리고 나치당을 위해서라면 목숨도 내놓을 작정이었던 그들이 만장일치로 내린 결론은 다음과 같았다.

 "그런 조건 아래 사람이 산다는 것은 불가능하고 참을 수 없다."

 우연히 밝혀진 복스하임 문서에서 히틀러는 권력을 잡는 데 비합법적인 방법은 배제한다고 했다. 그러나 1931년 11월 사법관시보 베르너 베스트Werner Best 박사가 이끈 일단의 청년 나치 당원은 나치가 권력을 잡기 위해서는 테러, 살인, 스트라이크, 사보타지, 명령위반 등이 불가피하다고 주장했다. 이에 대해 제국법원은 재판을 했으나 1932년 10월 재판을 중지하고 베스트를 휴직시키는 데 그쳤다.

마찬가지로 놀라운 사실은 심지어 대다수 나치들이 인종차별적 반유대주의racial anti-Semitism를 진지하게 생각하지 않았다는 점이다.
"반유대주의는 유권자들을 끌어모으기 위한 선전 문구에 지나지 않아!"
이것은 그들이 상투적으로 하는 말이었고 또 실제로 그렇게 믿고 있었다.

동일한 모순이 전쟁이냐 평화냐 하는 핵심적인 문제에서도 나타났다. 독일 사람들이 다른 유럽 사람들처럼 전쟁을 두려워한다는 것은 1933년 이전에는 의심하지 않았다. 그러나 1938년 후반이 되자 히틀러의 외교정책은 모든 독일 사람이 보기에 장기적으로 전쟁을 염두에 두고 펼쳐지고 있었다. 하지만 정작 나치들은 히틀러의 평화적 강령을 여전히 믿고 있었다.

일반 대중은 히틀러가 한 여러 약속 중에서 하나의 약속은 다른 하나의 약속과 서로 양립 불가능하다는 것을 알아챘어야만 했다. 1932년 나치가 집권하기 전 괴벨스 박사가 한 약속, 그리고 그가 행한 다음과 같은 연설이 좋은 예다.

"농부는 곡물가격을 더 높게 셈해서 받을 것이고, 노동자는 빵값을 더 싸게 지불할 것이며, 도소매를 하는 빵가게와 채소가게 주인은 이익을 더 많이 보게 될 것이다."

그리고 독일 역사상 가장 비참한 노동쟁의인 1932년 베를린 지역의 금속노동자 데모는 어떤가? 데모를 중단하라는 노동조합 지도자의 지시에도 나치는 공산주의자들과 힘을 합쳐 노동자들의 데모를 지원했다.

한편 같은 시기에 히틀러는 산업자본가로서 계급의식이 특별히 강한 금속제조업자들을 상대로 한 공개연설에서, 나치가 정권을 잡으면 그들을 다시 공장의 주인이 되게 하겠다고 주장했다. 하지만 결과는 어땠는가? 노동자들의 과반수와 산업자본가들 대부분이 나치 지지자로 전향했다.

독일에 대한 강경론과 유화론 : 처칠의 리더십을 지목한 드러커

폭력을 방지함으로써 어떤 인위적인 사회를 억지로 유지하려는 엄격한 법률체제는, 나중에 법률적 연속legal continuity이 혁명적으로 붕괴하면, 사회를 더 큰 폭력으로 몰아넣는다. 마찬가지로 전쟁을 방지함으로써 사회를 유지하려는 무익한 시도는, 오히려 모든 지역적 갈등은 국제적 재난으로 확대될 수 있다고 위협함으로써 전쟁의 긴박성을 증가시킨다. 이것을 설명하는 데는 앤소니 이든Anthony Eden*이 만든 정책이 결과보다도 더 좋은 예가 없다.

---

* 1935년 영국의 국제연맹담당 장관과 외무장관이 되었으나 네빌 체임벌린 총리가 나치 독일과 파시스트 이탈리아에 유화정책을 펴자 이에 대한 항의 표시로 1938년 2월 사임했다.

더 큰 전쟁이 터진다는 위협으로 현실의 전쟁을 잠재울 수 있다는 이든의 개념은 그 자체가 모순이다. 이든의 정책을 검증해야 할 순간이 도래할 때마다, 예컨대 이탈리아의 에티오피아 침공, 독일의 오스트리아와 체코슬로바키아 침공 때, 이런 지역 분쟁을 예방하려고 노력하는 것은 자칫하면 '전쟁을 끝내기 위한 세계대전'이라는 광범한 폭력을 유발할지도 모른다는 것이 명백해졌다. 그래서 이든의 주장은 서둘러 폐기해야만 했다. 이든의 정책은 한편으로는 궁극적으로 대독 강경론자 윈스턴 처칠 Winston Churchill의 등장을 촉진했다. 그리고 다른 한편으로는 '어떤 대가를 치르더라도 평화를 유지해야 한다는 정책', 즉 대독 유화론을 채택하도록 했다는 점에서 의미가 있다. 어쨌거나 둘 다 민주주의하의 자유·평등 사회를 구하기 위해 전쟁을 회피하자는 시도를 포기하게 되는 결과를 초래했다.

드러커의 이런 주장은 결국 처칠의 리더십을 강조하는 것으로 해석된다. 1930년대 초부터 처칠은 점차 독일의 위협에 주의를 기울였다. 60세가 된 1934년 일선 정계에서 은퇴한 처칠은 하원의원으로서 간혹 의회활동을 했지만 인도 독립반대, 독일의 재무장 위협 경고, 그리고 전쟁준비를 주장함으로써 보수당 의원들 사이에서도 따돌림을 당했다. 처칠은, 무솔리니의 이탈리아군이 에티오피아를 침공했을 때 영국이 일단 행동을 취한 이상 끝까지 목적을 철저히 관철해야 한다고 생각했다. 1937년 체임벌린이 보수당의 당권을 장악하자 처칠과 보수당 지도부 사이의 골은 더욱 깊어졌다. 체임벌린이 히틀러와 뮌헨 협정을 체결하기 위해 체코슬로바키아를 희생시켰을 때 처칠은 그것이 전면적이며 완전한 패배라고 비난했다. 독일이 폴란드를 침공하자 처칠은 총리로 복귀한다.

우선 처칠은 영국에서, 그리고 그 점에서는 유럽에서, 사회는 자유와 평등에 기초하지 않는다는 18세기의 사회관과 같은 사회관을 가진 유일한 정치가다. 처칠은 항상 예방적인 전쟁과 재무장을 역설한 강경론자다. 그는 국제연맹을 제국주의적 패권을 잡는 수단으로만 수용했다. 그 반면 '어떤 대가를 치르더라도 평화'를 유지해야 한다는 유화론자들은 전쟁이라는 악마를 축출하기 위해서라면 민주주의의 모든 현실을 희생할 준비가 되어 있다.
강경론자가 그렇게 생각하는 것은 그런 식의 사회체제는 유지될 가치가 없다고 보기 때문이고, 유화론자는 강경론으로는 현 체제가 유지될 수 없다고 생각하기 때문이다.

『경제인의 종말』에 대한 후일담 :
21세기 현실에도 드러커의 관점은 적용되는가?

드러커는 기존의 책을 재출간할 때 출판사가 바뀌는 경우나 초판 출간 30주년 기념 등 특별한 의미를 담아 재출판하는 경우 새로운 서문을 첨부하기도 했다. 『경제인의 종말』의 경우 1939년 존 데이출판사 초판 서문에 이어 1969년 재출판 서문, 1994년 트란젝션출판사 서문, 2003년 『경영의 지배 A Functioning Society』에 삽입된 해설 등 무두 네 편의 서문을 썼다.

『경제인의 종말』이 출판된 지 30년 후, 그러니까 드러커의 분석과 예언이 대부분 그대로 실현된 후인 1969년 존 데이출판사에서 이 책을 재출간할 때 드러커는 30년 동안의 사태발전을 평가했다. 그리고 유럽의 대중이 절망적으로 전체주의에 빠져든 이유, 히틀러의 유대인 절멸과 스탈린과의 협력 예언, 전체주의는 새로운 이념의 등장이 아니라 새로운 권력의 등장이라는 것, 내세를 강조하는 기독교의 실패와 사회복음의 등장, 마르크스주의 혁명의 의미는 혁명은 폭군을 다른 폭군으로 바꾸는 것이라는 사실을 밝혔다.

그리고 자본주의는 계속 성과를 올리고 있으며, 공산주의의 '불가피한 혁명'은 없다는 것은 물론 마르크스주의는 시체가 된 후 유럽의 정치 무대를 더 넓게 지배했고, 1930년대 자유 사회의 리더십 부족이 전체주의의 등장을 촉진했으며, 전체주의는 완전히 사라진 악몽이 아니라는 것 자신의 통찰이 옳았음을 재평가하고 미래에 대한 경고도 담았다.

"30년도 더 전인 1939년 초 『경제인의 종말』이 처음 출판되었을 때 책 내용이 전체주의에 대한 전통적인 지식과 부합하지 않았기 때문에 큰 충격을 던졌다. 물론 그것은 전체주의적 신조에 대해 무조건적 거부를 했다는 것, 심지어 나치즘이 자격도 없고 정상을 참작할 여지가 없다고 주장한 것 때문에 그런 것은 결코 아니었다. 당시 수백 권에 달하는 다른 책들은 모두 제2차 세계대전 이전 시대의 히틀러에 대해서는 설명하지 않았다. 다른 많은 책들은 나치즘의 거짓 역사를 '독일 국민성의 표현'으로 보았거나 나치즘과 파시즘을 '죽어가는 자본주의의 최후의 발악'으로 보았다. 그리고 마르크스 사회주의를 미래의 구세주로 묘사했다.

하지만 나는 이 책에서는 '국민성'에 기초한 해석은 지적 허구로 치부하고 무시해버렸다. 국민성 혹은 국민 역사는 사람이 어떻게 행동하는지 설명할 수 있을지는 모르지만, 사람이 무엇을 하는지는 설명할 수 없다. 나는 나치즘과 파시즘을 유럽의 정치체제가 앓고 있는 만성적 질병으로 진단했고, 마르크스주의를 미래의 구세주로 묘사하기는커녕 마르크스주의의 실패야말로 유럽의 대중이 절망적으로 전체주의에 빠져들게 한 주요 이유라고 단언했다."

이런 관점, 그리고 그것들이 유도해내는 결론은 1930년대에는 너무도 색다른 주장이어서 드러커 자신도 출판을 망설였다. 이런 주요 주제들을 담고 있는 최초의 원고는 실제로는 히틀러가 권력을 잡은 해인 1933년 완성되었다. 드러커에게는 그 결론이 당연한 것으로 보였지만, 그 결론을 실제 사건들을 바탕으로 검증할 수 있기 전까지는 원고를 보류하기로 결정했다. 하지만 1930년대 말경 국제정세의 사태발전으로 드러커의 분석과 전망이, 예를 들면 히틀러의 반유대주의는 내부 논리에 따라 모든 유대인을 죽이는 '최후의 해결책'으로 이어지리라는 것, 서구의 엄청난 규모의 군대라도 독일에 효과적으로 저항하지 못하리라는 것, 스탈린은 결국 히틀러와 불가침조약을 맺게 되리라는 것 등이 옳다는 것이 증명된 후에도 선뜻 출판하려고 나서는 출판사가 없었다. 그 이유는 드러커의 결론이 너무도 '극단적'이었기 때문이다.

1938년 가을 뮌헨회담이 끝나고 나서야 그 당시 존 데이출판사의 대표인 고 리처드 월시Richard J. Walsh 경이 드러커의 원고를 겨우 받아들였다. 당시에 월시 경조차도 그런 '극단적인 결론'에 대해 완화어법을 쓰도록 종용했고 결론이 직접 도출되기보다는 넌지시 암시되도록 요구했다.

드러커의 『경제인의 종말』이 1939년 봄 처음 출판되고 6개월 후 스탈린은 히틀러와 동맹을 맺었다. 드러커가 예측한 대로다. 그로부터 또 12개월이 지난 1940년 5월 27일, 영국군은 도버 해협에 임한 프랑스 도시 됭케르크Dunkirk에서 독일군에게 포위되어 필사의 철수 작전을 벌였고, 프랑스는 함락되었다.

영국은 나치의 사악함에 맞서 싸우기로 결정한 최초의 국가가 되었고, 전시 수상으로 취임한 처칠은 『경제인의 종말』을 영국 사관생도들이 읽어야 할 필수 정치학 서적으로 선택했다.

『경제인의 종말』은 영국에서 엄청난 성공을 거두었다. 그것은 오직 우연한 사건 때문이었다. 그것은 처칠 덕분이었다. 처칠은 이 책에 대한 강렬한 서평을 (런던의) 『타임스 리터러리 서플먼트Times Literary Supplement』에 기고했다. 그는 칼럼에서 내 책을 계속 논쟁거리로 삼았다. 약 15개월 후 됭케르크 철수 작전 직후에 수상이 된 처칠은 영국의 모든 사관생도에게 이 책을 한 권씩 배부하도록 명했다. 『경제인의 종말』은 구색을 맞춘다는 이유로 영국 전쟁국이 추천한 루이스 캐롤의 『이상한 나라의 앨리스』와 한 짝으로 지급되었다.

1930년대 자유사회의 리더십 부족이 전체주의의 등장을 촉진했다

『경제인의 종말』에서 분명히 전달하고 있는 1930년대 현실 가운데 마지막은 당시 세계에는 리더십이 확실히 부족했다는 것이다. 정치무대는 인물들로 가득 차 있었다. 그토록 많은 정치가가 그렇게도 열정적으로 일한 적이 한 번도 없었던 것 같다. 그들 가운데 꽤나 많은 정치가가 점잖은 이들이었고 몇몇은 매우 유능했다. 그러나 암흑의 쌍둥이 왕자들인 히틀러와 스탈린을 제외하면 그들은 모두 안타깝게도 너무도 평범해 보였다. 예컨대 히틀러가 권력을 잡는 데 기여했으며, 오스트리아, 터키 등지의 대사로 있으면서 이들 국가가 친新나치국가가 되도록 노력한 프란츠 파펜Franz von Papen, 제2차 세계대전 때 비시 프랑스를 이끌어 독일에 협조했으며 이로써 반역자로 처형된 피에르 라발Pierre Laval, 제2차 세계대전 중 독일군이 노르웨이를 점령하는 데 협력하여 '반역자'의 대명사가 된 비드쿤 퀴슬링Vidkun Quisling 등은 어리석은 판단에 따라 더러운 배신을 한 난쟁이들이었다.

오늘날 사람들은 '그러나 당시 처칠이 있었지 않은가?'라고 항의할 것이다. 분명히 말하건대, 전체주의라는 악의 세력에 대항하여 맞서 싸운 유럽의 지도자로서 처칠의 등장은 결정적 사건이었다. 처칠 자신의 표현을 빌리면 그것은 '운명의 갈림길'이었다.

오늘날의 독자들은 처칠의 중요성을 과소평가하는 것 같다. 됭케르크 철수작전과 프랑스 함락 이후 처칠이 세상의 모든 자유 국가의 지도자로 등장하기 전까지 히틀러는 분명 아무런 실수도 하지 않고 전진했다. 처칠이 등장한 후 히틀러는 영원히 감각을 잃어버렸고, 특유한 타이밍 감각이라든지, 모든 적의 사소한 움직임마저 예상할 수 있는 초인적 능력을 다시는 회복하지 못했다. 1930년대의 빈틈없는 계산기가 1940년대 초에 들어와서는 난폭하고도 통제할 수 없는 도박꾼이 된 것이다.

그 당시 처칠이 없었다면 나치가 유럽을 지배하게 되고 그때까지는 대체로 온존했던 유럽의 식민 제국들이 나치 치하로 넘어가는 것을 체념했을지도 모른다. 처칠이 나치를 분쇄하지 않았더라면 구소련조차도 나치의 침공을 막아내지 못했을 것이다. 처칠이 제공한 도덕적 권위, 가치에 대한 믿음, 이성적 행동의 타당성은 유럽이 필요로 하는 것과 정확히 일치했다. 드러커는 『경제인의 종말』에서 처칠을 존경받을 만한 인물로 묘사했다. 하지만 1939년 상황에서 처칠의 등장은 기적 같은 일이었다. 그러나 그것은 훗날 밝혀진 것이다.

1969년 드러커는 다음과 같이 회고했다.

"그 당시 내가 쓴 것을 지금 읽어보면, 나는 처칠이 리더십을 발휘할 위치에 등장하기를 은밀히 바랐던 것 같은 느낌도 든다. 하지만 1939년 처칠은 한물간 사람이었다. 그는 1874년생이었으므로 곧 70줄이 될 힘없는 늙은이였다. 자신의 열정적인 수사학에도 불구하고 (혹은 그 때문에) 듣는 사람들을 지겹게만 하는 불행한 일만 예언하는 카산드라 Cassandra 격이었고, 상대가 아무리 강했다 하더라도 두 번이나 선거에서 떨어진 적이 있어 공직에는 적합하지 않다는 사실을 스스로 증명한 사람이었다. 심지어 1940년 '뮌헨회담에 참가한 영국의 정치인들'이 프랑스의 함락과 됭케르크 철수에 책임을 지고 모조리 물러났을 때에도 처칠은 결코 당연한 후임자가 아니었다. 다른 몇몇 사람이 후임 총리로 거명되고 있었다. 그리고 실제로 그 가운데 한두 명은 '내부 연줄'을 동원하고는 임명받기 직전에 있었다."

1940년, 그러니까 『경제인의 종말』이 처음 출판되고 1년도 더 지나 처칠이 등장한 것은 이 책이 간절하게 기도했고 기대했던 기본적인 도덕적·정치적 가치의 도래를 재확인하는 것이었다. 하지만 『경제인의 종말』이 출판된 1939년에 사람들이 할 수 있었던 일은 오직 기도하고 기다리는 것뿐이었다. 현실에는 리더십의 부재, 확신의 부재는 물론 가치와 원칙을 지닌 사람들이 없었다.

마르크스주의는 시체가 된 후 유럽의 정치 무대를 더 넓게 지배했다

『경제인의 종말』에 묘사된 1930년대의 한 가지 특징은(오늘날 사람들은 상상하기 어렵겠지만) 시대의 흐름이라는 측면에서, 철학과 시대적 정서라는 측면에서 마르크스주의가 주역을 하고 있었다. 하지만 『경제인의 종말』은 마르크스주의는 이미 실패했고 또한 선진 공업국가들에서는 정녕코 모든 타당성을 상실했다는 사실을 선포했다. 그리고 그것을 증명하려고 노력했다.

마르크스주의는 『경제인의 종말』이 출판되고 거의 20년 후에 등장한 어떤 책의 제목을 따서 표현하면, 이미 '실패한 신the God that failed'

이었다. 마르크스주의가 창조력을 발휘한 시대는 제1차 세계대전으로 종말을 맞았다. 그 이전 수십 년 동안 마르크스주의는 유럽의 정치, 사회, 경제에서 모든 창조적 사고를 자극하는 원천이었다. 그 당시 심지어 '반마르크스주의자들anti-Marxists' 조차도 자신들의 위치를 마르크스와의 관계 하에서 규정해야만 했다. 그리고 제1차 세계대전 이전 수십 년 동안 유럽에는 '비마르크스주의자들non-Marxists'은 존재하지 않았다. 사회주의 인터내셔널이 제1차 세계대전을 회피하거나 수습하는 일에 실패한 후 1918년 제1차 세계대전이 승전국이든 패전국이든 간에 유럽 대륙 국가들에 다 같이 안겨준 파괴와 혼란에도 불구하고, 공산주의는 유럽의 어느 한 선진국에서도 권력을 잡는 데 실패했다. 그 후 마르크스주의는 활기를 급속히 잃었으며 의식화儀式化되긴 했지만 의미 없는 노래만 부르는 격이 되고 말았다.

1914년 이전에는 마르크스주의에 매료당했던 지적 엘리트들이 1918년 이후에는 그것을 모두 버리고 새로운 지도자들과 새로운 사상을 찾아 몰려들었다. 새로운 지적 등불을 밝히는 가장 뛰어난 몇몇 사람을 언급하면, 독일의 막스 베버Max Weber, 프랑스의 신토마스주의neo-Thomism*, 오스트리아의 지그문트 프로이트Sigmund Freud 등이 있었다. 이들은 모두 '반마르크스주의자'는 아니었으며 마르크스는 지적 등불로서 대체로 적합한 사람이 아니라고 간주했다.

간단히 말해 1914년 이전에는 사상가들과 정치 지도자들을 은하수처럼 많이 배출한 마르크스주의가 제1차 세계대전 이후에는 지식인

---

* 토마스 아퀴나스가 세운 철학과 신학의 체계를 현대에 부활한 이론.

계층에서 단 한 명의 뛰어난 인물도, 심지어 이류의 인물도 배출하지 못했다. 그러나 마르크스주의가 지식인 계층에서 신뢰와 창의력을 급속도로 상실한 반면, 대중에게는 인기를 얻어갔다. 1950년대 중반 미국에서 마르크스주의는 이제 '지식인들'을 위한 '목돈'이 아니었고, '중간계급'을 위한 '거스름돈'으로 자주 사용되었다.

마르크스주의는 선거에 의하든 혹은 혁명으로든 간에 더 이상 권력을 잡거나 추종자를 모으기 위해 자신을 효과적으로 조직할 수 없었다. 그러나 마르크스주의적 선동가들은 뻔뻔스럽게도 마르크스주의의 수사학을 사용했다.

이런 현상은 심지어 미국에서도 일어났다. 마르크스주의가 창의력을 발휘하던 시대에는 정작 그것은 미국에는 아무런 영향을 주지 못했다. 그 당시에는 마르크스주의에 조금이라도 영향을 받은 일류 미국 사상가도, 미국 정치가도 없었다. 심지어 이류로 분류될 사람들 가운데도 그런 사람은 없었다. 그러나 1930년대 후반과 1940년대 초반 마르크스주의가 붕괴될 무렵, 마르크스의 주장은 갑자기 사이비 지식인들에게 수사학을 제공하기 시작했다. 그리고 그 후 10년 동안 그들에게 사상과 분석의 대체제 역할을 했다.

달리 말하면 '실패한 신' 마르크스주의는 그것이 세속 종교로 그 전성기를 누리고 있을 때보다도 시체가 된 후에 유럽의 정치 무대를 더욱더 넓게 지배하였다. 그리고 마르크스주의의 위협이나 약속보다는 실패가 전체주의를 등장하게 하는 중심 요소이고 대중이 전체주의적 절망으로 도피하게 하는 주요 이유라는 사실을 『경제인의 종말』에서 분명히 지적했다.

해나 아렌트의 『전체주의의 기원』과 드러커의 『경제인의 종말』

해나 아렌트Hannah Arendt는 철학자로 불린다. 하지만 아렌트 자신은 그런 호칭을 거절했다. 그는 대신에 자신을 정치이론가로 정의했다. 아렌트는 1951년, 홀로코스트라는 극악무도한 참상에 대한 보고서인 『전체주의의 기원The Origins of Totalitarianism』을 발표했다. 이 책은 사상의 역사에 관한 훌륭한 저술이다. 하지만 이 책은 눈에 띄게 비정치적이고, 거의 전적으로 독일 고전철학의 형이상학 체계의 쇠퇴와 해체만 다뤘으며 철저히 비정치적인 저술이다. 아렌트는 유럽인의, 특히 독일 지식인의 약점 중 하나가 그들이 사회와 정부의 현실을 경멸한다는 것, 그리고 권력과 정치 프로세스에 무관심한 것이라고 지적했다. 아렌트는 히틀러와 나치즘 등장의 책임을 19세기 초 독일의 철학자들, 예컨대 요한 고틀리프 피히테Johann Gottlieb Fichte, 셸링, 헤겔에게 돌리고 있다.

아렌트의 책은 『경제인의 종말』을 제외하고는 '무엇이 전체주의를 야기했는가, 그리고 무엇이 전체주의를 확산시켰는가?'라는 질문에 관심을 보인 저술로는 유일하다. 아렌트는 계급사회의 붕괴로 생긴 '대중'의 등장을 전체주의의 실질적인 배경으로 보았다.

대중이 없으면 전체주의적 운동이 일어날 수 없으며, 전체주의적 운동이 없이는 전체주의적 국가체제가 형성될 수 없다. '조직되지 않고 구조화되지 않은 대중, 절망적이고 증오로 가득 찬 개인들의 대중'은 지도자에게서 구원을 기대한다. 전체주의 정권은 대중을 통솔하고 끝까지 대중의 지지에 의존한다.

따라서 전체주의의 핵심 목표는 대중운동을 끊임없이 유지하는 일이며, 전체주의 정권은 개인을 쓸모없는 '잉여 존재'로 만드는 정치적 도구를 이용하여 대중을 양산한다.

이러한 현상을 설명하기 위해 아렌트는 조직되지 않은 거대한 폭력적 군중을 의미하는 '폭민'이라는 개념을 사용한다. 폭민은 계급과 국가, 어떤 공동체에도 속하지 않고 조직되지 않은 잉여 집단이다. 전체주의 정권은 인간 개개인을 무용지물로 만들어 각각의 개성을 말살한다. 국민은 하나의 부품에 불과하게 된 것이다. 지금도 전체주의의 위협이 여전히 유효한 까닭이 여기에 있다. 사회 구성원들이 원자화되어감에 따라 맹목적인 대중이 끊임없이 양산되기 때문이다.

노예가 인간이 아닌 이유는 자유를 빼앗겨서가 아니라 자유를 위해 싸울 수 있는 가능성을 빼앗겼기 때문이다. 하지만 노예는 주인과 관계라도 맺었지만 사회와 아무런 관계도 맺지 못하고 자유를 위해 싸울 수 있는 가능성마저 빼앗긴 대중의 무리는 노예보다 못한 삶을 산다고 할 수 있다. 아렌트는 이처럼 인간이 쓸모없어지는 상황이 만들어졌을 때, 인간을 무용지물로 만드는 사전 작업이 수행될 때 비로소 전체주의는 태동하기 시작한다고 보았다.

1920년대, 1930년대, 1940년대 유럽에 관한 문헌들이 부족하지 않다. 이 시기를 제외하면 역사상 어느 시기도 인쇄물의 홍수 시대라고 불러서는 안 될 정도로 이 시기에는 특징 인물의 비망록과 전기, 동시대의 선거 캠페인과 국제회의와 관련된 상세한 전문 단행본, 전쟁과 전투의 작전과 지휘관에 대한 저술들이 넘쳐났다. 독소불가침 조약 협정(1939년 8월 23일)에서부터 1941년 6월 22일 독일의 구소련

침공에 이르는 2년 동안의 독소 관계에 대해서만 해도 100권 이상의 저술이 있다.

하지만 『경제인의 종말』을 제외하면 전체주의가 융성한 것에 대해 설명한 책은 단 한 권도 없었다. 전체주의를 정치적·사회적 현상으로 설명하거나 전체주의의 융성과 관련된 역학을 정치적·군사적 지배로 분석하려고 시도한 책은 단 한 권도 없었다. 하지만 서구 역사에서 유럽의 전통적인 정치적 가치를 하나같이 부정하는 정치적 신조인 전체주의가 돌연 등장한 사실, 그리고 적어도 서구에서는 처음으로 개인의 존엄성을 아예 철저히 부정하는 정치체제인 전체주의가 갑자기 등장한 사실보다 더 분석과 설명이 필요한 것도 없다.

드러커가 이 책에서 '1930년대의 현실'이라고 명명한 것들, 예컨대 유럽 중심의 세계관, 마르크스주의의 쇠퇴의 보편화, 심지어 평범한 수준의 역량을 갖춘 리더십마저 부족했다는 사실 등을 아렌트는 거론하지 않았다. 아렌트와 드러커의 결정적 차이는 『경제인의 종말』의 첫 문장 '이것은 정치 서적이다'에서 잘 나타난다.

**전체주의는 완전히 사라진 악몽이 아니다 :
또 다른 최종 해결책을 방지하기 위해**

오늘날 양차 대전 사이의 시기를 사는 사람들, 특히 1930년대를 여전히 자신과 '동시대'로 생각하는 사람들, 다시 말해 악몽에서 깨어난 다음 날 아침에 사는 사람들은 급속히 줄어들고 있다. 지금 60대 혹은 그 이하 사람들 누구에게나 1930년대는 자신들과 관계가 없는 시대, 즉 '지나간 역사'다. 그러므로 60대 혹은 그 이하 사람들에게 양차 대전 사이의 시기를, 특히 1930년대를 어떻게 설명할 것인가 하는 질문은 의미가 있으면서 이해하기 쉬운 어쩌면 매우 중요한 질문이다. 따라서 드러커가 『경제인의 종말』에서 꾀한 시도는 다시 의미를 갖게 된다.

『경제인의 종말』이 처음 출판된 후 1930년대 말의 전체주의에 대해 이해하고 설명하려는 시도가 없었던 다른 이유는 아마도 그런 시도가 불필요하다고 생각했기 때문일 것이다. 우리는 전체주의라는 특수한 질병은 치료를 마쳤고 더는 관계가 없다고 생각했다. 이런 믿음은 서구에서만 공통적이고 히틀러와 그의 나치당에만 적용되는 것이 아니었다. 구소련에서도 너무도 많은 사람이 '스탈린 시대는 다시 돌아올 수 없다'라고 확실히 믿고 있다.

21세기 초에도 많은 위험과 공포가 존재한다는 사실은 분명하다. 그러나 많은 사람이 히틀러식의, 그리고 스탈린식의 전체주의는 21세기의 위험과 공포 속에는 분명히 포함되지 않는다고 생각한다. 그러니 앞으로 되풀이되지 않을 어떤 것에 대해 고민할 필요가 어디 있겠는가?

하지만 우리는 그렇게 확신할 수 있을까? 혹시 전체주의가 다시 우리를 압도할지도 모른다는 징후는 주변에 없는가? 우리 시대의 문제들은 1930년대의 그것들과 매우 다르다. 우리의 현실도 마찬가지다. 하지만 우리 시대의 문제들에 대해 우리가 보인 반응 중 일부는 불길하게도 유럽을 히틀러의 전체주의로, 그리고 이윽고 제2차 세계대전으로 몰고 간 '대중의 절망'을 반영하고 있다. 예컨대 일부 집단들, 백인이든 흑인이든 간에 인종차별주의자들뿐만 아니라 소위 좌파 '행동주의' 학생들 가운데 일부의 행동은 놀라울 정도로 히틀러의 돌격대와 닮았다. 허버트 마르쿠제Herbert Marcuse는 마르크스주의적 비판철학과 20세기 서구사회에 대한 프로이트적 심리학 분석으로 인기가 있었다. 특히 1968년 유럽과 미국 대학에서 일어난 반체제 학생운동을 추진한 좌익급진파 학생들에게 그랬다. 또 다른 일부 집단은 어떤 사람에게도 발언의 자유를 포함하여 어떤 권리도 허용하지 않거나, 인격 말살운동을 벌이거나, 파괴와 야만적인 행동을 즐기고 있다. 그런 집단들이 사용하는 수사학을 보면 히틀러의 연설과 가증스러울 정도로 닮았고 권좌에 있는 마지막 10년간(1966~1976) 문화대혁명을 일으킨 마오쩌둥의 선동과 유사하다. 히틀러와 마오쩌둥과 마르쿠제 같은 증오의 예언자들에게 공통적인 것은 음산한 허무주의다.

오늘날에도 관찰되는 허무주의적 행동 집단의 직계 조상은 1910년에서 1930년 사이에 일어난 '독일의 청년운동'이다. 독일의 청년운동은 이상적인 '사회주의'로 출발했으나 히틀러에게 가장 광신적인 핵심 추종자들을 공급하는 것으로 끝났다는 사실을 기억해야만 한다. 무엇보다도 그런 집단들은 '우익'이든 '좌익'이든 간에 전체주의자들과 마찬가지로 체제 거부만이 적극적인 정책이라고 믿고 있다. 동정심을 갖는 것은 약한 사람이나 할 짓으로 여기며 권력을 추구하기 위해 이상주의를 조작하는 것을 '이상적'으로 생각한다.

인종차별주의자들과 좌파 '행동주의' 학생들은 1930~1940년대에 경험한 바에서 커다란 교훈을 배우지 못했다. 증오가 절망에 대한 해답이 아니라는 사실을 배우지 못했다는 말이다. '오늘날의 허무주의적 행동 집단' 역시 이상주의로 출발했는지는 모르지만 결국 새로운 광신자에게 추종자들을 공급하고 말 것이다.

『경제인의 종말』이 다룬 문제들은 분명 어제 있었던 일이다. 확실히 역사이고 60년 전의 문제인 것은 명백하다. 그러나 오늘날에도 적용할 수 있는 한 가지 교훈은 허무주의로 도피함으로써 문제를 회피하는 것은 전제정치를 하려는 과대망상 환자를 초대하는 원인이 된다는 것이다.

이 책은 전체주의자들은 아무것도 해결하지 못한다는 것을 보여준다. 그 반대로 전체주의에서는 문제가 훨씬 더 악화되고 삶은 더욱더 악몽 같이 되고 만다. 분명히 말하건대, 우리가 살고 있는 세상은 아마도 우리 이전의 모든 사회도 그러했겠지만 비정상이다. 하지만 과대망상 환자를 초빙하는 것이 비정상적인 세상을 고치는 치료법은 아니다. 그 반대로 비정상적인 환경에서 삶을 살 수 있도록 만들기 위해 필요한 것은 정신건강의 회복이다.

그 어느 때보다 지금 더

드러커는 『경제인의 종말』에서 1920년대 사회를 옹호하려거나 그 당시의 문제와 질병과 해악을 변명하려고 시도하지 않았다. 하지만 드러커는 '기존 질서'의 전면적 부정이 초래할 결과가 무엇인지, 다시 말해 '부정하는 것' 자체가 적절한 대답이라거나 대답이라고 믿는 것이 초래할 결과가 무엇인지 보여주려고 노력했다.

어제의 전체주의의 역동성을 이해하는 것은 우리가 오늘을 더 잘 이해하는 데 도움이 될 것이다. 그리고 어제의 것이 재발하는 것을 예방하는 데 도움이 될 것이다. 드러커가 무엇보다도 바란 것은, 오늘의 젊은이들은 어제의 전체주의의 역동성을 이해함으로써 그들의 이상주의가, 세상의 공포에 대한 순수한 고뇌가, 그리고 더 나은 멋진 내일에 대한 희구를 건설적인 행동으로 표출하는 데 도움을 받으리라는 것이다. 60년 전 그들의 선배들처럼 전체주의적 허무주의에 빠지지 않고서 말이다.

왜냐하면 전체주의적 허무주의가 이끄는 길의 끝에는 오직 가스실과 살인수용소를 가진 또 다른 히틀러와 또 다른 '최종 해결책(유대인 학살)'만이 있을 뿐이기 때문이다.

『경제인의 종말』은 비록 70년 전에 출판되었지만 여전히 많은 사람이 읽고 있고 또 인용되고 있다. 나는 특히 이 책이 처음 출간되었을 때는 아직 태어나지 않았을 젊은이들은 물론이고 더 많은 일반 독자층이 이 책을 접할 수 있도록 해야 할 시점이 왔다고 생각한다.

드러커는 우리가 살고 있는 다원사회의 새로운 조직들, 예컨대 정부기관, 기업조직, 노동조합, 병원, 기타 여러 조직과 그런 조직들의 구조와 경영에 대해 연구했다. 지식과 학습과 지각의 추세를 예상하고 또 분석했다. 미국이라는 '고학력 사회'에 살고 있는 고학력 젊은이들에게 필요한 기회, 욕구, 직업을 연구했다. 게다가 『경제인의 종말』은 오늘날을 사는 젊은이들에게 특별히 가장 적합한 책이다. 이 책은 젊은이들로 하여금 그들의 부모 세대가 인생에서 겪은 대재난을 피하기 위해서는 마땅히 알았어야만 하는 것을 이해하도록 도움을 주는 것으로만 그치지 않는다. 이 책은 오늘날의 세대가 인생에서 겪을 수 있는 또 다른 대재난을 피하는 데 도움을 줄 것이다.

05

경영은 사회기능이자 인문예술이다

인간은 지상에서
행복하게 살아야 한다

인간은 지상에서 행복하게 살 수 있다.
애덤 스미스

행복은 물질적 소비수준을 향상함으로써 달성된다.
피터 드러커

05

미제스의 질문과 드러커의 대답

1969년, 드러커는 『경제인의 종말』 출판 30주년 기념 서문에서 '전체주의는 완전히 사라진 악몽이 아니다'라고 강조했다. 전체주의는 전쟁의 공포와 실업에 대한 두려움 때문에 등장한 것이므로 결국 전체주의의 복귀와 확산을 막는 길은 풍요한 사회, 일자리 창출, 그리고 전쟁 억지력抑止力의 증가로 가능하다. 이런 필요에 따라 드러커는 기업이 생산성을 높이는 방법을 연구했다. 그 결과 1954년 『경영의 실제』를 펴냈다.

미제스는 제2차 세계대전이 발발한 후인 1940년 미국으로 건너와 1945년부터 1969년까지 뉴욕대학 초빙교수로 경제학을 가르쳤다. 1950년 가을 어느 날, 미제스는 뉴욕대학 엘리베이터에 함께 탄 드러커에게 이렇게 힐난했다.

"자네는 경제학자로서 전도유망한데 요즘 경영학Management을 연구한다고. 경영학이 무슨 학문이야?"

드러커는 자신의 처지를 다음과 같이 변명했다.

"인간의 행복을 증진하는 것은 궁극적으로 물질적 소비수준의 증대를 통해서입니다."

미제스는 한층 더 언성을 높였다.

"그걸 누가 모르나?"

철저한 자유주의 경제학자인 미제스는 1922년 이미 『사회주의』라는 저서에서 사회주의에서는 인간의 물질적 생활수준이 유지될 수 없을 뿐만 아니라 인간의 자유도 불가능하다고 주장했다. 또 대량수요가 대기업 경제를 번영시키는 토대라고 생각했다. 미제스는 하이에크가 사회주의를 버리고 자유주의자가 되는 데도 큰 영향을 주었다. 그래서 미제스는 드러커가 자신의 영향을 받아 우수한 경제학자가 되기를 바랐는지도 모른다. 그러나 드러커는 신념에 찬 목소리로 말했다.

"실질적으로 기업의 생산활동과 구성원들의 생산성을 향상하는 방법에 초점을 맞추는 학문은 경제학이 아니라 경영학입니다. 그리고 저는 다른 무엇보다도 생산현장에서 일하는 사람에게 관심을 갖고 있습니다."

드러커는 경제 성장을 하는 데 자본과 노동의 역할도 중요하지만 새로운 인간 집단인 경영자(드러커는 manager라는 용어 대신에 executive를 선호했다)가 경제적 자원을 잘 활용함으로써 인간의 소비생활을 향상할 수 있다는 신념을 피력한 것이다. 드러커는 애덤 스미스, 데이비드 리카도David Ricardo, 밀J. S. Mill, 마르크스 등은 위대한 경제학자였지만 기업경영을 경제학의 대상으로 삼지 않았음을 인식했다. 그들은 재화의 움직임을 연구하는 데 인간의 행동을 고려하지 않았기 때문이다. 그러나 드러커는 앨프리드 마셜Alfred Marshall이 토지와 자본과 노동에다 경영을 생산요소로 다룬 최초의 학자였다고 평가했다. 요컨대 드러커의 경제 경영사상의 밑바탕에는 미제스, 슘페터, 하이에크 등 아버지의 친구인 경제학자들의 자유주의적·보수주의적 영향이 넓게 자리 잡고 있다.

현대 경영학의 아버지

1990년 『하버드비즈니스리뷰HBR』에 「업무 리엔지니어링: 자동화할 것이 아니라 제거하라Reengineering Work: Don't Automate, Obliterate」를 발표하여 리엔지니어링Reengineering 경영기법을 널리 유행시킨 MIT대학 마이클 해머Michael Hammer 교수는 현대 경영학의 아버지 드러커의 업적을 칭송하면서 다음과 같이 말했다.

"도스토옙스키는 '러시아 근대문학은 아버지 고골리와 어머니 푸시킨에게서 나왔다'라고 말한 적이 있는데, 비유석으로 말하면 현대 경영학은 피터 드러커에게서 나왔다."

드러커는 66년에 걸친 긴 저술기간의 중간에 해당하는 1973년에 그때까지 집필한 경영사상을 총결신하는 방대한 분량의 획기적인 저서 『매니지먼트: 경영의 과업, 책임, 실제Management: Tasks, Responsibilities, Practices』를 발표했다. 많은 사람이 드러커를 현대 경영학의 아버지라고 부르게 된 데는 기업의 경영자가 수행해야 할 과업을 백과사전식으로 접근한 『매니지먼트: 경영의 과업, 책임, 실제』가 결정적인 영향을 미쳤다. 드러커는 1949년 말부터 뉴욕대학에 근무하면서 『경영의 실제』, 『창조하는 경영자』, 『자기경영노트』를 발표하여 현대 기업 경영의 이론과 실무 측면에서 큰 발자취를 남겼다. 1955년부터 1969년까지 미국 기술역사협회The Society for the History of Technology의 회장을 지냈다. 그리고 『매니지먼트: 경영의 과업, 책임, 실제』 이후로도 『혁신과 기업가정신』, 『21세기 지식경영』 등을 펴냈다.

경영자 : 재화와 용역의 생산성을 향상시켜 인간의 물질적 행복 수준을 높이는 사람

개인 경영자a manager는 모든 종류의 조직에 활력을 불어넣는 생명력의 원천이다. 경영자의 리더십이 없이는 모든 '생산요소'는 단지 자원 그 자체로 머무를 따름으로 결코 생산물이 될 수 없다. 자유경쟁 경제체제competitive economy 하에서는 무엇보다도 경영자의 자질과 능력이 그 조직의 성공과 생존을 결정한다. 왜냐하면 경영자의 자질과 능력이야말로 자유경쟁 경제체제의 기업이 보유할 수 있는 유일한 효과우위*이기 때문이다.

집합적 의미의 경영자management는 또한 산업사회가 갖고 있는 독특한 사회집단일 뿐만 아니라 사회를 이끌고 나가는 집단이다. 우리는 '자본'과 '노동'을 강조하지 않는 대신에 '경영'과 '노동'에 관하여 이야기한다. '자본의 책임'이라는 말은 '자본의 권리'라는 말과 함께 우리 사전에서 사라져버렸다. 그 대신 우리는 '경영자의 책임'과 '경영자의 특권'(용어의 필요성에 비해 이상하게도 잘 쓰이지 않는 말이다)에 대한 이야기를 자주 듣는다.

경영자가 현대사회에서 필수적 기관으로, 독특한 기관으로, 지도적 기관으로 등장한 것은 사회의 역사에서 획기적인 사건이다. 20세기 이후 등장한 어떤 새로운 기본적 기관이나 새로운 지도적 집단도, 그런 것이 있었다손 치더라도, 경영자 집단만큼이나 빨리 부각된 것은 거의 없다. 인류의 역사에서 하나의 새로운 기관이 등장한 후 '경영'처럼 급속히 필요불가결한 존재로 입증된 경우도 드물뿐더러 그처럼 별다른 반대도, 혼란도 없이, 그리고 논쟁을 겪지 않고 제자리를 잡은 기관은 더더욱 드물다.

경영자는 아마도 서구문명이 존속하는 한 사회의 기본적·지배적 기관으로 존속할 것이다. 경영자는 현대 산업사회 시스템의 본질상 필요할 뿐만 아니라 산업사회 시스템이 생산자원, 즉 인적 자원과 물적 자원을 위탁하고 있는 현대기업이 경영자를 필요로 하기 때문이다. 경영자는 또한 현대 서구사회의 기본적인 신념을 표현하고 있다. 경영자는 경제적 자원을 체계적으로 조직함으로써 인간의 생활을 향

---

*effective advantage는 어떤 조직이 다른 조직에 비해 목적달성 능력상 우위에 있음을 뜻하는 용어로 사용한다. 경쟁우위competitive advantage, 비교우위comparative advantage 등과 같은 수준의 용어이다.

상시킬 수 있다는 신념을 나타내고 있다. 경영자의 등장은 경제적 발전이 인간생활의 향상과 사회정의를 실현하는 가장 강력한 원동력이 될 수 있다는 신념을 단적으로 표현하는 것이다.

**물질의 증대는 인간정신의 발전을 위한 것이며,
마르크스의 유물론과 다르다**

"경영자는 경제적 자원을 체계적으로 조직함으로써 인간의 생활을 향상시킨다."

이 개념은 300여 년 전 조너선 스위프트 Jonathan Swift*가 한 다음의 말과 같다.

"그전까지는 단엽식물만 자라던 곳에 복엽식물을 자라게 하는 자는 그가 누구이든 간에 어떤 명상적 철학자나 형이상학적 체계의 창시자보다도 인류의 진보에 더 크게 공헌한 사람으로 대접받아야 한다."

물질은 인간정신을 발전시키기 위하여 이용될 수 있으며, 당연히 이용되어야만 한다는 신념은 인류 정신사에서 오래된 한 반대 축인 '유물론 materialism'**과는 전혀 다른 것이다.

사실 경영자가 물질을 이용하여 인간의 생활을 향상할 수 있다는 신념은 우리가 철학 용어로 항상 이해하고 있는 유물론과는 양립할

---

* 『걸리버 여행기』를 쓴 영국의 풍자작가
** 정신을 부정하고 물질적 원리만 주장하는 철학. 정신은 고도로 조직된 물질인 뇌의 소산이며, 인식은 뇌에 의한 사물현상의 반영이라고 주장한다.

수 없다. 그것은 새롭고 현대적이고 서구적인 것이다. 현대 서구사회 이전에는, 그리고 현대 서구사회 이외의 지역에서는 자원이란 항상 인간의 활동에 한계를 짓는 것으로, 인간이 그 환경을 지배하지 못하도록 제약하는 요소로 간주되었다. 사실 현대 서구사회를 제외한 모든 사회에서 경제적 변화는 사회와 개인 둘 다에게 위험한 것으로 간주해왔다. 따라서 정부의 첫 번째 책임은 경제를 변화시키지 않고 현 상태를 그대로 유지하는 것이라고 생각해왔다.

그러므로 경영자, 즉 자원을 생산적으로 변환시키는 사람, 다시 말해 경제를 조직적으로 발전시키는 특별한 책임을 맡은 사회기관은 현대사회의 기본적 시대정신을 반영하고 있는 것이다. 경영자는 진정 없어서는 안 될 존재다. 그리고 이것이 바로 경영자가 세상에 일단 등장하자 그렇게도 빨리 그리고 거의 아무런 저항도 없이 성장한 이유를 설명해준다.

국방을 위해서도 목표를 달성하는 경영자가 필요하다

앞으로도 경영자와 그의 능력, 성실성, 성과는 자유세계에 대해 결정적인 역할을 하게 될 것이다. 동시에 경영자에 대한 수요는 지속적으로 그리고 급격히 늘어날 것이다.

끝없이 계속되는 '냉전'*은 지속적인 경제발전이 없이는 감당할

---

* 『경영의 실제』는 1954년 출판된 사실을 염두에 둔 것이나.

수 없는 엄청난 전비 부담을 안겨주었다. 냉전은 평화 시의 경제를 성장시켜야 할 뿐만 아니라 국가의 군사적 필요성을 충족시킬 수 있는 능력을 요구한다. 냉전은 사실상 한순간의 명령에 따라 한 나라의 경제체제 전체를 '평화적 생산체제'에서 '전시 생산체제'로 즉시 바꿀 수 있는, 한 국가로서는 전례 없는 능력을 요구한다. 다시 말해 우리의 생존문제, 즉 국가방위와 외부침략을 해결해줄 사람은 무엇보다도 능력이 뛰어난 경영자들이다.

미국은 오늘날 경제적으로도 사회적으로도 세계의 선두주자다. 따라서 앞으로 경영자의 성과는 결정적으로 중요하게 될 것이다. 미국 이외의 나라들에서 경영자의 기능은 더욱 결정적이며 그 임무는 한층 더 중요하다. 유럽의 경제적 번영은 무엇보다도 유럽 경영자의 성과에 달려 있다.

또 과거 식민지로서 원료생산 국가였던 나라들이 자유국가로서 경제발전을 이룩할 수 있을지, 공산화될지는 유능하고도 책임감 있는 경영자를 신속하게 육성해낼 수 있는 능력에 달려 있다. 자유세계 모든 국가의 앞날은 경영자의 능력, 기술 책임감에 크게 의존하고 있다.

기업의 목적은 고객창조다

기업은 사람이 시작하고 경영하는 것이지, 어떠한 '강제적 세력 forces*'이 하는 것이 아니다. 기업의 목적은 '이익 최대화'가 아니다.

이익은 경제활동의 객관적 조건이지 합리적 근거는 아니다. 기업의 목적은 고객을 창조하는 것이다.

드러커는 시어스 로벅Sears Roebuck의 사례를 통해 기업경영에 대해 다음과 같은 결론을 내린다. 첫 번째 결론은 사업은 '강제적 세력들'이 운영하는 것이 아니라 사람이 시작하고 경영한다는 것이다. 강제적 힘은 경영자가 할 수 있는 일이 무엇인지 알려주고 경영자가 행동을 취할 수 있도록 기회를 창출해준다. 따라서 '경영자는 오직 시장의 힘에다 자신이 하는 사업을 적응시킬 뿐이다'라는 것보다 더 어리석은 말은 없다. 경영자는 그런 '강제적 세력들'을 파악하는 것으로만 그치지 않는다. 그들은 스스로 강제적 힘을 창출하기도 한다. 백수십 년 전 시어스를 하나의 기업으로 변화시키는 데 줄리우스 로젠월드Julius Rosenwald가 필요했듯이, 그리고 대공황과 제2차 세계대전을 치르는 동안 시어스의 기본 성격을 바꾸어 시어스가 성장과 성공을 보증하기 위해서는 로버트 우드Robert E. Wood 장군이 필요했듯이 시어스가 앞으로도 계속 번영할지 쇠퇴할지, 시어스가 살아남을지 궁극적으로 사라지고 말지를 결정지을 판단을 내리려면 누군가가 필요할 것이다. 아마도 꽤 많은 사람이 필요할 것이다. 그리고 이것은 모든 사업에 적용되는 말이다.

두 번째 결론은 기업이란 이익의 관점으로만 규정하거나 설명할 수 없다는 점이다. 사업가들은 대부분 기업이란 무엇인가, 하는 질문을 받으면 '이익을 창출하기 위한 조직'이라고 대답하곤 한다. 그리

---

* 시장, 정부, 권력, 공황, 전쟁 등

고 경제학자들도 대부분 같은 대답을 할 확률이 높다. 하지만 이 대답은 잘못되었을 뿐만 아니라 질문과는 전혀 관련이 없는 대답이다.

마찬가지로 기업과 기업행동에 관한 경제 이론은 철저히 종말을 맞았다. '이익 최대화 maximization of profits' 이론은 단지 '싸게 사서 비싸게 판다'라는 오래된 격언을 복잡하게 표현한 것에 지나지 않는다. 이 이론은 리처드 시어스 Richard Sears 가 처음에 회사를 어떻게 운영했는지를 적절히 설명해주는 것이다.

기업에 이익과 수익성이 중요하지 않다는 것을 의미하는 것은 아니다. 수익성은 기업의 목표가 아니라 그런 것을 제한하는 요소라는 것을 의미한다. 이익은 기업행동과 기업 의사결정의 이유, 원인 혹은 합리적 근거가 아니라, 그것들이 타당한지를 검증하는 기준이다. 기업인들 대신에 대천사들이 경영자의 의자에 앉아 있다 해도 그들은 이익을 올리는 일에 개인적인 관심이 전혀 없는데도 수익성에 관심을 가지지 않을 수 없을 것이다. 그리고 그 점은 구소련의 국영기업을 운영하는 공산당 운영위원에게도 마찬가지로 적용된다. 왜냐하면 어떤 기업이라도 당면한 문제는 이익의 극대화가 아니라 경제활동에 따른 위험을 보상하기에 충분한 정도의 이익을 달성하는 것이고 그리하여 손실을 회피하는 것이기 때문이다.

애당초 이익 동기 profit motive 라고 하는 것이 있는지 하는 것도 매우 의심스럽다. 그것은 (애덤 스미스를 비롯한) 고전 경제학자들이 다르게는 설명할 수 없는 경제적 행동을 설명하기 위해 편의상 만든 개념이다. 이익 동기의 존재에 관한 한 부정적인 증거 이외에는 아무것도 발견된 것이 없다. 이익 동기 개념은 관련이 없는 것보다도 더 나쁘다. 그것은 해를 끼친다. 그것은 미국 사회가 이익의 본질을 오해하게 된 주요 이유다. 그리고 산업사회에서 위험한 질병들 가운데 하나인 이익에 대한 뿌리 깊은 적대감을 유발한 주요 이유다. 그것은 서구뿐만 아니라 미국에서도 기업의 본질, 기능, 그리고 목적을 이해하지 못하고 그 위에다 기초한 공공정책이 최악의 실패를 거둔 것에 주로 책임이 있다.

기업이란 무엇인지 알기 원한다면 우선 기업의 목적부터 다루지 않으면 안 된다. 그리고 기업의 목적은 사업 자체와는 별도로 존재해야만 한다. 사실, 기업이란 사회의 한 기관이기 때문에 사업의 목적은 사회 속에서 존재해야만 한다. 기업의 목적이 무엇인지에 대해서는 단 하나의 타당한 정의만 존재한다. 즉 '고객을 창조하는 것이다^{to} $^{create\ a\ customer}$.'

유효수요, 즉 구매력이 중요하다

시장은 창조주, 자연, 혹은 경제적 힘이 만들어주는 것이 아니라 사업가가 만든다. 그리고 사업가가 충족시켜주어야 하는 고객의 욕구는, 고객이 그것에 만족할 만한 수단을 갖기도 전부터 이미 그 필요성을 느끼고 있었을지도 모른다. 예컨대 기근이 들었을 때 식량이 필요한 것과 같이, 어떤 필요사항은 고객의 생명을 좌지우지하고 또 고객이 깨어 있는 동안 모든 생각을 지배한다. 하지만 그것은 현실에 앞선 이론적인 욕구에 지나지 않는다.

그러나 사업가가 활동함으로써 욕구를 유효 수요$^{\text{effective demand}}$로 만들 때 고객과 시장이 존재하게 된다. 고객의 욕구는 느끼지는 못하고 잠재되어 있었을 수도 있다. 기업이 광고, 판매활동 혹은 어떤 새로운 것을 발명하는 등 여러 활동을 통해 고객의 욕구를 일깨울 때까지는 전혀 욕구가 없을 수도 있다. 어떤 경우라도 고객을 창조하는 것은 기업의 활동이다.

기업이란 무엇인지를 결정하는 것은 고객이다. 고객만이 어떤 재화나 서비스에 대가를 지불할 의사를 갖고 있으므로, 경제적 자원들을 부富로 전환하고, 재료를 재화로 전환하도록 하기 때문이다. 사업가가 생각하는 자사의 생산품은 일차적으로 중요한 것이 아니다. 특히 사업의 미래와 사업의 성공에서 일차적으로 중요한 것이 아니다. 고객이 스스로 생각하기에 자신이 구입하고 있다고 생각하는 것, 즉 고객이 '가치'로 생각하는 것이 결정적으로 중요하다. 그것이야말로 기업이란 무엇인지를, 기업이 무엇을 생산하는지를, 기업이 번영할지를 결정한다.

고객은 사업의 토대이자 사업을 존속하도록 해준다. 고객만이 일자리를 제공한다. 그리고 사회가 부를 창출하는 자원을 기업에게 맡기는 것은 기업이 소비자가 필요로 하는 재화를 공급하도록 하기 위해서다.

고객을 창조하는 것이 사업하는 목적이다. 따라서 모든 기업은 두 가지 기본적인 기능을 갖고 있다. 즉 마케팅과 혁신이다. 그것이 바로 혁신적인 기업가^{entrepreneurial}의 기능이다.

마케팅 : 구매력 창출 활동

마케팅을 기업의 고유하고도 중심적인 기능으로 분명하게 파악하고, 고객의 창조를 경영자가 해야 할 구체적인 과업으로 인식한 최초의 인물은 사이러스 매코믹Cyrus McCormick이다. 기업 관련 역사책에는 단지 그가 기계식 수확기를 발명했다고만 기록되어 있다. 하지만 그는 현대 마케팅의 기본적인 도구들, 예컨대 시장조사, 시장분석, 시장점유율 개념, 현대적인 가격정책, 현대적인 서비스맨 정신과 세일즈맨 정신, 고객에게 부품과 애프터서비스 제공, 할부판매와 할부금융 등을 고안해냈다.

매코믹은 가난한 농부들에게 수확기를 할부로 판매하여 농부들의 미래 수익으로 수확기를 구입할 수 있게 했다. 달리 말해 할부판매라는 마케팅으로 구매력을 창출한 것이다. 매코믹은 진정 기업경영의 아버지였다. 그는 앞서 말한 마케팅 활동을 1850년까지 모두 해냈다. 그의 아이디어가 미국에서 폭넓게 받아들여진 것은 그 후 50년이나 지나서였다. 미국 경제 역사상 1900년 이후에 일어난 경제적 혁명은 주로 미국 경영자는 창조적·공격적·선구적 마케팅을 수행해야 할 책임이 있다는 자각에 따라 일어난 마케팅 혁명이었다. 당시 마케팅에 대한 미국 기업가들의 전형적인 태도는 여전히 다음과 같았다.

"판매부는 공장이 만드는 물건이면 무엇이든 판매할 것이다."

오늘날 그것은 차츰 다음과 같이 바뀌고 있다.

"시장이 요구하는 것을 생산하는 것이 우리가 할 일이다."

마케팅의 중요성을 충분히 이해하려면 '판매' 행위는 비천한 것으로 기생충 같은 행위라는 뿌리 깊은 사회적 편견을 극복해야 한다. 그리고 '생산' 활동을 점잖은 것으로 선호하고, 그리하여 생산을 사업의 주요하고도 결정적인 기능으로 간주하는 이론적 모순을 극복해야만 한다. 사실 마케팅은 너무도 기본적이어서 기업이 강력한 판매 담당 부서를 두고 그 부서에 마케팅 기능을 부여하는 것만으로는 충분하지 않다. 마케팅은 판매보다 범위가 훨씬 더 넓을 뿐 아니라 하나의 특수한 활동만 의미하는 것이 아니다. 기업의 최종적인 결과라는 관점에서 보면, 즉 고객의 관점에서 보면 기업 활동 전체다. 그러므로 마케팅에 대한 관심과 책임은 기업의 모든 활동 영역에 스며들어 있다.

혁신 : 경제성장의 기관차로서 기업가의 역할

물론 마케팅 기능 하나만으로 기업이 제 할 일을 다할 수는 없다. 정태적 경제 static economy 하에서 '기업'은 없다. 그런 경제에서는 심지어 '기업가'도 없다. 왜냐하면 정체 사회의 '중개인'은 단지 자신이 한 일에 대한 보상을 수수료 형식으로만 받는 '브로커'에 지나지 않기 때문이다.

기업은 오직 확장하는 경제체제 하에서만 존재할 수 있다. 혹은 적어도 변화를 자연스러운 동시에 바람직한 것으로 취급하는 사회에서만 존재할 수 있다. 기업은 성장, 확대, 변화를 실천하는 구체적인 기관이다.

그러므로 기업의 두 번째 기능은 '혁신innovation'이다. 이는 좀 더 좋은, 더 많은 재화와 서비스를 더 많이 공급하는 것을 의미한다. 좋은 경제적 재화와 서비스를 제공하는 것만으로는 기업이 제 역할을 다하는 것이 아니다. 기업은 더 좋고 더 나은 경제적 재화와 서비스를 제공하지 않으면 안 된다. 기업이 꼭 더 커져야 할 필요는 없다. 그러나 기업이 꾸준히 더 좋아져야 하는 것은 필수적이다.

혁신은 더 낮은 가격으로 판매하는 것을 의미할 수도 있다. 이것이 경제학자들이 가장 관심을 갖는 부분이다. 그것은 경제학자가 자신이 갖고 있는 계량적 도구로 파악할 수 있는 유일한 것이라는 단순한 이유 때문이다. 그러나 혁신은 또한 새로운 제품이나 더 나은 제품일 수도 있다. 그 경우 심지어 가격은 더 높을 수도 있다. 혁신은 새롭고 편리한 기구의 발명 혹은 새로운 욕구의 창출일 수도 있다. 그것은 기존의 제품에서 새로운 용도를 발견하는 것일 수도 있다.

음식이 얼어붙는 것을 막을 수 있다며 에스키모인에게 냉장고를 판매하는 데 성공한 세일즈맨은 새로운 프로세스를 개발하거나 새로운 제품을 발명한 것만큼 큰일을 해낸 '혁신기업가'다. 에스키모인이 음식을 너무 차갑지 않게 보관할 수 있도록 냉장고를 판매한 것은 새로운 시장을 발견한 것이다. 음식이 너무 얼지 않게 하는 용도로 냉장고를 판매한 것은 사실상 '새로운 제품'을 만든 것이나 마찬가지다. 물론 기술적으로는 동일하고 오래된 제품만 존재할 뿐이다. 하지만 경제적으로 볼 때 그것은 응당 혁신이다.

혁신은 곧장 사업의 전 영역에 걸쳐 추진된다. 혁신은 디자인, 제품, 마케팅 기법 등에도 추진할 수 있다. 혁신은 가격 인하 혹은 고객에 대한 서비스 등일 수도 있다. 혁신은 조직관리 혹은 경영 기법에서 추진할 수도 있다. 혁신은 기업가가 위험 사업을 새로이 추진할 수 있도록 새로운 보험 상품을 개발하는 것일 수도 있다. 미국 산업 역사상 지난 몇 년 동안 가장 효과적인 혁신은 아마도 매스컴에서 크게 각광을 받은 새로운 가전제품이나 화학제품 혹은 프로세스가 아니라 원재료의 관리와 경영자의 개발 분야에서 추진한 혁신일 것이다.

혁신은 온갖 형태의 기업에서 추진된다. 혁신은 제조업이나 엔지니어링 회사는 물론이고 은행업, 보험업, 소매업에서도 중요하다. 그러므로 기업 조직에서 혁신은 마케팅과 마찬가지로 더는 별도의 기능으로 간주할 수 없다. 혁신은 엔지니어링이나 연구 분야뿐만 아니라 기업 조직의 모든 분야, 모든 기능, 모든 활동에 걸쳐 추진된다. 되풀이하거니와 혁신은 제조업에만 국한되는 것이 아니다. 유통 분야의 혁신은 제조업의 혁신만큼이나 중요하다. 그리고 그 점은 보험 회사나 은행에서도 마찬가지다.

재화와 서비스에 초점을 맞추어 혁신을 시작할 때는 일반적으로 다른 부문과는 관련 없이 하나의 기능적 활동에만 초점을 맞추어 추진할 수 있다. 그 점은 엔지니어링이나 화학 분야에 강점이 있는 기업들에게는 언제나 적용되는 말이다.

마르크스의 오류

기업은 고객창조라는 목적을 수행하기 위해 부富를 창출하는 자원을 관리하지 않으면 안 된다. 따라서 기업은 그런 자원들을 생산성이 높도록 활용하는 기능을 갖고 있다. 바로 기업의 경영관리 기능이다. 기업의 경제적 측면에서 보면 그것이 바로 생산성이다.

생산성은 적은 노력으로 산출고를 가장 많이 올릴 수 있도록, 생산에 투입된 모든 요소가 균형을 이루는 것을 의미한다. 이 정의는 근로자 1인당 혹은 작업 시간당 생산성과는 상당히 다르다. 이 정의는 그런 전통적인 생산성 기준을 간접이면서도 모호하게 반영하고 있다. 그 이유는 그런 전통적 기준은 여전히 18세기 미신, 즉 결국 육체노동이 유일한 생산적 자원이고 육체작업만이 오직 진정한 '노력'이라는 태도를 유지하고 있기 때문이다. 전통적인 기준은 인간이 성취한 모든 것은 궁극적으로 육체적 노력 단위로 측정할 수 있다는 기계론적 오류를 아직도 대변하고 있다.

이런 주장을 한 가장 중요한 최후의 인물이 바로 마르크스다. 이것이 마르크스 경제학을 영구적으로 무능력하게 만들어버렸다. 하지만 우리가 아는 대로 현대 경제에서 생산성은 결코 육체의 힘만으로는 증가하지 않는다. 사실 생산성은 육체노동자가 늘릴 수 없다. 증가된 생산성은 언제나 육체적 노력이 아니라 다른 방법을 사용한 결과이고, 육체노동자를 대체하여 다른 것을 사용한 결과다. 주지하다시피 그런 대체품들 가운데 하나가 자본장비 capital equipment, 즉 '기계 에너지'다.

적어도 사본장비만큼이나 중요하지만 아직도 승명하지 못한 것이 숙련이든 미숙련이든 간에 '육체노동자'를 교육을 받고 분석적·이론적으로 일하는 '지식근로자'로 대체함으로써 달성한 생산성 증가다. 다시 말해 '육체노동자'를 '경영자'와 '기술자'와 '진문가'로 대체하고 '일하기working' 대신에 '계획하기planning'로 바꾼 덕분에 생산성이 증가했다는 말이다. 인간의 동물적 에너지를 대체하기 위해서 기계를 설치하기 전에, 이런 노동력 대체가 먼저 있어야만 한다는 것은 분명하다. 왜냐하면 어떤 사람이 기계 설치를 계획하고 그것을 디자인해야 하기 때문이다. 그것이 바로 개념적 · 이론적 · 분석적 작업이다. 사실 조금만 깊이 생각해보면 경제학자들이 그다지도 주목하는 '자본축적률rate of capital formation'은 부차적인 요소라는 것을 알 수 있다. 경제개발에서 기본적인 요소는 '두뇌축적률brain formation', 즉 한 국가가 상상력과 비전을 가진 사람들을 육성하는 비율, 교육을 받고 분석적 · 이론적 기술로 일하는 사람들을 생산하는 비율이다.

지식생산성 향상이 중요하다

계획하기, 디자인하기, 기계 설치 등은 '근육'을 '두뇌'로 대체함으로써 달성한 생산성 증가에 일부 기여했다. 적어도 그것만큼 중요한 것이 바로 직접적으로 작업의 성격을 바꾼 결과로 달성한 것이다. 즉 어떤 기계를 투자하지 않고도 숙련이든 미숙련이든 간에 육체노동자가 많이 필요한 작업을 이론적 분석이 필요한 작업으로 바꾸고, 비전이 있고 교육을 받은 사람만이 할 수 있는 관념적 계획이 필요한 작업으로 바꾼 결과로 달성한 것이다.

1900년 미국의 전형적인 제조기업이 경영자와 기술자와 전문가에게 지급하는 인건비는 직접인건비 100달러당 5달러 내지 8달러를 넘지 않았을 것이다. 오늘날은 두 종류의 인건비가 거의 50 대 50인 회사들이 많다. 심지어 직접임금의 인상률이 비율적으로 훨씬 더 빠르게 높아졌는데도 말이다. 그리고 제조업과 수송업과 광업 이외의 산업, 예컨대 유통업과 금융보험업과 서비스산업에서도 생산성의 증가는 전적으로 '작업하기'를 '계획하기'로, '근육'을 '두뇌'로, '땀'을 '지식'으로 대체함으로써 달성되었다.

지식생산성 향상은 제조업에만 국한된 과제가 아니다. 오늘날 생산성을 향상할 수 있는 가장 큰 기회는 어쩌면 유통에 있는지도 모른다. 예를 들면, 개인들이 하는 판매 노력을 대신해 신문, 라디오, 텔레비전 등 대중광고 매체가 얼마나 많이 활용되고 있는가? 어떤 제품을 판매하기 전에 고객의 구매습관을 어떻게 먼저 바꾸고 있는가? 일부 산업의 경우 광고비 총액은 제품의 생산비보다 더 많다. 하지만 광고 전문가들, 예컨대 하버드대학의 말콤 맥네어$^{Malcolm\ P.\ McNair}$ 교수는 광고의 영향력과 그 효과를 측정하는 방법을 모르고 있다고 주장한다. 심지어 우리는 광고가 개인의 판매 노력보다 더 생산적인지에 대해서도 잘 측정하지 못하고 있다. 셀프서비스의 도입, 포장방법의 변화, 매스컴과 DM$^{direct\text{-}mail}$ 판매 등을 통한 광고 등과 같은 유통업의 기술적 변화가 주는 총체적 영향력은 유통업 분야에 도입된 오토메이션만큼이나 가히 혁명적이다.

생산성 향상에 영향을 미치는 요소들은 다음과 같이 정리할 수 있다. 첫째는 '시간관리'다. 시간은 인간이 보유하고 있는 자산 가운데 가장 소멸되기 쉬운 자원이다.

둘째는 '제품 믹스$^{product\ mix}$'다. 이것은 동일한 자원들을 이용하여 만든 여러 가지 다양한 제품의 구성을 의미한다.

    셋째는 '프로세스 믹스process mix'다. 회사로서는 다음 중 어느 것이 더 생산적일까? 부품을 구입하는 경우와 직접 생산하는 경우, 제품을 직접 조립하는 경우와 하청 조립생산을 하는 경우, 자사 상표를 부착하여 자사의 유통조직으로 판매하는 경우와 독자적인 도매업자에게 위탁하고 그 도매업자의 상표를 붙여 판매하는 경우에 말이다. 회사가 잘하는 것은 무엇인가? 구체적인 지식, 능력, 경험, 평판 가운데 무엇을 가장 잘 활용하고 있는가?

    모든 경영자가 모두 다 할 수는 없다. 객관적으로 이익이 가장 많이 나는 새로운 사업 분야가 있다고 당연히 모든 회사가 참여해서도 안 된다. 경영자는 각각 나름대로 특수한 능력이 있고 한계도 있다. 그런 것을 뛰어넘으려고 시도하면, 본질적으로 이익이 아무리 많이 나는 사업이라 해도 실패할 확률이 높다. 매우 안정된 사업을 운영하는 데 능한 사람은 기복이 심하거나 빠르게 성장하는 사업에 적응하기가 쉽지 않을 것이다. 급속히 성장하는 회사에서 잔뼈가 굵은 사람은, 우리가 일상적으로 경험하듯이, 회사가 제자리를 잡고 안정기에 접어들면 회사를 파괴할 위험이 있다. 장기간의 연구 결과에 바탕을 둔 사업을 잘 운영하는 사람은 신제품이나 패션 상품을 판매하는 고도로 스트레스를 받는 사업을 잘 운영할 것 같지 않다. 회사가 보유하고 있는 독특한 능력과 경영자를 활용하고, 회사 고유의 한계를 인식하는 것은 생산성에 영향을 미치는 중요한 요소다.

    마지막으로, 생산성은 조직구조에 따라 그리고 회사가 수행하는 다양한 활동 사이에 조화가 잘 되는지에 따라 결정적으로 영향을 받는다. 만약 조직구조가 분명치 않아서 경영자들이 근무시간에 일하는 것이 아니라, 무엇을 해야 할지 찾으려고 시간을 낭비한다면, 회사의 가장 희소한 자원을 낭비하는 것이다. 개별 경영자가 생산성을 측정하는 진정한 방법을 알 필요가 있는 것은 물론이고 국가 전체에도 그것이 필요하다.

이익의 기능과 기업의 창조적 활동

사업의 본질은 무엇인가?라는 주제로 토론할 때 우리가 일반적으로 출발점으로 삼게 되는 이익과 수익성에 대해 이제야 이야기할 준비가 되었다. 이익은 원인이 아니기 때문이다. 이익은 결과다. 이익은 기업이 마케팅과 혁신과 생산성에서 올린 성과를 보여주는 결과다. 따라서 이익의 첫 번째 기능은 마케팅과 혁신의 성과를 판단하는 검정 기준이다.

이익은 두 번째 기능을 갖고 있다. 중요하기로 치면 첫 번째나 마찬가지다. 경제 활동은 하나의 활동이므로 미래에 초점을 맞춘다. 그리고 미래에 관해 한 가지 분명한 사실은 불확실성과 위험이다. '위험risk'이라는 말 자체가 원래 아라비아 말로, '사람이 하루 동안 필요한 빵을 장만한다'라는 의미인 것은 우연의 일치가 아니다. 어떤 사업가이든 간에 필요한 하루의 이익을 벌려면 위험을 감수하지 않으면 안 된다. 사업은 경제적 활동이기 때문에 항상 변화를 유발하려고 시도하기 때문이다. 경세적 활동은 항상 당면한 위험을 한층 더 위험한 것으로 만들기 위해, 혹은 새로운 위험을 만들기 위해 자신이 걸터앉아 있는 의자의 다리를 톱으로 잘라내지 않으면 안 된다.

'경제적 우회 생산 과정을 길게 하는 것'이 경제 발전의 필수요인이다. 이는 1889년 뵘바베르크가 『자본과 이자$^{Capital\ and\ Interest}$』에서 밝힌 사실이다. 또 비록 미래에 대해 아무것도 모르긴 하지만 우리가 예측하려고 하는 혹은 미리 결정하려고 하는 미래가 멀수록 그 위험은 기하급수적으로 커진다는 사실은 알고 있다.

생존은 기업의 첫 번째 의무다. 달리 말해 기업 경제학의 지도원칙은 이익 최대화가 아니다. 그것은 손실의 회피다. 기업은 경영하는 동안 불가피하게 발생하는 위험을 상쇄하기 위해 보상을 충분히 산출하지 않으면 안 된다. 그런데 그 위험 보상을 가능하게 해주는 원천은 하나뿐이다. 이익 말이다. 정말이지, 기업은 자신이 부담할 위험만 보상하는 데 그쳐서는 안 된다. 기업은 이익을 내지 못하는 다른 여러 회사들의 손실을 보상하는 데도 기여해야 한다. 왜냐하면 사회는 일부 사업들은 언제나 손실을 내고, 그 결과 사라지고 마는 역동적인 경제적 신진대사^{metabolism}에 진정으로 관심을 갖고 있기 때문이다. 그것이 자유롭고 유연한 '열린' 경제를 위한 주요 보호막이다. 기업은 또한 한 사회가 부담해야 할 사회비용, 예컨대 학교, 군대, 기타 많은 비용의 일부를 부담해야만 한다. 다시 말해, 기업은 세금을 낼 수 있을 정도로 이익을 충분히 내지 않으면 안 된다. 마지막으로 기업은 미래 사업을 확장하기 위해 자본을 축적해야만 한다. 그러나 그 무엇보다도 기업은 자신이 당면한 위험을 보상하기 위해 이익을 충분히 올리지 않으면 안 된다.

즉 이익 최대화가 사업가의 동기인지는 논의할 여지가 있다. 그러나 기업이 최소한 자신이 당면할 미래의 위험을 보상할 수 있을 정도로 이익을 충분히 산출하고 사업을 계속할 수 있도록 하기 위해, 보유 자원이 부를 창출하는 능력을 그대로 유지하기 위해 이익을 충분히 산출하는 것은 절대적으로 필요하다.

이른바 '최저 필수이익'은 기업의 행동과 의사결정에 영향을 미친다. 그것들에 대해 엄격히 한계를 제시하고 타당성을 검증한다. 경영자가 경영하기 위해서는 최소한 최저 필수이익에 상응하는 이익 목표를 설정해야 한다. 그리고 그 필수이익과 비교하여 실제로 달성한 이익을 측정하기 위한 기준을 설정해야 한다.

그렇다면 '기업을 경영한다는 것'은 무엇을 의미하는가? 기업을 경영한다는 것은 그 성격상 항상 기업가적entrepreneurial이어야 한다. 이는 마케팅과 혁신을 통해 고객을 창조하는 행위인 기업 행동을 분석함으로써 대답할 수 있다. 기업을 경영한다는 것은 관료주의적인 과업도 아니고 관리만 하는 일거리도 아니다. 심지어 의사결정만 하는 일자리도 아니다. 기업을 경영한다는 것은 적응적인 활동이 아니라 창조적인 활동이어야 한다는 결론을 내릴 수 있다. 경영자가 경제적 조건을 많이 만들면 만들수록, 혹은 경제적 조건에 수동적으로 적응하는 대신에 그것들을 바꾸면 바꿀수록 경영자는 한층 더 기업을 잘 경영하는 것이다.

그러나 기업의 성격에 대한 분석은 또한 경영은 궁극적으로 최종성과 하나만으로 평가받게 되지만, 합리적으로 행동해야 한다는 것을 확인해준다. 구체적으로 말해 이것은 사업은 목표를 설정해야 한다는 것을 의미한다. 여기서 목표의 의미는 (이익 최대화 가정이 의미하는 것과 같이) 가능한 것에 적응하는 것이 아니라, 무엇을 달성하는 것이 바람직한가 하는 것을 표현한 것이다. 그러므로 자신의 눈높이를 바람직한 그 무엇에다 맞추어 목표를 설정해야 한다. 오직 그렇게 한 다음에는 '가능한 것에 양보할 것이 무엇인가?'라고 질문해야 한다. 그 질문은 경영자로 하여금 '우리 기업은 어떤 사업에 종사하고 있는가, 그리고 어떤 사업에 종사해야만 하는가?'를 결정할 것을 요구한다.

사회 기능이자 인문 예술로서의 경영

지금까지 논의한 것은 기업의 사회적 기능에 대해 초점을 맞추었다. 그러나 피터 드러커는 말년에, 자신이 가장 의미 있게 공헌한 바가 무엇인지 말해달라는 질문을 받자 서슴없이 다음과 같이 대답했다.

"나는 경영학이라는 학문이 '진정한 인문예술로서의 경영Management as a truly liberal art'이 되도록 초점을 맞추었다."

드러커의 이런 대답은 깊은 사색에서 나온 것이다. 드러커는 일찍이 1986년 『프론티어스 오브 매니지먼트』에서 '인문예술로서의 경영Management as a Liberal Arts'이라는 말을 처음으로 사용했다.

"나는 처음부터 경영이 하나의 학문, 즉 학습되고 교육될 수 있는 조직화된 지식체계여야 한다고 생각했다. 『기업의 개념』(1946)과 『경영의 실제』(1954)를 비롯하여 『혁신과 기업가정신』(1985) 등은 경영학을 확립하려는 목적으로 쓴 것이다. 경영은, 의학이 과학이 아닌 것처럼, 과학이 아니다. 경영과 의학 둘 다 실천practice이다. 하나의 별개의 학문인 경영은 독일사람들이 정신과학Geisteswissenschaft이라고 부르는 것이다. 이해하기 어려운 이 독일어의 영어 번역으로는 '인문예술liberal arts'이 가장 좋은 용어일 것이다."

드러커는 『프론티어스 오브 매니지먼트』를 펴낸 지 3년 후 1989년 『새로운 현실』에서 '경영은 사회기능이자 인문예술Management as Social Function and Liberal Arts'이라고 다시 한번 강조했다.

"경영은 새로운 사회기능을 수행하고 있다. 경영이 심각하게 도전을 받는 이유는 다름 아니라 경영이 폭넓게 사회기능을 수행하고 있기 때문이다. 동시에 경영은 인간에 관계되는 것이며, 인간의 가치관이나 성장이나 발전에 관계되는 것이다. 즉 그것은 인문예술이다. 경영은 사회구조나 지역사회에도 관계를 가지며 영향을 준다. 이 점에 있어서도 경영은 인문예술이다. 경영은 인간의 정신, 즉 좋든 나쁘든 인간의 본질과 깊이 관련되는 것이다."

사실 오늘날, 경영대학을 포함하여, 모든 교육기관은 사람들이 자기 자신의 생각을 명확히 전하는 능력, 남과 함께 일하는 능력, 자신의 일과 공헌과 경력을 방향 짓는 능력, 그리고 무엇보다 조직에서 자기의 포부를 실현시키고 뭔가를 성취하고, 스스로의 가치관을 실현하는 그런 능력을 익혀 주려고 하지 않고 있다.

현대 경영학의 아버지 피터 드러커는, 이런 인문예술 능력은 '살아갈 가치가 있는 인생을 보내기 위한 열쇠'로서 일찍이 2,500년 전 소크라테스와 플라톤이 지적했다고 강조했다. 따라서 드러커는 경영

교육을 포함하여 오늘날 시행되고 있는 교육과 교육제도 전반에 대해 걱정을 했고, 오늘날과 같은 지식사회에서는, 과거의 지혜와 아름다움을 현재의 필요와 추악함을 해결하는데 투입해야 한다고 강조했으며, 그것이야말로 여러 학자들이 세상을 위해서 해야 할 공헌이라고 일깨워주었다.

06

신세를 지면 자유를 잃는다

복지사회에서
기업가 사회로

어느 세대나 그 세대를 위한 새로운 혁명이 필요하다.
Every generation needs a new revolution.

토머스 제퍼슨

한때는 그다지도 합리적이었던 것이 이제는 무의미해지고,
은혜는 재앙의 씨앗이 될지니.
Vernunft wird Unsinn, Wohltat, Plage.

요한 볼프강 괴테

"복지국가는 미래라기보다는 과거다."
기업가 사회가 복지사회의 후계자가 될지는 알 수 없지만
복지국가의 기득권이 안겨줄 미래 재앙을 완화하기 위해
혁신과 기업가정신의 발휘는 필수적이다.

피터 드러커

06

콘드라티예프 주기를 중단시킨 기업가정신

드러커는 1985년 미국의 경제가 기존의 것을 더 잘하는 것만으로 경제성장을 했던 '관리 경제managerial economy' 시대를 마감하고, 기존의 것과 다르거나 새로운 것을 추구해야 하는 '기업가 경제entrepreneurial economy'로 이동했음을 설파하는 『혁신과 기업가정신Innovation and Entrepreneurship』을 펴냈다.

1970년대 중반 이후 미국에서는 '성장 없는 경제, 미국 경제의 탈공업화, 콘드라티예프의 장기적 정체기' 등과 같은 구호가 널리 퍼졌고 또한 그런 것들이 마치 자명한 이치인 양 인용되고 있었다. 하지만 그 후 사실과 통계는 그런 구호들을 하나같이 부정했다. 1980년대 초반 미국에서 실제로 일어나는 현상은 상당히 달랐다. 드러커가 보기에 미국은 '관리 경제'에서 '기업가 경제'로 눈에 띄게 이동하는 중이었다. 관리 경제는 기존의 제품과 서비스의 원가는 더 낮추고 품질은 더 높게 하는, 즉 기존의 사업을 더 잘하면서 경제를 발전시키는 것이다. 그 반면, 기업가 경제는 기존에 존재하지 않던 새로운 형태의 제품과 서비스를 제공함으로써 경제를 발전시키는 것을 의미한다.

1965년부터 1985년까지 20년 동안, 16세 이상의 미국 노동인구는 40퍼센트가 더 늘어나서 1억 2,900만 명에서 1억 8,000만 명이 되었다. 그러나 같은 기간 보수를 받는 일자리에 근무하는 인구수는 50퍼센트가 더 늘어나서 7,100만 명에서 1억 600만 명이 되었다. 두 세대 중 두 번째 시기인 1974년부터 1985년에 노동력은 매우 빠르게 증가했다. 이 기간 중 2,400만 개에 달하는 일자리가 늘어났다.

미국이 평화 시기에 이처럼 새로운 일자리를 많이 창출한 적은 없었다. 게다가 1973년 가을 '오일쇼크'와 더불어 시작된 그 10년 동안은 극도의 혼란기였는데도 그랬다. '에너지 위기'가 계속되었고 '굴뚝산업'들은 거의 파멸로 치닫고 있었는데도 말이다. 미국의 경제발전 패턴은 특이했다. 이와 같은 현상은 다른 어떤 나라에서도 아직 일어나지 않았다. 심지어 일본도 일자리를 만드는 데 미국보다 훨씬 뒤졌다. 1970년부터 1982년까지 12년간 일본의 일자리 숫자는 10퍼센트 증가하는 데 그쳤다. 이는 미국의 증가율의 절반에 불과한 것이다. 미국의 일자리 증가는 그 내용을 분석해보면 이유가 많이 밝혀지겠지만, 한 가지는 미국 경제의 패턴이 관리 경제가 아니라 기업가 경제로 이동했기 때문인 것은 분명하다.

미국은 제2차 세계대전 이후 25년간 4,000만 개 혹은 그 이상의 일자리를 창출했다. 일자리가 증가한 것은 모두 '하이테크' 분야 덕분이라고 말할 것이다. 사실 하이테크는 흥분을 불러일으키고 신문의 머리기사를 제공하고 있다. 그것은 기업가정신을 가진 사람에게 비전을 불러일으키고 지역사회에 혁신을 유발하고 있다. 고등교육을 받은 젊은 사람들이 거대은행이나 세계적인 전기전자회사보다는 소규모인데다 별로 알려지지도 않은 기업을 택하고자 한 것은 분명 '하이테크'의 마력 때문이다. 하이테크는 또한 1960년대 중반까지도 거의 존재조차 없었던 벤처자본이 1980년대 중반에는 과잉될 정도로 미국 자본시장의 모습을 엄청나게 바꾸어놓은 것이 틀림없다. 그러나 사실은 그렇게 단순하지만은 않다.

1965년 이후 미국에서 창출된 일자리 4천만 개 중 하이테크 분야가 기여한 몫은 5백만에서 6백만 개에 지나지 않는다. 따라서 하이테크는 대규모 '굴뚝산업'이 잃어버린 일자리를 메우는 정도 이상은 기여하지 못했다. 그리고 새로운 사업체 100개당 기껏 하나나 둘만이, 숫자로는 매년 총체적으로 1만 개가량의 회사가 '하이테크'라는 말의 의미와 약간이라도 관련이 있다. 다른 모든 일자리들은 비하이테크 non-hightech 분야에서 창출되었다. 그런 모든 새로운 일자리들은 중소규모 고용기관들이 제공했다. 대부분 중소규모 기업체들이 차지했고 많은 경우 새로운 형태의 사업이 떠맡았다.

러시아의 경제학자이자 통계학자인 니콜라이 드미드리히 콘드라티예프 Nikolai D. Kondratiev는 19세기 물가행태와 관련된 각종 데이터를 바탕으로 분석한 결과, 한 국가의 경제는 평균 54년을 주기로 성장과 침체가 반복된다는 경기순환 이론을 제시했다. 이를 콘드라티예프

파동Kondratieff Wave이라고 한다. 불행하게도 콘드라티예프는 그의 수리경제 모델이 러시아의 집단농업이 생산성의 급격한 감소를 가져올 것으로 예측했다는 이유로 1930년대 후반 스탈린의 명령에 따라 처형되었다. 나중에 콘드라티예프의 예측은 정확하다고 판명되었다.

1873년 빈 증권시장의 붕괴로 시작하여 제1차 세계대전이 끝나는 50여 년 동안은 콘드라티예프의 대표적인 장기 침체기간이었다. 영국과 프랑스는 그 기간에 새로 등장한 기술산업들, 즉 철강, 화학, 전기, 전화, 자동차 기술이 철도건설, 석탄채굴, 섬유산업 같은 오래된 산업의 침체를 상쇄할 만큼 일자리를 충분히 창출할 수 없었기 때문에 장기간 산업 침체기에 돌입해 있었다.

그러나 슘페터는 1939년에 미국과 독일에서 실제로 일어난 현상은 콘드라티예프 주기와 일치하지 않고 영국과 프랑스와는 패턴이 다르다는 사실을 밝혀냈다. 빈 증권시장의 치명적 붕괴로 당시 오스트리아 정권은 영원히 종말을 맞았다. 영국과 프랑스는 장기침체에 들어갔지만, 미국과 독일에서는 장기간 산업침체는 일어나지 않았다. 미국과 독일도 불황 초기에는 그 충격이 매우 컸다. 그러나 5년 후에는 불황에서 벗어나 다시 빠르게 성장했다. '산업기술'이라는 측면에서 볼 때 미국과 독일은 영국이나 프랑스와 다를 바가 없었다. 두 집단의 서로 다른 경제현상을 설명하는 단 하나의 요인은 바로 기업가의 존재다.

콘드라티예프 이론은 미국 경제가 실질적으로 일자리를 4,000만 개를 창출한 것에 대해 그 이유를 전혀 설명하지 못하고 있다. 서유럽은 지금까지도 콘드라티예프 이론을 따르고 있는 것이 확실하다.

그러나 미국 경제에는 그 이론이 적용되지 않는다. 미국 경제에 발생하고 있는 무엇인가가 콘드라티예프의 '장기 기술파동'의 영향을 상쇄하고 있다. 미국 경제에는 장기 경기침체 이론과 양립하지 않는 무엇인가가 이미 나타난 것이다. 또 미국 경제가 콘드라티예프 주기를 연기시키는 것으로 보이지도 않는다. 20세기 말에서 2010년까지 미국 노동시장에 신규로 참여할 사람들의 수는 '베이비붐' 시기의 어린이들이 성인이 되는 기간, 즉 1965년에서 1980년 전후 노동력 시장에 진입한 노동력 수에 비해 그 규모가 3분의 1이나 줄어들 것이다.

출산율이 격감한 1960년과 1961년 이후 출산한 아이들의 수는 '베이비붐' 시대의 그것에 비해 30퍼센트나 적었다. 그리고 50세 이하의 여성 취업도 이미 남성과 동일한 수준에 이르렀기 때문에 유급 일자리에 취업할 여성의 수도 앞으로는 자연 인구성장 범위 내로 한정될 것이다. 이것은 또한 그 숫자가 대략 30퍼센트 줄어들 것이라는 점을 의미한다.

그러나 오늘날 이런 세계적인 위험 가운데 하나인 콘드라티예프 불황은 미국 경제의 현실과 비교해볼 때 상상의 산물에 지나지 않는다. 미국 경제는 새로운 경제, 즉 기업가 경제로 이동했다. 기업가 경제가 일차적으로 미국적 현상으로 그칠지, 아니면 다른 선진 공업국가로 번져갈지를 단언하기에는 아직 너무 이르다. 모든 새로운 일자리는 어디에서 왔는가? 그에 대한 해답은 어느 곳에서도 왔으며 또한 아무 데서도 오지 않았다는 것이다. 달리 말해 그것은 어느 한 곳에서 온 것이 아니다. 과거 300년간 유지되었던 기술체계는 제2차 세계대전이 끝나면서 함께 막을 내렸다.

지난 300년 동안 기술의 모델은 기계모델이었다. 그것은 거의 무명에 가까운 프랑스의 물리학자 드니 파펭Denis Papin이 1680년경 증기기관을 고안하면서 시작되었다. 지난 300년간 기술진보는 마치 기계적 프로세스가 그런 것처럼 더 빠른 속도, 더 높은 온도 그리고 더 높은 압력을 달성한다는 것을 의미했다.

제2차 세계대전이 끝난 후 생물학 프로세스가 기술의 모델이 되었다. 생물학 프로세스는 물리학자가 말하는 에너지 대신에 정보를 중심으로 조직된다.

로테크와 일자리

보스턴에서 발간되는 경제잡지 『잉크Inc』는 역사가 5년 이상 15년 미만인 미국의 공개기업들 가운데 가장 빠르게 성장하는 100대 기업의 목록을 1982년부터 발표하고 있다. 이 목록의 대상은 상장된 사기업으로 국한했기 때문에 하이테크 산업에 상당히 유리하게 나타났다. 그 이유는 하이테크 기업들은 증권회사와 증권시장에 접근하기가 쉽고 증권거래소와 증권회사 객장에서 거래되기 때문이다.

하이테크 산업은 유행을 탄다. 반면 비하이테크 벤처기업은 오랫동안 경영실적을 쌓은 뒤에, 그리고 5년 이상 연속적으로 수익 실적을 보여준 후 대체로 기업공개가 가능하다. 하지만 '잉크 100대 기업' 가운데 겨우 4분의 1만이 하이테크 기업이고 나머지 4분의 3은 매년 거의 결정적으로 '로테크low-tech' 기업으로 나타나고 있다.

예를 들면 1982년에는 로테크 기업체 수가 식당 연쇄점 5개, 여자 의류 제조업 2개, 건강 관련 기업 20개가 포함된 것에 비해 하이테크 기업체 수는 겨우 20~30개에 불과했다. 그리고 1982년 미국의 신문들은 앞다투어 '미국의 탈공업화' 현상을 우려하는 기사를 실었다. 하지만 '잉크 100대 기업'의 반 이상이 제조업이었으며 서비스 관련업은 3분의 1에 지나지 않았다. 1982년에는 북부 프로스트벨트 지역은 쇠퇴하고 있으며 남부 선벨트 지역만이 성장 가능한 지역이라고 우려했지만 '잉크 100대 기업' 가운데 3분의 1만이 선벨트 지역에 위치했다.

벤처자본가들에 대한 조사에서도 같은 결과가 나왔다. 벤처자본가들의 투자목록을 보면 일반적으로 하이테크는 더욱더 적다. 가장 성공한 벤처자본가 중 한 사람의 투자목록을 보면 하이테크 기업들이 몇 개 있기는 하다. 컴퓨터 소프트웨어를 만드는 새로운 회사 1개, 의료기술 분야의 벤처기업 1개, 그리고 다른 몇몇 회사가 있다. 그러나 이들 투자대상 업체들 가운데 가장 수익이 높고 1981년에서 1983년까지 3년간 매출액과 수익성이 둘 다 가장 빠르게 증가한 새로운 기업은 가장 평범하고 하이테크라는 관점과는 거리가 제일 먼 회사인 이발소 연쇄점이다. 그리고 매출액과 수익성 두 측면에서 그 다음은 치과 연쇄점이고 또 그다음은 공구제조업과 중소기업에 기계를 대여하는 금융회사가 차지했다.

미국 경제의 성장부문에 관한 정보 가운데 가장 정확한 출처는 매출액 2,500만 달러에서 10억 달러 사이의 '중규모' 기업 중 가장 빠르게 성장하는 100개 기업에 관한 조사보고서다. 이 보고서는 미국 기업 컨퍼런스American Business Conference를 위해 컨설팅 회사 맥킨지 McKinsey & Company의 시니어 파트너가 1981년부터 1983년까지 실시한 것이다. 이런 중규모 성장 기업들은 매출액과 이익에서 포춘 500대 기업의 성장률보다 3배나 빠르게 성장했다. 그리고 포춘 500대 기업은 1970년 이후 꾸준하게 일자리를 줄여나가고 있었다.

기업가정신의 확산이 필요하다

한 침례교회가 몇 년 전 세운 기독교 학교는 클레어몬트 시로부터 중학교를 인수하려고 노력했다. 이 중학교는 15년 전에 설립되었는데 학생이 없어서 지난 5년간 버려져 있었다. 반면 중견경영자를 위한 최고경영자 과정은 물론이고 의사, 기술자, 변호사, 물리치료사 등을 위한 각종 평생교육 프로그램은 대성황을 이루고 있다.

기업가정신이 발휘되고 있는 또 하나의 매우 중요한 분야는 주 정부든 시 정부든 간에 정부부문이 성과 기준을 설정하고 사적 부문에 자금을 제공하여 운영하는 공사公私 파트너십public-private partnership 형태의 떠오르는 '제4부문'이다. 제4부문은 소방, 쓰레기 수거, 버스운송 등의 서비스를 경쟁 입찰 원칙에 따라 사기업에 위탁함으로써 더 나은 서비스와 실질적인 원가절감을 확보한다. 만약 장기적 관점에서 우편서비스를 구제할 하나의 방법이 있다면 그것은 입찰을 통해 제1종 우편서비스를 '제4부문'에다 하청 주는 방법일지도 모른다.

이런 중규모 조직들이 성장하는 데 공통점은 무엇인가? 사실 거기에는 '새로운 기술'과 지식을 인간의 일에 적용하는 새로운 방법들도 관련된다. 그런데 '기술'은 오직 전기, 유전학 혹은 새로운 소재를 발견하는 것만이 아니다. 기업가정신에 따른 경영, 즉 기업가적 경영도 '새로운 기술'이다. '로테크'가 장기간 성장이라는 과업을 수행해내고 있는 이유는 첨단기술은 없다 해도 체계적이고, 목적 지향적이고, 합리적으로 기업가정신을 발휘하기 때문이다.

어느 세대나 그 세대를 위한 새로운 혁명이 필요하다

드러커는 『혁신과 기업가정신』에서 토머스 제퍼슨Thomas Jefferson의 말을 인용하여 복지사회가 궁극적으로 기업가 사회로 바뀌어야 한다고 강조했다.

"어느 세대나 그 세대를 위한 새로운 혁명이 필요하다."*

이는 제퍼슨이 자신의 긴 생애를 마감할 무렵 내린 결론이었다. 같은 시대 독일의 위대한 시인 괴테Johann Wolfgang von Goethe도 비록 극단적인 보수주의자였지만 만년에 읊은 시에서는 같은 심정을 토로했다.

"한때는 그다지도 합리적이었던 것이 이제는 무의미해지고, 은혜는 재앙의 씨앗이 될지니."

제퍼슨과 괴테 둘 다 계몽주의와 프랑스혁명의 유산에 대해 그들

---

*Every generation needs a new revolution.

세대가 품고 있는 환멸을 이런 식으로 표현했다. 그러나 그들은 당시의 그 빛나는 위대한 약속, 즉 진정 가난한 사람들 그리고 장애인들을 위해 독일 제국에서 처음 시도한 복지국가$^{\text{the Welfare State}}$가 150년 후인 오늘날 우리 세대의 유산이 된 사실을 꼭 그대로 표현했는지도 모른다.

복지국가는 지금 원래 취지를 상실하고 '모든 사람을 위한 기득권'이 되었다. 그리고 직접 생산 활동을 담당하는 사람들에게 점점 더 큰 부담이 되고 있다. 조직, 제도, 정책은 제품, 프로세스, 서비스와 마찬가지로 궁극적으로 자신들의 역할을 다하고도 언제나 더 오래 살아남는 법이다. 그것들은 자신들의 목적을 성취한 때도 그렇고 목적달성에 실패한 때도 그렇다. 한번 만들어진 메커니즘은 계속 움직이는지도 모른다. 그러나 그런 메커니즘을 설계할 때 바탕이 된 전제는 이미 그 타당성을 잃어버렸다. 예를 들면, 지난 100여 년 동안 모든 선진국에서 의료보호제도와 연금제도를 설계할 때 사용한 인구통계 특성에 관한 전제가 그렇다. 그 결과 합리성은 무의미한 것이 되고 은혜는 재앙의 씨앗이 되고 있다.

혁명은 해결책이 아니다

우리가 프랑스혁명과 제퍼슨 시대 이후 배운 것처럼 '혁명'은 해결책이 아니다. 혁명은 예측할 수도 방향을 잡을 수도 통제할 수도 없다. 무엇보다도 나쁜 일은 혁명의 결과는 틀림없이 혁명을 한 사람들이 내세운 공약과는 정반대라는 점이다.

"혁명은 그릇된 인간들에게 권력을 안겨준다."

1826년 제퍼슨이 사망한 지 불과 몇 년 뒤 정부와 정치학에 관한 위대한 해부학자 알렉시스 드 토크빌Alexis de Tocqueville은 혁명이 구체제의 감옥을 철폐하지 않으며 오히려 그것들의 수를 증가시킨다고 지적했다. 토크빌이 증명한 바와 같이, 프랑스혁명이 남긴 가장 끈질긴 유산은 프랑스혁명 이전 시대의 바로 그 족쇄를 강화한 것이다. 다시 말해 온 나라를 통제되지 않고 통제할 수 없는 관료제도 아래 종속시켰고, 모든 정치적·지적·예술적·경제적 생활을 파리로 집중시켰다.

러시아혁명이 초래한 중심적 결과는 토지 경작자를 위한 새로운 농노제, 전지전능한 비밀경찰, 융통성 없고 부패하고 숨 막히는 관료제도였다. 그것은 러시아의 자유주의자들과 혁명가들이 가장 큰 소리로, 그리고 타당성을 가장 많이 갖고 공격한 제정 러시아 정부의 특징 그 자체였다.

정말이지, 지금 우리는 '혁명'은 환상이라는 것, 즉 19세기에 널리 퍼진 환상이라는 것, 오늘날에 와서는 아마도 가장 믿을 수 없는 신화라는 것을 알고 있다. 지금 우리는 '혁명'이란 성취도, 새로운 새벽도 아니라는 것을 알고 있다. 혁명은 오래된 부패에서, 아이디어와 조직의 파탄에서, 그리고 자기혁신에서 실패한 결과로 나온다.

게다가 우리는 또한 이론, 가치, 그리고 인간의 마음과 손이 만들어낸 모든 가공품은 늙고 경직되며 진부해져 결국 '재앙의 씨앗'이 된다는 것도 알고 있다. 따라서 혁신과 기업가정신은 경제에서 필요한 것만큼 사회에서도 필요하고, 기업에서 필요한 것만큼 공공 서비스 기관에서도 필요하다. 그것은 정확히 말해 혁신과 기업가정신은 '뿌리와 가지'처럼 동시에 존재하는 것이 아니라 '한 번에 한 걸음씩', 즉 여기에 이 제품, 저기에 저 정책, 저쪽에는 공공 서비스라는 식으로 추진하는 것이기 때문이다.

혁신과 기업가정신은 사전에 계획되는 것이 아니라 이런저런 기회와 욕구에 초점을 맞추는 것이기 때문이다. 그것들은 잠정적이며 그것들이 기대한 필요한 결과를 산출하지 못하면 사라질 것이기 때문이다. 달리 말하면 그것들은 무조건 따라야 하는 원리적인 것이라기보다는 실용적인 것이고, 거창한 것이라기보다는 간단한 것이기 때문이다.

따라서 혁신과 기업가정신은 사회, 경제, 산업, 공공 서비스, 기업 등을 유연하게 만들고 자기혁신을 하도록 해준다. 혁신과 기업가정신은 제퍼슨이 각각의 세대가 혁명을 통하여 달성하고자 한 것을 실현해줄 뿐만 아니라 유혈사태, 내전, 강제수용소도 필요하지 않다. 경제적 파국을 일으키지 않고도 목적과 방향을 가지고, 통제범위를 벗어나지 않으면서 각각의 세대가 달성하고자 하는 것을 실현하게 해준다.

혁신과 기업가정신은 생명유지 활동이다

우리가 필요로 하는 것은 혁신과 기업가정신이 정상적으로, 확고하게, 그리고 지속적으로 유지되는 기업가 사회entrepreneurial society*다. 마치 경영이 모든 현대 조직의 특수한 기관이자 조직사회를 통합시키는 기관이 된 것과 마찬가지로, 혁신과 기업가정신은 우리의 조직, 경제, 그리고 사회가 살아남도록 하는 필수적인 생명유지 활동이다.

이것은 모든 조직의 경영자들에게 그들이 개인적 업무와 조직의 직무를 수행하면서 혁신과 기업가정신을 정상적 · 지속적 · 일상적인 활동으로, 그리고 실천 사항으로 만들 것을 요구한다.

기업가 사회에 필요한 공공 정책과 정부의 대책에 관한 논의를 할 때 가장 먼저 해야 하는 것은 기능을 제대로 발휘하지 못하는 것들을 파악하는 일이다. 특히 오늘날 인기를 많이 얻고 있지만 앞으로 기능을 발휘하지 못할 것이 분명한 정책을 말이다.

'계획'이란 그 용어가 일반적으로 이해되는 것과 같이 기업가 사회와 기업가 경제와는 실질적으로 양립하지 않는다. 정말이지, 혁신은 목적 지향적일 필요가 있으며, 기업가정신도 또한 관리활동의 대상이다. 그러나 혁신은 거의 본질적으로 분권화되어야만 하고, 특별히 추진되는 것으로, 자율적으로, 구체적으로, 그리고 미시 경제적 차원으로 추진된다. 그것은 규모가 작게, 잠정적으로, 유연하게 시작하는 것이 유리하다. 대체로 혁신할 기회는 오직 어떤 사상事象을 따라가는 도중에, 그리고 그것과 가까운 곳에서 발견된다. 혁신할 기회는 계획가라면 누구나 당연히 취급하는 대량의 집합체에서 발견되는 것이 아니라 그것들과는 다른 일탈逸脫에서 발견된다. 예상치 못한 것에서,

---

*起業家社會, 기업가를 한자로 쓸 때 企 내신 業을 일으킨다는 의미로 起를 사용.

불일치에서 그리고 물이 반쯤 차 있는 컵을 보고 '유리컵에 물이 반이나 차 있다'라고 볼지 '유리컵에 물이 반이나 비었다'라고 볼지 인식 차이에서, 프로세스상의 약한 연결점에서 발견된다. 그 일탈이 '통계적으로 유의한 것'이 되어 그 결과 계획가의 눈에 뜨이게 되는 시점에 이르면 혁신할 기회는 이미 한물가고 만다. 혁신할 기회는 폭풍이 불 듯 오는 것이 아니라 살랑거리는 미풍처럼 온다.

오늘날, 특히 유럽의 일부 국가에서는 '첨단기술 기업가정신high-tech entrepreneurship'을 그 자체만으로도 보유할 수 있다는 주장이 인기를 얻고 있다.

'첨단기술 기업가정신'이 '중간기술' '저급기술' 혹은 '오래된 기술'을 기초로 하는 기업가 경제 속에 폭넓게 자리를 잡지 않고 그것만 존재한다는 것은 산 없이 산꼭대기만 있는 격이다. 그런 경우 그것은 심지어 첨단기술 인력마저도 새롭고 위험이 높은 첨단 벤처기업에 일자리를 얻지 못할 것이다. 그들은 규모가 크고 이미 자리가 잡힌 '안전한' 회사나 정부기관의 안정된 일자리를 더 선호할 것이다.

첨단기술 벤처기업이 예컨대 회계사, 판매원, 경영자 등 스스로는 첨단기술과 관계가 없는 많은 사람을 고용한다는 것은 말할 필요도 없다. 어떤 국가의 경제가 숫자는 얼마 되지도 않는 화려한 기업들, 즉 '매력적인 첨단 벤처기업' 이외의 비첨단 분야에서는 혁신과 기업가정신을 퇴짜 놓는다면, 그런 사람들은 사회와 경제가 (즉 동창생들이, 부모들이, 그리고 교사들이) 그들로 하여금 선호하도록 독려하는 규모가 크고 안전한 기존의 고용기관에서 일자리를 찾고 또 경력을 쌓으려고 계속 노력할 것이다. 그런 경우 유통업자는 첨단기술 제품을 취급하려 하지 않을 것이고, 투자자도 역시 자금을 제공하지 않을 것이다.

지식에 기초를 둔 혁신

지식에 기초를 둔 혁신knowledge-based innovation, 특히 첨단기술 혁신은 투자와 수익 사이의 회임기간이 가장 길다. 세계 컴퓨터 산업은 1970년대 후반까지는 손익분기점에 이르지 못했는데 이는 컴퓨터 산업이 30년간 적자를 보았다는 것을 뜻한다. 분명 IBM은 남보다는 상당히 일찍부터 돈을 벌었다. 그리고 미국의 소규모 컴퓨터 기업들은 1960년대 후반에 하나씩 흑자를 기록했다. 하지만 그것들이 벌어들인 이익도 다른 나머지 컴퓨터 기업들, 특히 오늘날 같은 산업에서 완전히 손을 뗀 거대 기업들, 예를 들면, 미국의 GE, 웨스팅하우스, ITT, RCA, 영국의 페란티Ferranti, 플레시Flessey, 프랑스의 톰슨-휴스턴Thomson-Houston, 독일의 지멘스와 텔레푼켄Telefunken, 네덜란드의 필립스, 그 외에도 많은 기업이 기록한 거대한 적자로 몇 배나 상쇄되고 말았다. 지금은 마이크로컴퓨터와 개인용 컴퓨터 산업에서 역사가 그대로 되풀이되고 있는 중이다. 같은 산업이 전 세계적으로 흑자를 기록하기까지는 많은 세월이 필요할 것이다. 그리고 바이오기술에서도 같은 일이 벌어지고 있다. 이것은 또한 1880년대 전기기구 산업, 1900년에서 1910년 사이 자동차 산업의 패턴이기도 했다.

사회적 혁신이 필요하다

기업가적 사회가 실질적인 사회적 혁신을 필요로 하는 분야는 두 가지다. 첫 번째 분야는 잉여 노동력을 해결하는 정책이다. 그 숫자는 많지 않다.

그러나 '굴뚝산업'의 블루칼라 노동자들은 매우 한정된 몇몇 지역에 집중되어 있다. 예컨대 미국 자동차 산업의 모든 근로자 가운데 4분의 3은 20개의 카운티에서 살고 있다. 따라서 그들은 매우 눈에 잘 띄고 조직도 잘 정비되어 있다. 그러나 더욱 중요한 것은 그들이 다른 일자리를 찾는 데, 자신들의 향방을 다시 정하는 데, 그리고 이동하는 데 필요한 것을 갖추지 못하고 있다는 사실이다.

그들은 교육수준도 낮고 기술도 없으며 사회적 역량도 부족하다. 게다가 자신감도 별로 없다. 그들은 일생에 단 한 번도 다른 일자리를 찾으려고 노력해본 적도 없다. 그들이 일자리를 찾으러 나설 무렵 자동차 회사에 근무하는 한 친척이 그들을 자신이 다니는 공장의 감독자에게 소개한 것이다. 그것도 아니면 교구의 목사가 자신의 교회에 나오는 신자들 가운데 어떤 공장에 근무하고 있는 한 명에게 전하는 편지를 그들의 손에 쥐어주곤 했던 것이다. 그리고 그 점은 영국의 '굴뚝산업' 노동자도, 웨일스의 석탄광부도, 독일 루르 지방이나 로렌 지방의 블루칼라 노동자도, 벨기에의 보리나쥬 지방의 노동자도 마찬가지다.

그런 노동자들은 20세기에 들어와서도 교육과 지식 측면에서 큰 혜택을 누리지 못한 선진사회의 한 집단이다. 그들은 능력, 경험, 기술, 학업이라는 측면에서 1900년대의 미숙련 노동자와 상당히 유사하다. 단 하나 다른 점은 소득이 폭발적으로 상승했다는 것이다.

만약 그들이 받는 임금과 복리후생비를 모두 합하면 산업사회에서 소득수준이 가장 높은 집단이 될 것이다. 그 결과 정치적 힘도 강해졌다. 따라서 그들은 개인으로서든 집단으로서든 간에 반대하거나, 거부권을 행사하거나, 방해를 놓거나 하는 것 이상으로는 서로 돕는 일에서 충분한 능력을 발휘하지 못하고 있다.

사회가 미숙련 노동자와 굴뚝산업 근로자들에게 일자리를, 그것도 임금수준이 낮은 일자리라도 마련해주지 않는 한, 그들은 진정 사회의 암적인 존재가 되고 만다. 이 문제는 경제가 기업가적 경제로 전환한다면 해결할 수 있다. 그렇게 되면 기업가 경제에 적합한 새로운 기업들이, 앞서 말한 대로, 지난 10년 동안 미국에서 경험한 것처럼, 새로운 일자리를 창출한다.* 그러나 기업가 경제가 새로운 일자리를 창출한다 해도 남아도는 과거의 '굴뚝산업' 노동자를 훈련하고 일자리를 찾아주려는 조직적인 노력은 필요하다. 그들은 그런 일을 스스로 할 수 없기 때문이다. 그렇지 않으면 '굴뚝산업'의 잉여 노동력은 새로운 것이라면 무엇이든 점점 더 거부할 것이다.

우리는 혁신을 '굴뚝산업'의 잉여 노동자들을 위한 기회로 만들어야 한다. 그렇지 않으면 그들은 스스로 무능력하다는 감정, 두려움, 구속감 때문에 모든 혁신을 거부하게 될 것이다. 그런 일은 영국에서 (혹

---

* 이것이 바로 미국의 오래된 '굴뚝산업'이 엄청난 실업을 안고 있으면서도 지금까지는 정치적으로 거의 문제를 야기하지 않은 이유이고, 심지어 거대한 보호주의 정책을 유발하지 않는 이유다.

은 미국의 우편 서비스에서) 이미 경험했다. 혁신을 '굴뚝산업'의 잉여 노동자들을 위한 기회로 만든 사례는 많다.

1906년 러일전쟁 후 겪은 일본의 급격한 불황 기간에 미츠이 재벌이 그랬다. 또 제2차 세계대전 후 생계를 해결할 정도의 농부와 임업 노동자로 구성된 나라를 의도적인 정책을 펼쳐 고도로 번영하는 공업화된 나라로 바꾼 스웨덴이 그랬다. 그리고 그 숫자는 그다지 많지 않다.

특히 그 가운데 3분의 1에 해당하는 55세 혹은 그 이상의 인구집단과 적절한 조기은퇴 프로그램을 갖고 있는 집단이나 30세 미만의 인구집단으로서 스스로 이동할 수 있고, 일자리를 찾을 수 있는 다른 3분의 1에게는 그다지 큰 관심을 두지 않아도 된다. 하지만 '굴뚝산업'에서 해고된 노동자들 가운데 남은 3분의 1, 즉 숫자는 작지만 문제가 많은 인구집단을 훈련하고 일자리를 찾아주는 정책은 해결해야만 한다.

진부한 공공기관의 폐기 :
모든 기관은 수명을 다한 후에도 저절로 사라지지 않는다

여기에 또 필요한 사회적 혁신은 한층 더 근본적이고도 훨씬 더 어려우며 전례가 없는 것이다. 즉 효력이 다한 사회 정책과 진부한 공공 서비스 기관을 체계적으로 폐기하는 과제다. 과거의 위대한 기업가 시대에는 문제가 되지 않았다. 백 년 전에는 그런 정책과 기관들이 별로 없었기 때문이다. 지금 우리는 그런 문제를 엄청나게 많이 갖고 있다. 그러나 지금쯤 우리는 비록 영원히 존재하는 것들이 있다 해도 소수에 지나지 않는다는 것 역시 알고 있다. 심지어 그런 것들 가운데 정말 단기간 이상 기능을 수행하는 것도 별로 없다.

세계를 보는 관점과 인식 방법에서 일어난 근본적인 변화 가운데 하나는 획기적인 전환이란 정부의 정책들과 정부기관들은 애초에 신이 만든 것이 아니라 인간이 만든 것이라는 사실을 인식해야 한다는 것이다. 그러므로 그것들과 관련된 한 가지 분명한 것은 그것들이 꽤나 빠른 속도로 진부해진다는 사실을 인식하는 것이다.

그런데도 정치학은 정부가 하는 일이면 무엇이든 인간사회의 본성에 근거를 두고 있고, '영원하다'라는 케케묵은 전제에다 여전히 근거를 두고 있다. 그 결과 지금까지도 정부가 수행하고 있는 오래된 것, 쓸모없는 것, 더는 생산적이 아닌 것들을 제거할 수 있는 정치적 메커니즘이 없다.

혹은 우리가 갖고 있는 메커니즘이 아직 기능을 발휘하지 못하고 있는지도 모른다. 최근 미국에서는 '일몰법 sunset laws'이 대거 등장하고 있다. 이 법은 정부기관이나 공공법률이 일정 기간이 지난 뒤 특별히 다시 연장하지 않는 한 자동으로 폐기된다고 규정하고 있다. 그러나 이런 법률들은 제 기능을 다하지 못하고 있다. 그 이유는 부분적으로 정부기관이나 법률이 언제 역기능석으로 되는지 객관적 기준이 아직 없고, 부분적으로는 지금까지 폐기에 대한 조직적 절차가 없기 때문이다.

'일몰법'이 의미가 있고 목적을 달성히게 하기 위해 원칙과 프로세스 둘 다 개발하는 것은 우리가 당면한 중요한 사회적 혁신 가운데 하나다. 그리고 곧 만들 필요가 있는 것이기도 하다. 미국 사회는 그것을 받아들일 준비가 되어 있다.

그러나 이런 두 가지 사회적 정책*은 예를 든 것에 지나지 않는다. 그 밑바닥에 있는 정책, 태도 그리고 무엇보다도 우선순위를 대폭 재조정할 필요가 있다. 우리는 유연성을 기르는 일, 계속해서 배우는 습관, 변화를 정상적인 것으로, 그리고 기회로 보는 습관을 장려해야 한다. 이는 개인들뿐만 아니라 기관들도 마찬가지다.

조세정책이 그 한 분야다. 조세정책은 개인의 태도에 미치는 영향 측면이나 사회적 가치와 우선순위의 상징이라는 두 가지 측면에서 중요하다. 선진국에서는 과거의 것을 청산하는 일은 조세제도 때문에 매우 어렵게 되었다. 예컨대 미국의 경우 세무당국은 회사 자체 혹은 생산라인을 처분하거나 청산함으로써 받은 돈을 소득으로 간주한다. 물론 그 돈은 자본을 회수한 것이다. 그러나 현재 조세제도 아래에서 회사는 그 돈에 대해 소득세를 납부해야 한다. 그리고 회사가 그 돈 가운데 일부를 주주에게 배당이라도 하게 되면 주주는 그것이 마치 정상적인 '배당금'인 양, 즉 이익의 배분으로 간주되어 세금을 내야 한다. 그 결과 회사는 오래된 것, 진부한 것, 더는 생산적이지 않은 것을 폐기하지 않는 쪽을 선호하게 된다. 회사는 그런 것에 집착하게 되어 돈을 계속 투입하게 된다.

---

*잉여 노동력을 해결하는 정책과 효력이 다한 사회 정책과 진부한 공공 서비스 기관을 체계적으로 폐기하는 정책.

그다음 더 나쁜 것은 회사는 그런 낡은 것들을 '보호하기 위해' 가장 능력 있는 사람들을 배치하게 되는데, 그것은 가장 희소하고도 값진 자원을 대량으로 잘못 배분하게 되는 셈이다. 회사가 앞으로도 사업을 계속하려면 '내일을 만들기 위해' 배분할 필요가 있는 인적 자원을 말이다.

그리고 마지막으로 회사는 오래된 것, 진부한 것, 더는 생산적이지 않은 사업이나 생산라인을 청산하거나 처분하고는 그 돈을 주주에게 배당하지 않게 된다. 결과적으로 혁신적인 기업가적 투자기회에 투입할 수 있는 자본인데도 자본시장으로 흘러가지 않게 되는 것이다. 그 대신 회사는 돈을 내부에 보유하고는 일반적으로 회사가 자본시장에서 자금을 쉽사리 조달할 수 없는 사업을 하는 데 필요한 부품을 조달하는 등 오래되고 전통적이며 쇠퇴하는 사업이나 제품에 투자하게 된다. 이것은 희소한 자원을 대량으로 잘못 배분하는 또 하나의 실수를 저지르는 것이다.

기업가적 사회에서는 자본이 어제의 것에서 내일로 이동하는 것을 막고 또 불이익을 주는 대신에, 그것을 촉진하는 조세제도가 필요하다. 우리는 또한 그런 조세제도 속에서, 그리고 그것을 통해서 새로운 기업과 성장하는 기업이 당면하는 가장 급박한 자금조달 문제를 해결할 수 있어야만 한다. 그 한 방법이 다음과 같은 경제적 현실을 인정하는 것이다.

새로운 기업, 특히 성장하는 기업의 경우 창업 이후 5, 6년 동안 '이익'을 기록했다면 그것은 회계상의 허구에 지나지 않는다. 그 기간에 새로운 벤처기업이 사업을 계속 유지하는 데 드는 비용은 원칙적으로 과거의 사업에서 얻는 이익보다, 즉 기존의 사업비용을 지급하고 남는 이익보다 더 크다. 사실상 이것은 신성장 벤처기업이 사업을 계속하려면 항상 영업이익을 깡그리 재투자해야 한다는 것을 의미한다.

일반적으로 신성장 벤처기업이 빠르게 성장하길 바란다면 예상 '영업이익'보다 훨씬 더 많은 자본을 투자해야만 한다.

그러므로 신성장 사업은 독자 회사든 기존 회사의 신사업부문이든 간에 처음 몇 년 동안은 세금을 감면받아야 한다. 마치 작지만 빠르게 자라나는 아이에게 어른을 먹여 살리는 데 필요한 '여분의 힘'을 기대할 수 없는 것과 같은 이유다. 그리고 세금은 생산자가 어떤 다른 사람, 즉 비생산자를 먹여 살리는 수단이다. 만약 새로운 벤처기업이 '성숙한 기업'이 될 때까지 세금을 감면해주면 궁극적·실질적으로 더 많은 세금을 거두어들이게 된다는 것은 거의 틀림없다.

그러나 이런 제안이 너무도 '급진적'인 것으로 보인다면 새로운 벤처기업은 적어도 유아시절에 창출한 이익에 대해서만은 세금납부를 연기할 수 있어야만 한다. 그것은 자금조달 압력이 극심한 시기가 지날 때까지는 현금을, 그것도 벌금이나 이자 부담 없이 보유할 수 있어야만 한다. 결론적으로 기업가 사회와 기업가 경제는 자본축적을 촉진하는 조세정책을 필요로 한다.

규제완화

기업가정신을 촉진하는 혹은 적어도 억제하지는 않는 조세 및 재정정책만큼이나 중요한 것이 새로운 벤처기업에게 정부의 무거운 규제, 각종 제한, 서류작성 부담을 지우지 않는 것이다. 다음과 같은 방법도 채택할 수 있을 것이다. 독자적 회사든 기존 회사의 한 새로운 사업부문이든 간에, 새로운 벤처기업이 규제, 보고서, 서류를 작성하는 데 드는 비용이 그 기업의 총매출액의 일정 부분(예컨대 5퍼센트)을 초과하는 부분을 정부에 청구하도록 하는 것이다. 이 방법은 공공 서비스 부문의 새로운 벤처기업에게 특히 도움이 될 것이다.

선진국의 공공 서비스 기관은 정부 규제 때문에 한층 더 큰 어려움을 겪고 있다. 또 본연의 활동보다는 정부에 제출하는 잡다한 보고서 때문에 시간을 더 많이 빼앗기고 있다. 그리고 공공 서비스 기관은 원칙적으로 자금면이나 인력면에서 그런 부담을 해결할 능력이 훨씬 뒤떨어진다.

(서류작성에 드는) 비용의 일정 부분을 정부에 청구하는 정책은 선진국이 앓고 있는 위험한 잠행성 질병, 즉 눈에 보이지는 않지만 정부의 규제로 끊임없이 증가하는 비용에 대한 최고의, 아마도 유일한 치료법일 것이다. 그런 비용은 실제 금전적으로 비용이 들 뿐만 아니라 더 나아가 유능한 사람들과 그들의 시간과 노력을 쓸데없이 빼앗아간다. 게다가 그런 비용은 다음과 같은 이유로 눈에 띄지도 않는다. 예컨대 정부의 예산에 반영되는 것이 아니지만 자신이 데리고 있는 간호사가 정부가 요구하는 형식에 맞추어 보고서를 작성하느라 근무 시간의 반을 허비한 외과의사의 계정에 감추어져 있기 때문이다. 대학의 경우 16명이나 되는 고위 관리직이 정부의 지시와 규제에 '적합하게 업무를 처리했는지'를 검토하는 데 드는 예산에 포함되어 있기 때문이다.

중소규모 기업의 경우 종업원 275명 가운데 19명의 회계부문 종업원들이 세무 공무원처럼 동료들의 월급에서 세금과 사회보장비를 공제하고 있으며 공급업자와 고객의 납세번호를 파악하여 세무 당국에 보고한다. 유럽의 경우에는 종업원들이 부가가치세를 징수하는 업무를 대신하기 때문에 회사의 손익계산서에 그만큼 손실을 기록하게 된다. 이런 보이지 않는 정부의 간접비용은 철저히 비생산적이다. 세무 회계를 담당하는 사람들이 국가의 부 혹은 생산성에 기여한다고, 그리고 물질적이든 육체적이든 정신적이든 간에 사회의 복지에 조금이라도 기여한다고 믿는 사람이 어디 한 명이라도 있는가? 그런데도 모든 선진국 정부는 인류의 가장 희소한 자원인 유능하고 근면하며 훈련된 사람들을 그런 본질적으로 무익한 활동에 꾸준히 점점 더 많이 강제로 잘못 투입하고 있다. 적어도 새로운 기업가적 벤처기업이 그러지 않도록 보호할 수는 있어야 한다.

우리는 정부가 어떤 새로운 정책이나 대책을 수립할 때 다음과 같은 질문을 할 필요가 있다.

"사회의 혁신 능력을 더욱 촉진하는가? 사회적·경제적 유연성을 증진하는가? 혹은 그것은 혁신과 기업가정신을 방해하거나 억제하지는 않는가?"

배운 사람일수록 더 배워야 한다

기업가 사회에서 개인들은 엄청난 도전에 직면한다. 즉 계속학습

continuous learning과 재학습relearning의 필요성 말이다.

전통 사회에서 학습은 청년기 또는 성인이 되면 끝나는 것이라고 가정하였다. 어떤 사람이 21세 또는 그 무렵에 배우지 못한 것이 있다면, 그 후 그는 그것을 전혀 배우지 않았을 것이다. 어떤 사람이 21세 또는 그 무렵에 배운 것이 있다면, 그는 그것을 여생 동안 변함없이 써먹을 것이다. 이와 같은 전제 아래 전통적 도제제도가 설립되었고, 전통적 장인기술, 그리고 전통적 직업뿐만 아니라 전통적 교육과 학교제도가 만들어졌다. 오늘날의 장인기술, 전문직업, 교육제도, 학교도 대체로 여전히 그런 전제에 근거하고 있다. 물론 세상에는 항상 예외가 있는 법이어서 전통 사회에서도 계속학습과 재학습을 실천해온 집단도 몇몇 있었다. 위대한 예술가와 학자, 수도사, 신비론자, 예수회 수사들이 그랬다. 그러나 이런 예외적인 사람들은 너무 적어서 무시해도 아무런 문제가 없다.

그러나 기업가 사회에서는 과거 '예외적인 사람들'이 표준이 된다. 기업가 사회의 올바른 전제는 개인들이 성인이 된 뒤에도 새로운 것을 배워야만 한다는 것이다. 그리고 그것도 한 번으로 끝나지 않는다는 것이다. 또 올바른 전제는 개인들이 21세 때까지 배운 것은 5년에서 10년 후에는 진부해지기 시작할 것이어서 새로운 이론, 새로운 기술, 새로운 지식으로 대체해야만 한다는 것이다. 혹은 적어도 보충해야만 한다.

개인들은 계속학습과 재학습에 대해, 자기개발에 대해, 그리고 자신의 경력에 대해 점점 더 책임을 져야만 한다는 것이다. 그들은 어릴 때와 청년기에 배운 것들이 남은 인생을 위한 '기반'이 될 것이라고 더는 가정할 수 없다. 그것은 '출발점'일 것이다. 그것은 남은 인생을 쌓아올릴, 그리고 의지할 기초가 되기보다는 이륙할 지점이 될 것이다. 그들은 그들이 한번 발을 들이면 미리 정해진, 잘 그려진, 그리고 길이 잘 보이는 '경력경로'를 따라 이미 알고 있는 최종 지위까지 승진하는 '경력의 길로 들어갔다'고 더는 가정할 수 없다. 예컨대 미국 군대에서 말하는 '진급의 길' 같은 것은 없다는 말이다. 지금부터 그 전제는 개인들이 자신들의 근로생활 전 기간에 거쳐야 할 몇몇 '경력'을 스스로 발견하고, 결정하고, 개발해야만 한다는 것이어야 한다.

오늘날 전 세계에 보급되고 있는 교육제도는 주로 유럽이 17세기에 개발한 것을 연장한 것이다. 나라마다 실질적으로 추가도 했고 수정도 했다. 그러나 미국의 학교와 대학을 설립할 때 근거로 삼은 기본적·구조적 계획은 300년도 더 전으로 거슬러 올라간다.

지금은 새로운 사고방식이, 어떤 경우에는 전혀 새로운 사고방식이, 그리고 새로운 접근방법이 필요하다. 그것도 교육의 모든 단계에서 필요하다. 유치원에서 컴퓨터를 쓰는 것은 일시적 유행으로 끝날지 모른다. 그러나 텔레비전을 보는 네 살짜리 아이들은 50년 전의 네 살짜리 아이들과는 매우 다른 교수법을 기대하고 요구하며 반응한다.

인문예술과 교육산업

'전문직'에 취업하려는 젊은이들, 즉 오늘날 대학생의 5분의 4도 '인문예술'을 필요로 한다. 그러나 그것은 17세기 대학에서, 영어로는

'인문교육liberal education'으로, 독일어로는 '일반교양Allgemeine Bildung'으로 부르는 그 교과과정을 19세기식으로 변형한 교과과정이 의미하는 것과는 분명 매우 다른 어떤 것을 의미한다. 만약 이 도전을 해결하지 않으면, 우리는 '일반교양'에 대한 근본 개념을 완전히 잃어버릴 지경에 처하게 될 것이다. 그렇게 되면 순수 직업교육과 순수 전문교육으로 전락하게 되어 공동체의 교육적 기초, 종국적으로는 공동체 자체를 위협하게 될 것이다. 그러나 다른 한편으로는 교육자들은 학교교육이 단지 젊은이들만을 위한 것이 아니라는 것, 그리고 학교가 당면한 최대의 도전이자 기회는 이미 고등교육을 많이 받은 성인들을 위한 계속적 재학습continuing relearning이라는 사실을 인정해야만 할 것이다.

아직까지는 이런 과제들을 해결할 교육 이론이 없다. 우리는 17세기 체코슬로바키아의 위대한 교육 개혁가 요한 코메니우스Johann Comenius가 했던 것을, 혹은 예수회 소속 교육자들이 오늘날에 이르러서는 현대적 학교나 현대적 대학이라고 불리는 것을 개발했을 당시 했던 그런 것을 행하는 사람을 발견하지 못했다. 그러나 미국에서는, 적어도 미국의 교육 현장에서는 실무가 이론보다 훨씬 앞서 나가고 있다.

드러커는 미국이 경험한 가장 긍정적이고 고무적인 발전은 성인들, 특히 이미 고등교육을 받은 전문가들을 위한 계속학습·재학습과 관련하여 일어난 교육 실험에 대한 열기라고 평가했다. 사실 이런 현상은 '교육부'가 없는 덕분에 생겨난 행운의 부산물이다. 교육에 대한 '마스터플랜'도 없이, '교육 철학'도 없이, 기존의 교육계에서 별다른 지원을 받지 않고 이미 고등교육을 받은 성인과 수준 높은 성취를 한 성인들을 위한 계속교육과 직업개발교육은 지난 20년간 미국에서 진정한 '성장산업'이 되었다.

복지사회에서 기업가 사회로

1873년 오스트리아에서 발생하여 세계적으로 확산된 공황은 1776년 스미스의 『국부론』 출판과 더불어 시작된 자유방임의 한 세기에 종지부를 찍었다. 1873년의 세계공황 속에서 독일의 비스마르크와 영국의 디즈레일리 등이 주도하여 현대적 복지국가가 만들어졌다. 그로부터 100년 뒤, 복지국가는 지금 거의 모두 알고 있는 바와 같이 수명을 다했다.

복지국가는 고령 인구의 증가와 출산율 저하라는 인구통계적 도전을 받더라도 살아남을지도 모르겠다. 그러나 복지국가는 오직 기업가적 경제가 생산성 향상에 크게 성공하는 경우에만 살아남을 수 있다. 더 나아가 여전히 우리는 복지국가라는 거대한 건축물에 몇몇 작은 건물들을 추가할 수도 있으며, 이곳에 방 하나를 더 늘리고, 저곳에 새로운 혜택을 제공할 수 있을지도 모른다. 그럼에도 '복지국가는 미래라기보다는 과거다.' 지금은 심지어 나이 많은 진보주의자들도 알고 있는 것처럼 말이다.

기업가 사회가 복지사회의 후계자가 될지는 알 수 없다. 하지만 복지국가의 기득권이 가져올 미래 재앙을 줄이기 위해 혁신과 기업가

정신을 필수적으로 발휘해야 한다. 따라서 기존 세대뿐만 아니라 젊은 세대에게도 '혁신과 기업가정신' 교육이 필요하다.

완벽한 복지국가, 즉 개인이 필요로 하는 모든 것을 정부나 사회가 제공한다면, 다시 말해 개인이 생존을 국가와 정부에 의존한다면 결국 개인은 자신의 목숨을 담보로 내놓아야 한다. 우리는 그것을 프랑스혁명에서 배웠고 나치즘과 파시즘에서 확인했다. 그리고 오늘날 사회주의 독재국가에서 보고 있다. 오늘날 우리나라에서도 해마다 국회에서 정부 예산을 검토할 때 복지 예산의 증가가 큰 쟁점이 되고 있다.

07

정부가 할 수 있는 일이 무엇인가

다양한 조직들에 기초를 둔
새로운 다원주의 사회

피터 드러커 교수는 현대 정부가 오직 두 가지 분야만 잘할 수 있다고 했다.
한 가지는 전쟁을 치르는 일이고
다른 한 가지는 인플레를 유발하는 일이라고 했다.
나는 드러커 교수가 틀렸다는 사실을 증명하려고 한다.

리처드 닉슨 미국 대통령

이제 '정부가 해야만 할 일이 무엇인가?'라는 질문은 그만둘 때가 되었다.
그 대신에 '정부가 할 수 있는 일이 무엇인가?'를 질문할 때가 되었다.

피터 드러커

07

새로운 질문 : 정부가 할 수 있는 일이 무엇인가?

1969년 드러커는 『단절의 시대』를 발표하여 큰 호응을 받았다. 드러커는 특히 이 책에서 기업과 정부가 거둔 성공과 새로운 과제를 제시하여 지식인들 사이에 논란거리를 제공했다. 이 책의 기본 테마는 제2차 세계대전이 끝난 직후부터 20년 동안 사회의 주요 관심사는 경제문제였지만, 오늘날에는 관심거리가 경제문제에서 사회문제와 사회구조에 대한 것으로 이동하고 있다는 것이었다.

드러커는 1940년대 초까지만 해도 경영 자체에 대한 연구는 시작도 하지 않았다. 그 후에도 큰 관심이 없었다. 그러나 제2차 세계대전을 겪으면서 자유사회는 그 당시 아직도 태동기였고 그다지 주목받지 못하던 경영기관institution of management이 필요하다는 것을 확신하게 되었다. 1960년대 후반에 이르자 심지어 최후진국까지 포함하여 온 세계가 '경영에 매우 높은 관심'을 보였다. 사실 경영대학, 경영학 관련 학위들, 경영 관련 저술들은 이 무렵 적어도 양적인 측면에서는 어느 정도 이미 과다하다고 할 지경에 이르렀다. 그러나 새로이 등장한 사회기관, 즉 경영기관이 경제적으로 큰 성과를 이룩하게 되자 다른 여러 과제에 새로운 도전을 유발했다. 드러커는 경영을 경제적 기관이라거나 기업의 기관이라기보다는 정확히 사회의 기관이라는 관점을 항상 유지해왔다. 그 새로운 도전은 여전히 우리와 함께 있으며, 그것들은 경제적인 도전이라기보다는 사회적인 도전이다.

동시에 20세기의 또 하나의 성공물, 즉 20세기의 정부 역시 그 정점에 도달했다. 20세기의 관료주의 정부는 알다시피 제1차 세계대전의 결과로 등장하였다. 그 후 모든 교전국(심지어 차르 체제의 러시아)에 관료주의가 확실히 자리를 잡았다. 1960년대 후반에 이르자 정부는 공산주의 정부든 전체주의 정부든 민주주의 정부든 간에 권력 집중이라는 측면에서 정점에 도달했다. 모든 국가는 어떤 사회적 과제든 그것들을 정부에게 넘기기만 하면 '해결'될 수 있는 것으로 확신했다.

그런 확신은 러시아의 스탈린이나 흐루시초프 정권에서 일반적이었던 것과 마찬가지로, 프랑스의 드골 정권, 영국의 노동당 정권, 미국의 케네디 정권에서도 보편적으로 받아들여졌다. 하지만 정부가 무능력해지고 있음을, 그리고 결과를 산출할 수 있는 능력을 급속히 상실하고 있음을 알아차리는 데 시간이 그다지 오래 걸리지 않았다. 드러커는 1950년대에 이미 구소련 정부의 실험이 경제적·사회적으로 철저히 실패했다는 사실을 확신하게 되었다.* 1960년대 중반이

되자 구소련 정부의 실패는 더 이상 분석할 필요가 없을 정도로 명백
해졌다. 그 무렵 미국에서도 존슨 대통령이 1930년대 뉴딜식 미완의
복지국가를 완성하기 위해 추진한 '빈곤과의 전쟁' 역시 사회적으로
의미 있는 결과를 산출하기보다는 실패를 거듭하고 엄청난 적자만
기록할 것 같다는 사실이 명백해졌다.

닉슨 대통령이 증명한 것들

드러커는 『단절의 시대』가 집필되는 도중에 일어난 사건을 예로 들
었다.

「제10장 정부의 질병」은 책이 출판되기 몇 달 전 어느 잡지에 게재
되었다. 바로 그때 닉슨이 제1기 대통령직 취임 선서를 했다. 그 직
후 닉슨은 대통령 자격으로 행한 초기의 공개 연설 자리에서 이 책을
날카롭게 공박했다. 그는 1969년 초 취임식 직후 의료, 교육, 복지
분야 공무원들에게 행한 연설에서 다음과 같이 말했다.

"피터 드러커 교수는 현대 정부가 오직 두 가지 분야만 잘할 수 있
다고 했다. 한 가지는 전쟁을 치르는 일이고, 다른 한 가지는 인플레
를 유발하는 일이라고 했다. 나는 드러커 교수가 틀렸다는 사실을 증
명하려고 한다."

닉슨 대통령은 드러커가 틀렸다는 사실을 정말로 증명했다. 그러

---

* 드러커는 이를 1939년 『경제인의 종말』에서 어느 정도 예측했다.

나 그것은 그가 의도한 대로는 아니었다. 닉슨 정부는 베트남 전쟁에서 현대 정부는 전쟁을 일으키는 방법조차 모르고 있다는 사실을 보여주었다. 그리고 닉슨 정부는 인플레를 유발하는 일을 너무나 잘하고 있음을 증명했다.

어쨌든 닉슨 정부는 『단절의 시대』를 알기 쉽게 공박했다는 점에서 이 책의 주장을 상당히 널리 알리는 역할을 했다. 닉슨이 일으킨 지진, 즉 워터게이트라는 화산분출은 크게 말해 주로 『단절의 시대』에서 확인하고 논의한 바 있는 정부의 질병과 닉슨 자신의 '제왕적 대통령직Imperial Presidency'을 통해 그런 현실을 무시하고자 한 시도 사이에서 발생한 근본적인 단절 때문에 초래된 사건이었다. 요컨대 워터게이트 사건은 '정부의 질병'이라는 단절 때문에, 특히 닉슨 정부가 그 단절을 심각하게 받아들이길 거부했기 때문에 발생했다.

훔볼트와 드러커

드러커는 이제 '정부가 해야만 할 일이 무엇인가?What government should do?'라는 질문은 그만두고 그 대신에 '정부가 할 수 있는 일이 무엇인가?What government can do?'라는 두 번 질문을 할 때가 되었다는 것을 분명하게 깨달았다. 이 두 번째 질문은 프랑스혁명 초기에 독일의 무명 철학도인 훔볼트가 『기능을 수행하는 정부의 한계』라는 소책자에서 제기한 이래 그 누구도 다시 해본 적이 없는 것이다.

그 뒤 훔볼트는 주도적인 자유주의 정치인, 과학적 언어학의 창시자, 그리고 19세기 독일 대학의 창건자가 되었다. 드러커가 정부에게 이런 질문('정부가 할 수 있는 일이 무엇인가?')을 다시 하게 된 것은 1930년대 초, 그러니까 드러커의 나이가 프랑스혁명 당시의 훔볼트만큼이나 젊은 시절, 우연히 훔볼트의 정치사상을 연구하기 시작했기 때문인지도 모른다. 그러나 드러커는 훔볼트 연구는 끝을 맺지 못했고 출판도 하지 않았다. 이 질문에 대해 심사숙고한 결과 드러커는 『단절의 시대』에서 재사유화^{re-privatization}(혹은 재민영화)라는 용어를 만들었다. 10년 뒤 마거릿 대처는 영국의 총리가 되면서 이 용어를 다시 끄집어내 사유화^{privatization}(또는 민영화)라는 단어를 만들어 세계적으로 유행시켰다.

『단절의 시대』는 미국 사회가 혼란에 빠졌던 1967년과 1968년 사이에 저술되었다. 당시 미국에서는 학생운동이 유행했고 베트남 반전운동이 정점에 도달했을 때였다. 하지만 『단절의 시대』는 그런 혼란은 언급하지 않았다. 드러커가 그런 혼란을 중요하게 여기지 않아서 그런 것은 아니었다. 미국 사회 비평가들은 대부분 그 혼란을 '미국적' 현상으로만 이해했다. 그들은 학생운동이 미국에서 출발한 것이 아니라는 사실을, 학생운동은 일본, 독일, 프랑스에서 훨씬 더 격렬하게 오래 지속되었다는 사실을 알지 못했다. 이들 국가에는 베트남 전쟁도, 인종문제도 없었는데 말이다.

마찬가지로 미국이 사회비평가들은 베트남 전쟁은 오직 한 군사강국이 저지른 국제 치안활동의 실패 사례에 지나지 않는다는 사실도 파악하지 못했다. 국제 치안활동으로 성공한 최후 사례는 영국이 말라야에서 일어난 공산주의자들의 봉기를 진압한 것이다. 그러나 그것은 전혀 쓸모없는 승리였다. 그것에 들인 노력과 비용은 대영제국의 붕괴를 가속하는 역할만 했다. 그 후 한국에서는 분단 상태만 고착시켰고, 뒤이어 프랑스가 베트남과 알제리에서, 미국이 베트남에서, 그리고 『단절의 시대』가 출판되고 몇 년 뒤 러시아가 아프가니스탄에서 패배했다. (드러커는 나중에 '미국이 1991년 이라크 전쟁에서 승리했다고 해서 과거의 교훈을 잊지 않기를 바랄 뿐이다'라고 했다.) 어떤 세계적인 현상은 그 원인이 지역적인 것이 아니라 그만한 세계적인 이유가 있기 마련이다. 미국의 학생운동이나 베트남 반전운동 같은 것들을, 미국의 사회비평가들이 대개 항상 그렇게 하듯이, 순전히 미국적 현상으로 설명하는 것은 '미국적 예외주의'만 강조하는 어리석은 짓이다.

　드러커는 그런 사회적 폭동을 대부분의 미국 사회비평가들보다 훨씬 더 심각하게 받아들이면서 사회적 변화의 증상으로 파악했다. 그런 폭력적 분출은 심각한 사회적 이동을 암시하고 있었다. 그런 폭력 사태들은 그 자체가 사회적 이동을 의미하지는 않는다. 학생운동이 폭력사태로 번질 무렵 드러커는 그 점을 이미 언급한 적이 있다. 폭력사태는 매우 파괴적일 수도 있다. 해안을 강타한 큰 파도도 마찬가지다. 큰 파도가 해안을 강타하여 파괴하겠지만 해안을 파괴한 진정한 원인은 바다 밑바닥에서 일어난 지진이다. 따라서 사회적 분출은 인간의 신체에 나타난 어떤 증상처럼 진단이 필요하다는 것을 미리 알려준다. 그것들은 무엇을 나타내는 증상인가? 이것이 바로 『단절의 시대』에서 대답하려고 노력한 질문이다.

　『단절의 시대』에서 제안한 주장은 어느 것 할 것 없이 모두 전통적인 지혜에 상당히 반하는 것들이었다. 하지만 이 책을 읽은 독자들과 비평가들은 즉각 '물론 그렇지'라는 반응을 보였다. 이것이 바로 사회분석가가 노리는 반응이다. 이런 반응이야말로 사회분석가가 수행한 진단의 정당성을 입증해준다. 만약 그런 분석이 사람들이 이미 알고 있는 것과 일치한다면 그것은 단지 과거에 대한 보고서에 지나지 않는다. 만약 그것이 사람들이 이해하지 못하고 인식하지 못하는 것이라면, 그것은 동화 같은 이야기나 희망적 관측을 완곡하게 표현한 '미래 보고서'에 지나지 않는다. 오랜 세월에 걸쳐 많은 비판을 견뎌낸 모든 사회분석서, 예컨대 막스 베버의 저서와 소스타인 베블런Thorstein Veblen의 저서들은 출간 즉시 새로운 시각을 담고 있을 뿐만 아니라 '물론 그렇지'라는 반응을 얻는 두 가지 기준을 충족시켰다. 『단절의 시대』 역시 첫 출간 이래 4반세기가 지났지만 여전히 그 두 가지 기준을 충족하고 있다.

단절의 의미

드러커가 말하는 '단절discontinuity'은 기층을 이루고 있는 사회적·문화적 현실에서 일어나고 있는 주요한 변화를 말한다. 단절이라는 표현은 그 당시에는 새로운 용어였다. '변혁'*이라는 말은 그 당시에도 그리고 지금도 광범위하게 사용되고 있으니 어쩌면 지나치게 널리

---

* revolution, 사회적으로 혁명이라고 표현하지만 지질학 용어로는 범세계적·지구적 조산造山운동을 의미하다

사용되는 것은 아닌지 모르겠다. 그러면 단절이란 무엇인가? 지질학자는 discontinuity라는 용어를 revolution이라는 말보다 때에 따라서는 더 넓은 의미로 혹은 더 좁은 의미로 사용하기도 한다. revolution은 지질학적으로 지금까지 익숙하게 보였던 풍경을 없애 버리고 새로운 것을 창조하는 지진이나 화산의 분출을 뜻한다. 그러나 revolution은 대체로 revolution에 앞서 일어나 revolution을 불가피하게 만드는 기층의 변화가 만들어낸 결과다. 그러므로 revolution은 discontinuity의 결과다. revolution은 새롭게 형성되는 현실과 (어제의 현실을 대변하는) 기존의 제도와 관습적인 행동 사이에서 형성되는 긴장 때문에 발생한다. 그리고 revolution은 폭력적이고 거창하게 일어나지만 discontinuity는 점진적으로 조용히 진행된다. 그것들이 화산분출이나 지진으로 이어지기 전까지는 거의 낌새도 알아차릴 수 없이 추진된다.

『단절의 시대』가 처음 출간된 이후 이런 근본적인 주장, 즉 제2차 세계대전 이후의 시대는 새로운 시대의 시작이라기보다는 한 시대의 끝을 의미한다는 주장은 광범위하게 받아들여졌다. 그러나 주요한 사회변화에는 별로 주목하지 않았다. 관측자들은 대부분 여전히 과거만 회고하고 있었다. 그 반면 이 책은 앞을 내다보고 있다. 그런 이동이 이미 발생했다는 사실은 틀림없이 관측할 수 있을 것이고 적어도 느낄 수는 있을 것이다. 그러나 우익이든 좌익이든, 자유진영이든 전체주의 공산진영이든, 선진국이든 개발도상국이든 간에 표방하는 정치적 구호는 여전히 지나간 현실을 바탕으로 한다.

『단절의 시대』는 네 분야에서 단절이 일어나고 있음을 분석한다.

첫째, 새로운 기술이 급속도로 발전하고 있다. 이를 바탕으로 새로운 산업이 형성되고 있다.

둘째, 새로운 세계경제world economy가 형성되고 있다. 그 세계경제에서는 19세기에 지배적이었던 국가 내 계급갈등 대신에 선진국과 개발도상국의 갈등이 자리를 잡아가고 있다.* 공통의 정보가 국경, 언어, 정치 이념마저도 무시하고 각국을 넘나들고 있다. 한마디로 세계는 '하나의 시장', 즉 글로벌 쇼핑센터가 되었다. 동시에 세계경제는 모든 국가가 활발히 경제정책을 수립해야 할 대상이자 새로운 경제적·사회적 제도들을 만들어야 할 영역이다. 하버드대학의 진보적 경제학 교수 존 갤브레이스John K. Galbraith는 한동안 선진국의 주도적 경제학자들 가운데 다국적 기업을 비판하는 거의 유일한 사람이었다. 그러나 1977년 봄, 갤브레이스는 '다국적 기업은 개발도상국에게 유일한 경제적 희망이 되었으며, 다국적 기업은 개발도상국이 그것을 통해 경제 성장을 할 수 있고 경제 통합을 이룰 수 있는 가장 믿을 수 있는 방법이다'라고 선언했다.

셋째, 다양한 조직에 기초를 둔 새로운 다원주의가 등장하고 있다. 새로운 다원주의는 정치와 사회에 관한 전통적 이론, 그리고 여전히 일반적으로 타당성을 인정받고 있는 이론을 유명무실하게 만들고 있으며, 정부의 업무수행 능력을 심각하게 위협하거나 파괴하고 있다. 오늘날 사회적으로 중요한 과제들은 모두 영구적으로 조직된 대규모 기관들이 수행하고 있으며, 그것 또한 경영자가 도맡아 운영하고 있

---

* 물론 국가 내의 계급갈등은 여전히 정치적 수사로서, 그리고 정책 대상으로 남아 있다.

다. 우리가 기대하고 알고 있는 바를 지배하는 가정은 아직도 18세기 자유주의 이론에 기초하여 형성된 개인주의 사회를 뒷받침하는 것들이지만, 우리의 행동을 지배하는 현실은 조직화된, 과도하게 조직되고 집중된 권력 overorganized power concentration 이다.

마지막으로 지식이 새로운 자본 겸 경제의 핵심자원으로 등장하고 있다. 조직을 경영하는 지식인들이 새로운 권력 중심 겸 주요 노동력 집단으로 등장하고 있다. 이런 현실은 이 책이 주장하는 대로, 지식과 지식인의 책임과 의무는 정치이론과 공공정책의 핵심과제가 될 것이고 윤리 문제에서 중심 과제가 될 것이라는 점을 의미한다.

**오일쇼크, 지식근로자의 등장과 경영자의 책임,
케네디 대통령 암살사건의 의미**

1973년의 오일쇼크 역시 그런 단절 현상 때문에 일어났다. 경제 부문의 진정한 세력 중심이 국민경제에서 세계경제로 이동했기 때문이다. 오일쇼크는 세계의 모든 국가와 모든 경제가 전적으로 세계경제에 통합되어 있다는 사실을 극적으로 보여주었다. 그뿐만 아니라 지금도 경제학자들이 타당하다고 인정하고 있는 국민경제의 운영원리와는 정면으로 배치되고 또한 돌이킬 수 없는 현상이 되었음을 보여주었다. 석유수출국기구 OPEC는 개발도상국들 사이에 번진 '인종 전쟁 race war' 이라는 감정이 없었다면 성공하지 못했을 것이다.

고유가는 선진국들에게 다소 불편하거나 정치적으로 혼란을 유발하는 것 외에는 아무런 영향을 미치지 않는다. 재정적·경제적 측면에서 보면 고유가는 실질적으로 선진국을 도와준다. 왜냐하면 선진국에서 들어오든 제3세계의 개발도상국에서 들어오든 간에, 석유수출국의 소득증가분은 오직 두 가지 방식으로 지출되기 때문이다. 그것은 선진국에서 제품을 구입하는 데 지출될 수 있다. 혹은 선진국에 투자될 수도 있다. 그러나 개발도상국으로서는, 에너지와 비료 가격의 상승을 의미하는 석유카르텔은 치명적인 위협이 된다. 그럼에도 석유생산국들이 1973년 원유 가격을 4배로 올렸을 때 모든 개발도상국은 박수를 쳤다. 심지어 인도, 브라질, 파키스탄과 같이 고유가가 자신들의 국민경제에 큰 위협이 되고 경제적·사회적 불안을 유발할 수도 있다는 것을 즉각 인식한 국가들마저도 그랬다. 이와 같이 개발도상국들의 지지가 없었더라면, OPEC은 몇 달 만에 붕괴되었을 것이다. 개발도상국들은 심지어 고유가가 자신들 국가의 미래 경제에 얼마나 큰 악영향을 미칠지 알고 나서도, OPEC의 활동을 세계경제에서 '계급의 적 class enemy'에게 일격을 가하는 것으로 여겼다. 그리고 부유한 서구 선진국가들의 권력과 지배에 맞서 성공한 최초의 공격으로 보았다. 그것은 자승자박이 될 수도 있었다. 그러나 이것 역시 개발도상국들은 격렬하고도 거의 열병에 걸린 듯 민족주의적 슬로건을 내걸고 있지만, 자신들이 세계경제의 틀 속에서 행동하고 있다는 것을 표현하는 것이다.

『단절의 시대』가 처음 출판된 이후 기업뿐만 아니라 병원과 정부기관 등의 관리자들이 사회적 책임과 의무를 다해야 한다는 주장이 엄청나게 많이 제기되고 있다. 이는 첫째 드러커가 말한 이른바 '다양한 조직들로 구성된 새로운 다원주의new pluralism of organizations'가 초래한 단절과, 둘째 새로운 권력 중심점으로서 '지식근로자'의 등장에 따른 단절이 영향력을 발휘하고 있음을 입증하는 것이다.

미국에서 제2차 세계대전 이후의 시대는 『단절의 시대』가 출판되기 전에 이미 종말을 맞았다. 확신하건대 그 결정적인 사건은 베트남전쟁, 학생소요, 1973년의 오일쇼크가 아니라 1963년 11월 케네디 대통령 암살사건이었다. 케네디 대통령 암살사건은 한 시대의 종말을 의미했다. 케네디 대통령 암살사건은 또한 미국의 많은 사람의 잠재의식을 일깨워주었다. 제2차 세계대전 중과 그 이후에 완전히 사라졌다고 생각했던 악의 세력이 문명의 얄팍한 껍질 아래 잠복해 있었다는 것을 우리 모두에게 상기시킨 것이다. 케네디 대통령 암살사건은 깊은 상처를 남겼고, 정말로 일어날 수 없는 일이 발생했다는 것을 깨닫게 해주었다.

미래를 만들기 위해 지금 우리가 해결해야 할 일은 무엇인가?

1969년경에는 미래를 어둡게 예측하는 책들이 매우 많았다. 오늘날 그런 책은 한층 더 많이 팔리고 있다. 『단절의 시대』는 그런 종류의 책은 아니다. 이 책은 낙관적인 내용만 담고 있지는 않지만 어느 정도 희망을 담고 있다. 이 책은 매우 심각한 문제가 있음을 확인하고 논의한다. 무엇보다도 이 책은 그런 문제를 새로운 사고로 접근할 기회로, 신선한 정책을 수립하기 위한 기회로, 정치 철학과 정치 활동에 큰 활력을 불러일으킬 기회로, 교육 철학과 교육 활동을 새롭게 할 기회로, 그리고 경제 철학과 경제 활동에 에너지를 폭발시킬 기회로 인식하고 있다. 『단절의 시대』는 우리가 할 일과 이룩할 수 있는 성취가 무엇인지 그 기회를 찾으려는 것이었다.

하지만 이 책의 주제는 경제학이나 기술론에 대한 것도 아니다. 정치구조나 지식 또는 교육에 대한 것도 아니다. 이 책의 통일된 주제는 현실을 얼핏 보기만 해도 알아차릴 수 있는 단절에 대한 것이다. 『단절의 시대』는 추세를 예측하려 하지 않고 단절 현상을 파악하려 한다. 이 책은 미래를 예측하려고도 하지 않는다. 이 책은 오늘날의 현실을 면밀히 검토한다. 이 책은 '미래의 모습은 어떨까?'라고 질문하지 않는다. 그 대신 '미래를 만들기 위해 지금 우리가 해결해야 할 일은 무엇인가?'라고 질문한다.

드러커는 『단절의 시대』에서 크게 네 가지 단절 현상(새로운 기술의 등장, 세계경제, 새로운 다원사회, 지식의 변화)을 제시했다. 여기서 드러커가 세 번째 단절 현상으로 지목한 '다양한 조직들에 기초한 새로운 다원주의'를 좀 더 깊이 논의하고자 한다. 지금부터 200년 후 역사가들은 우리가 거의 관심을 두지 않았던 것을 20세기의 중심 현상으로 파악하게 될지도 모르겠다. 즉 중요한 사회적 과제들이 모두 각각 그것들을 전담하는 한 대규모 기관에 위탁되는 '조직들의 사회society of organizations'(조직 사회)의 등장 말이다. 이 시대를 살아가는 우리가 보기에 여러 기관, 예컨대 정부, 대기업, 대학, 노동조합 등은 하나하나가 바로 그런 기관 노릇을 하고 있다. 그러나 미래의 역사가가 보기에 가장 인상적인 사실은 새롭고도 독특한 다원주의의 등장, 즉 다양한 기관으로 구성되고 권력은 분산된 사회가 도래했다는 사실일는지도 모른다.

제1차 세계대전 전에는 어느 곳 할 것 없이 사회의 모습이 캔자스 대평원과 매우 닮았다. 지평선을 배경으로 해서 보이는 가장 큰 물체는 사람이었다. 사회적 과제들은 대부분 가족 단위로, 가족이 모든 문제를 해결했다. 아무리 덩치가 크게 보인다 해도 정부마저도 실제로는 규모가 작았고 분위기가 아늑하게 느껴졌다. 독일제국 정부는 그 당시 사람들에게 거상처럼 보였다. 하지만 중간 계층의 공무원이면 모든 부처의 모든 부서에서 근무하는 중요한 인물들은 개인적으로 알고 지낼 수 있을 정도의 규모였다.

그 후 규모는 놀랄 만큼 커졌다. 오늘날 새로 짓는 정부 청사 건물들 가운데 규모가 가장 작은 건물이라도 1910년의 모든 정부 시설을 편안하게 집어넣을 수 없는 국가는 이 세상 어디에도 없다(요즘 한국의 지방자치단체의 장대하고 화려한 청사를 생각해보라). 게다가 그 건물에 남아도는 방 한 칸은 오페라하우스나 스케이팅 링크를 만들 수 있을 정도로 크다.

대규모 조직들로 구성된 사회와 권력집중

제1차 세계대전 전만 해도 주변에서 볼 수 있는 '규모가 큰' 조직은 기업뿐이었다. 그러나 1910년의 '대기업'마저도 오늘날에는 보잘것없게 느껴진다. 우리 할아버지들을 놀라게 한 '문어발 기업', 즉 존 록펠러의 스탠더드 오일 트러스트는 1911년 14개 지역별 회사로 분리되었다. 그 후 30년도 채 안 된 1940년까지 분리된 회사들은 모두 록펠러의 스탠더드 오일 트러스트보다도 규모가 더 커졌다. 종업원 수, 매출액, 투자된 자본 등 모든 면에서 그랬다. 그러나 이런 14개 스탠더드 오일의 자매회사들 가운데 3개 회사, 즉 저지 스탠더드$^{Jersey\ Standard}$, 소코니 모빌$^{Socony\ Mobil}$, 스탠더드 오브 캘리포니아$^{Standard\ of\ California}$만이 '메이저급' 국제 석유회사였다. 나머지는 1940년대 기준으로는 '소규모'에서 '중간규모'로 기록되었으며 30년이 지난 후인 오늘날 기준으로는 '소기업'이었을 것이다.

모든 기관이 거대한 조직이 되었다는 사실을 인정하지 않으면 우리는 우리가 살고 있는 시대의 사회를 이해하기 어렵다. 오늘날 기업들은 존 록펠러 시대의 최대 기업보다도 훨씬 더 크다. 대학들 역시 록펠러의 또 다른 창조물, 즉 시카고대학보다 상대적으로 보면 여전히 더 크다. 록펠러가 19세기에서 20세기로 세기가 바뀔 무렵 설립한 이 대학은 아마도 미국 최초의 현대적 대학이었을 것이다. 병원들도 다른 여느 기관들보다 상대적으로 여전히 더 크고 훨씬 복잡하다.

'권력집중$^{concentration\ of\ power}$'의 문제는 이제 경제에 국한되지 않는다. 최대 규모의 노동조합 서너 개를 합하면 10대, 20대, 심지어 30대 대기업들을 합한 것보다 산업계에서 상대적으로 더 큰 힘을 발휘한다. 그리고 몇몇 대규모 대학들은 사회생활의 다른 어느 영역에서도 본 적이 없을 정도로 '두뇌집중$^{concentration\ of\ brain\ power}$'을 하고 있다. 일찍이 허용되지 않았을 정도로 집중되고 있다. 미국 박사학위의 거의 대다수는 대략 20여 개 대학이 수여하고 있다. 미국 고등교육 기관의 1퍼센트의 10분의 1에 해당하는 대학들이 말이다.

미국과 러시아 '두 초강대국'이 무기 분야에서 벌이는 군사력 집중은 기원후 1세기경 로마제국의 무력이 정점에 도달했을 때 이후 국제 사회에서는 견줄 만한 것이 없을 정도로 강력했다. 그러나 규모와 예산 키우기는 가장 중요한 변화가 아니다. 과거와 비교하여 진정 변화라고 할 수 있는 것은 오늘날 모든 주요한 사회적 기능이 대규모로 조직된 기관들 속에서, 그것들을 통해서, 수행되고 있다는 점이다.

주요한 영향을 미치는 사회적 과제, 즉 국방과 교육, 정부, 제품의 생산과 분배, 건강관리, 지식탐구 등 하나하나는 점점 더 영구적으로 조직된 기관에 맡겨지고 있다. 그리고 그 호칭이 '관리자' '책임자' '경영자' 등 무엇이든 간에 전문가가 맡아서 처리하고 있다.

정부는 그런 기관들 가운데 가장 강력한 것으로 보인다. 정부는 분명 지출규모가 가장 큰 기관이다. 다른 기관들도 각각 사회에 필수적인 기능을 수행하며 또한 각각 독자적인 권리를 갖고 수행하지 않으면 안 된다. 각각의 기관은 고유한 자치권을 갖고 있다. 각각은 독자적으로 해야 할 일이 있으며 고유한 목적, 고유한 가치, 고유한 이론적 근거를 갖고 있다. 만약 정부를 여전히 '영주'라고 한다 해도, 적어도 그것은 이제 '지배자'가 될 수는 없다.

정부 혹은 헌법과 관련된 이론이 어떻다 해도 정부는 점점 더 하나의 '조정자' '회의를 주재하는 의장' 혹은 기껏해야 '지도자'로서 기능을 수행한다. 하지만 역설적으로 정부는 일을 너무 많이 하고 업무를 처리함으로써 고통을 겪고 있다. 정부가 목적을 달성하고 강력해지려면 다른 기관들에게 '분권화'하는 것을 배워야 하며, 더 많은 것들을 성취하기 위해서는 더 적게 하는 것을 배워야만 한다.

**새로운 다원주의 : 새로운 기관들은 서로 기능이 다르며,
사회적 우월성은 없다**

20세기에 등장한 것은 새로운 다원주의다. 17세기 정치 이론이 여전히 가르치고 있는 정치구조, 즉 조직적 권력기관으로는 정부가 유일하던 정치구조는 거의 사라졌다. 그러나 예컨대 기업, 노동조합, 대학 등 새로운 기관들 가운데 하나만 보고 그것을 새로운 기관이라고 주장하는 것은 전혀 옳지 않다.

사회이론이 의미를 가지려면 기관들의 다원주의 pluralism of institutions라는 현실을 바탕으로 해서 출발하지 않으면 안 된다. 오직 빛을 반사함으로써 번쩍거릴 뿐인 위성들로 둘러싸인 큰 중심이 아니라 태양들로 가득 찬 은하계 같은 것 말이다.

과거의 다원주의적 권력기관들, 즉 공작, 백작, 대수도원장, 심지어 소지주 등은 호칭과 수입 면에서만 서로 달랐다. 하나는 다른 하나보다 계급이 위였고 지배자였다. 각각은 한정된 영토를 갖고 있었다. 종합적인 공동체로서 그곳에서 일어나는 조직적 사회활동과 정치적 문제는 무엇이든 끌어안고 해결했다. 각각의 권력기관은 기본적으로 동일한 활동에 관심을 기울이고 있었다. 다른 무엇보다도 생존문제를 해결할 식량을 토지에서 확보하는 것이었다.

미국식 연방제도는 여전히 이와 같은 전통적 다원주의를 전제로

한다. 연방정부, 주정부, 기초자치단체는 모두 독자적으로 뚜렷한 지리적 한계를 갖고 있고 위치의 높낮이가 서로 다르다. 그러나 각각은 본질적으로 똑같은 기능을 한다. 지역 정부로서, 전통적인 정부의 임무를 수행하고 있다.

규모의 차이와 높낮이의 차이 같은 것은 새로운 기관에는 그대로 적용되지 않는다. 새로운 기관들 각각은 특수한 목적을 가지고 있다. 병원은 건강관리를 위해, 기업은 경제적 재화와 용역을 생산하기 위해, 대학은 지식을 향상하고 전파하기 위해, 각각의 정부기관은 국방을 위한 군사행위 등과 같은 구체적인 목표를 수행하기 위해 존재한다. 그것들 가운데 어느 하나가 다른 것보다 '높다'거나 '낮다'고 간주될 수 없다. 지식을 향상하는 것이 건강관리 혹은 경제적 재화와 용역의 제공보다 우월하다고 주장하는 것은 바보들이나 할 짓이다.

그러나 동시에 그것들 가운데 어느 것도 지역적으로 구분될 수 없다. 달리 말해, 그것들은 과거의 기관들 가운데 어느 것(중세의 교회는 예외로 하고)도 자신이 그렇다고 주장한 적이 없을 정도로 '세계적'이다. 하지만 각각은 인간의 생활에 필요한 한 작은 분야에 한정되어 있고 인간 공동체의 한 가지 측면에 국한하고 있다.

이 새로운 다원주의가 직면하는 문제는 과거의 다원주의의 문제, 현재의 정치이론과 헌법에 의한 단원 사회$^{unitary\ society}$의 문제와는 상당히 다르다. 과거 다원주의 사회의 경우 그 제도 아래 있는 소지주에서 국왕에 이르기까지 모든 구성원은 다른 구성원들이 계층구조상 처해 있는 위치가 어떤 것인지, 다른 구성원들의 임무와 문제가 무엇인지를 정확하게 이해했다. 모든 구성원은 정확하게 동일한 임무와 문제를 갖고 있었다. 규모만 차이가 있을 뿐이었다.

　새로운 다원주의에서 각각의 기관은 다른 임무를 갖고 있다. 그들은 서로 다르다는 사실을 당연시한다. 그들은 다른 것들을 중요하게 생각한다. 대기업의 부사장, 정부기관의 부서 책임자, 대학의 학부장은 매우 비슷한 규모의 업무를 수행하고 있고 또 비슷한 종류의 관리적 문제를 처리하고 있다 해도 서로 각자가 수행하는 역할, 임무, 결정사항을 쉽게 이해하지는 못한다.

　과거 다원주의의 구성원들은 '서열'과 계층구조상 위치에 끊임없이 신경 썼다. 그러나 이 점은 오늘날의 다원주의에서는 주요 관심사가 아니다. 병원 관리자는 자신이 기업 조직으로 치면 사장에 해당하는지, 노동조합의 경우 조합장에 해당하는지, 공군으로 치면 장군에 해당하는지 특별히 관심을 갖지 않는다. 그러나 그들은 모두 '커뮤니케이션' 문제에 신경을 쓴다.

　오늘날의 다원주의에서 어떤 지도자가 다른 지도자들은 어디에 관심을 갖고 있는지, 그리고 그 이유가 무엇인지에 대해 어떤 짐작이라도 할라치면 엄청난 경험을, 혹은 적어도 엄청난 상상력을 쌓아야 한다. 이런 조직들은 공생해야 하고 함께 일해야 한다. 그들은 상호 의존한다. 그것들 가운데 어느 하나도 혼자서는 존재할 수 없다. 그것들 가운데 어느 하나도 혼자서는, 과거의 다원주의 사회의 구성원들이 그랬던 것처럼 종합적인 공동체가 되지 못하는 것은 말할 것도 없고, 살아갈 수도 없다.

지식조직과 명령권한

현대사회의 다원주의 구조는 정치적 조직과 통제에서, 사회이론에서, 혹은 경제학에서 대체로 독립되어 있다. 그 자신만의 고유한 정치·사회 이론을 필요로 한다. 이런 점은 각각의 개별 조직에게도 마찬가지로 적용된다. 그것 또한 새로운 현상이다. 물론 대규모 조직들이 몇 세기 전부터 존재했다. 이집트의 피라미드는 고도로 조직된 다수의 사람들이 건설했다. 군대는 흔히 대규모로 그리고 고도로 조직되어 있다. 그러나 이런 과거의 조직들은 오늘날의 기관들과는 근본적으로 다르다.

오늘날의 조직은 '지식조직knowledge organization'이다. 지식조직은 수백 개, 때로는 수천 개의 전문화된 지식을 생산적으로 활용하기 위해 존재한다. 그런 점은 대략 30종류 이상의 건강관리 전문가들로 구성된 병원에도 해당된다. 각각의 전문가들은 고유한 의료 과목들을 배웠고 고유한 자격이 있고 고유한 직업 강령과 표준을 갖고 있다. 그런 점은 오늘날의 기업에도, 정부기관에도, 군대에도 해당된다. 그런 조직들 각각에는 수많은 사람이 육체작업manual work을 하려고 고용된 것이 아니라 지식작업knowledge work을 하기 위해 고용되어 있다.

쿠푸 왕Cheops* 휘하의 건설 감독자들이 큰 소리로 내지르는 명령에 맞춰 밧줄을 끌던 이집트의 농부들은 어떤 생각도 하지 않았다. 그들이 솔선해서 무엇을 하기를 기대하는 사람도 없었다. 그러나 오늘

---

*이집트 기자에 최대 피라미드를 건설한 이집트의 왕.

날 대규모 조직의 전형적인 종업원은 자신의 머리를 써서 의사결정을 하도록, 그리고 책임지고 지식을 일에 투입하도록 요청받고 있다.

하지만 한결 더 중요한 것은, 오늘날의 지식조직은 영구적 조직으로 존재하는 것으로 설계되어 있다는 점이다. 과거의 모든 대규모 조직은 수명이 짧았다. 하나의 구체적인 임무를 띠고 설립되었고, 그 임무가 완수되면 해체되었다. 임시적이었다. 과거 사회의 거의 대다수 사람들은 조직들의 영향을 받지 않았다. 그러나 오늘날 거의 대다수 사람들은 생계를 유지하기 위해, 기회를 잡기 위해, 일을 위해 조직들에게 의존하고 있다. 대규모 조직은 현대사회에서 인간에게 영향을 주는 환경이 되었다.

조직은 또한 오늘날의 사회에서 여러 기회의 원천이다. 교육받은 사람들에게 일거리를 제공할 수 있는 것은 오직 우리가 그런 기관들을 갖고 있기 때문이다. 지식조직들이 없이는 우리는, 과거에 항상 그랬던 것처럼 교육을 받지 않은 사람을 위한 일자리, 즉 숙련자든 미숙련자든 간에 그들의 손으로 일하는 사람들을 위한 일거리밖에 제공할 수 없다. 지식 일자리는 오직 '영구적 지식조직permanent knowledge organization'이 일반화되었기 때문에 존재한다.

동시에 현대조직은 또한 새로운 문제들도 만들어낸다. 무엇보다도 사람들에게 명령을 내리는 권한의 문제problem of authority가 있다. 어떤 일을 수행하려면 권한이 필요하기 때문이다. 어떤 권한이어야 하는가? 그 권한이 합법적인가? 권한의 한계는 무엇인가?

게다가 각각의 조직은 목적, 임무, 그리고 목표달성 능력과 관련된 문제도 있다. 경영과 관련된 문제도 있다. 왜냐하면 조직 자체는 모든 집단과 마찬가지로 법적 의제기관, 즉 의제법인擬制法人이기 때문이다. 조직에서 의사결정을 내리고 행동하는 사람은 개인들이다. 그다음 그 행동은 '미국 정부'든, 'GE'든, '미제리코디아 병원Misericordia Hospital' 이든 간에 그 기관이 한 것으로 간주된다.

조직에는 명령과 관련된 문제와 도덕성과 관련된 문제가 있다. 효율성의 문제도 있고 인간관계의 문제도 있다. 그리고 그런 문제들을 해결하는 데 과거의 전통은 그다지 도움이 되지 않는다.

결과를 산출하기 위해 다양한 지식들을 통합하는 영구적 조직은 새로운 현상이다. 조직이 예외적 존재가 아니라 일반적 존재가 되었다는 것도 새로운 현상이다. 그리고 오늘날 사회는 조직들로 구성된, 즉 조직 사회가 되었다는 것이 그 가운데서도 가장 새로운 현상이다. 그러므로 긴급하게 필요한 것은 조직들에 관한 이론, 즉 조직 이론 theory of organizations이다.

기업과 노동조합의 등장

실질적인 권한과 자율성을 가진 최초의 조직은 1860~1870년 사이 사실상 전례도 없이 처음으로 등장한 새로운 영리 조직, 즉 기업이었다. 그 뒤를 이어 수많은 여러 새로운 조직이 우후죽순처럼 등장했다. 그 조직들 가운데 일부는 지금 실질적인 자율권을 확보하고 상당한 수준의 사회적 영향력을 행사하고 있다. 예를 들면, 노동조합, 정년이 보장된 공무원, 병원, 대학 등이다. 그런 조직들은 중세시대 다원주의적 조직들과 마찬가지로 하나의 '특수 이익단체'다. 각각은 나름대로 자율성을 필요로 한다. 그리고 그것을 확보하기 위해 투쟁한다.

그것들 가운데 공동선common good에 관심을 두는 조직은 없다. 프랭클린 루스벨트가 제2차 세계대전 당시, 전쟁 추진 능력을 약화시킬 정도로 위협적인 석탄 광부들의 파업을 중단시켜달라고 존 루이스John Lewis에게 부탁했을 때, 미국 광산 노조위원장 루이스가 루스벨트에게 한 말을 상기해보자.

"미국의 대통령은 국가의 이익을 돌봄으로써 급료를 받는다. 하지만 나는 석탄 광부의 이익을 대변함으로써 월급을 받는다."

이 말은 오늘날 모든 '특수 이익단체들'의 지도자들이 믿고 있는 바를 특별히 비꼬아 표현한 것에 지나지 않는다. 그리고 그들의 구성원들이 비용을 부담하는 이유다. 중세시대와 마찬가지로 지금의 새로운 다원주의 역시 모든 선진국에서 공동선을 위한 정책을 수립하는 능력과 사회적 단결을 위협하고 있다.

하지만 오늘날의 사회적 다원주의와 과거의 그것은 본질적으로 다른 차이가 하나 있다. 과거의 다원주의적 조직들, 예컨대 무장한 기사, 자유도시, 상인길드, 세금이 면제된 주교구 등은 '부와 권력'에 근거를 두고 있었다.

오늘날의 자율조직들, 예컨대 기업, 노동조합, 대학, 병원 등은 '기능'에 근거하여 설립되었다. 각 조직은 수행능력을 정확히 단 하나의 기능에 한정하여 초점을 맞춤으로써 이끌어낸다. 스탈린 시대의 러시아는 주권국가가 권력 독점을 회복하려는 야심친 시도를 했지만 결국 실패하고 말았다. 그 이유는 일차적으로, 필요한 자율성을 박탈당한 조직들 가운데 어느 것도 기능할 수 없었고 기능하지도 않았기 때문이다. 기업이나 병원은 제쳐두고라도 심지어 군대마저 움직이지 않았을 것으로 보인다.

각각의 기관에는 자율성의 확보와 공동선의 추구가 필요하다

얼마 전까지만 해도 오늘날의 조직들이 수행하는 과제들은 대부분 가족이 해결해야만 했다. 가족은 식구들을 가르치고 노인과 환자를 돌보았다. 직업이 필요한 식구를 위해 일자리도 찾아주었다. 그러나 그런 과제들은 19세기 가족 사이에 오간 편지들 혹은 가족의 이야기들을 대충 훑어보아도 알 수 있듯이, 어느 것 하나도 제대로 해결되지 않았다. 그런 과제들은 지역사회 혹은 국가로부터 독립한 오직 진정한 자율적 조직만이 해결할 수 있다.

새로운 밀레니엄 혹은 새로운 세기(사실 우리는 1000년이라는 긴 세월을 생각할 필요는 없을 것이다)의 도전은 우리 조직들의 자율성, 그리고 경우에 따라 다국적 기업처럼 국가 주권을 초월한 조직의 자율성을 보존하는 동시에, 거의 상실해버린 정치체제의 통일성을 적어도 평화 시기에만큼은 회복하는 것이다. 우리는 오직 그것이 이뤄지기를 희망할 뿐이다.

지금까지는 아무도 그 방법을 모르고 있었다. 그러나 한 가지 확실한 것은 오늘날 각각의 조직들은 자신들의 수행능력에 적합한 범위가 좁은 구체적 기능에 초점을 맞추려는 의지를 가져야 하고 수행능력을 향상해야 한다. 그러면서도 공동선을 위해 정부 당국과 협력할 의지와 역량을 갖추어야 한다.

에필로그

공정하고 정의로운 사회를 만들 책임

바다는 배를 띄우기도 하고 뒤집기도 한다.

서태후

사람들은 기업을 사회와 관계없이 스스로 존재하고
또 스스로를 위해 존재하는 것으로 취급한다.
하지만 기업과 사회의 관계는 한 선박과 그것을 떠안고
가능하게 하는 바다의 관계와 같다.
바다는 선박의 고향이라기보다는 변화가 많은 환경과 같은 것이다.
선박이 건너야 할 바다, 폭풍을 일으키고
선박을 파선시키는 바다와의 관계 말이다.

피터 드러커

에필로그

선박과 바다의 비유 : 기업이 사회적 책임을 져야 하는 이유

드러커는 1939년 『경제인의 종말』에서 경제발전은 평등이라는 사회적 목적에 기여해야 한다고 강조했다. 드러커는 자본주의 체제에서 덕을 본 사람이 자본주의에 등을 돌리는 이유는 경제발전의 결과가 모든 개인에게 골고루 분배되지 않기 때문이라고 분석했다. 따라서 드러커는 1954년 『경영의 실제』에서 기업이 계속적으로 경영활동을 할 수 있게 하려면 기업의 사회적 책임을 수행해야 한다고 주장했다.

 사람들은, 기업이 스스로 존재하고 스스로를 위해 존재하는 것으로 취급한다. 하지만 우리는 기업과 기업의 외부 관계를 고려하지 않으면 안 된다. 고객과 시장에 대해, 노동조합에 대해, 사회에 대해, 사회에서 활동하는 경제적·기술적 기관들에 대해서 말이다. 그런 관계들은 한편으로 한 선박과 그것을 떠안고 항해를 가능하게 하는 바다와의 관계, 폭풍을 일으키고 선박을 파선시키는 바다와의 관계, 선박이 건너야 할 바다와의 관계처럼 보인다. 다른 한편으로 바다는 선박의 고향이라기보다는 차라리 늘 용납하지 않으며 변화가 많은 환경과 같은 것이다. 항해를 하려면 물이 필요하지만, 물에 빠져서는 항해를 할 수 없다.

그러나 사회는 기업의 환경으로만 그치지는 않는다. 심지어 자본의 집중도가 가장 높은 개인기업이라 해도 사회의 한 기관이고 사회적 기능을 수행하고 있다. 현대기업의 성격 바로 그것 때문에 과거의 기업이 가진 것과는 다른 종류의, 그리고 다른 범위의 책임을 경영자들에게 안겨주고 있다.

현대 산업이 필요로 하는 자원의 특성

현대 산업은 우리가 과거부터 익히 알고 있던 어떤 것과도 전혀 다른 기본적인 자원들로 구성된 조직을 필요로 한다.

첫째, 현대 산업의 생산 기간과 의사결정 기간은 매우 길다. 따라서 경제활동 프로세스에서 하나의 주요 요소인 개인의 수명을 훨씬 넘어서까지 추진된다.

둘째, 물적 자원이든 인적 자원이든 간에 여러 자원이 조금이나마 생산적인 존재가 되기라도 하려면 상당 기간 영속적으로 존재해야만 하는 하나의 조직에 투입되어야 한다. 그다음에는 자원과 사람과 원재료 등을 대규모로 투입해야 한다. 물론 그 경우 최적의 경제성과를 올리기 위해서는 얼마나 많이 투입해야 하는지, 그리고 사회적 성과를 최대로 높이기 위해서는 자원을 얼마나 많이 투입해야 하는지 하는 문제는 여전히 남아 있지만 말이다. 이런 자원을 영구적으로 투입하겠다고 결정을 내리는 사람, 즉 경영자들은 부하들에 대해 권한을 가진다는 것을 의미하며 경영자들이 내린 결정은 사회에 지대한 영향을 미친다는 것을 뜻한다. 아울러 경영자들은 먼 앞날의 경제, 사회, 그 속에서 오래도록 살아갈 개인들의 삶의 모습에 영향을 미칠 의사결정을 해야 한다는 것을 암시한다. 달리 말해 현대 산업은 여태까지와는 매우 다르고도 새로운 모습의 기업을 필요로 한다.

법인의 역설 : 사회는 권력의 집중을 싫어한다
(경영자는 공익에 부합하게 행동할 책임이 있다)

역사적으로 사회는 권력의 영구적인 집중을 항상 거부해왔으며 적어도 개인의 손에, 특히 경제적 목적으로 권력이 집중되는 것을 거부해왔다. 하지만 산업사회는 첫째로, 지금 현대기업이 권력을 집중하고 있는 것과 같이 기업에 권력을 집중시키지 않으면 사회로 존재하기가 불가능하다. 따라서 사회는 사회가 항상 가장 용인하기 싫어했던 것, 즉 영속성 조건을, 비록 '법인$^{legal\ person}$' 은 이론상으로나마 불멸의 존재가 될 수 있다는 점 말고도, 기업에게 처음으로 허용하지 않을 수 없었다.

둘째로, 기업의 필요에 부응하여 경영자에게 어느 정도 권한을 허용하지 않을 수 없었다.

셋째로, 그러나 이런 사실은 사유재산이 여태까지 부담해온 전통적인 책임 범위를 훨씬 뛰어넘는 책임뿐만 아니라 전혀 다른 종류의 책임을 기업과 경영자에게 안겨준다. 기업과 경영자가 부담하는 책임은 이제 더는 다음과 같은 가정에 기초하여 성립될 수 없다는 것을 뜻한다. 즉 사유재산 소유자의 사익추구는 당연히 공익과 부합한다거나 사익과 공익은 분리될 수 있으며 서로 아무런 관련이 없다고 하는 가정 말이다.

그 반대로 기업과 경영자는 다음과 같은 책임을 져야 한다. 경영자는 공익에 부합하게 행동할 책임이 있으며 윤리적 행동기준에 적합하게 행동해야 한다. 또 자신의 사익추구와 사적 권한 행사가 공공의 이익과 개인의 자유를 침해할 우려가 있는 경우에는 언제나 자제해야 한다는 것이다.

경영자는 사회적 자원을 수탁받아 관리하는 사람이다

오늘날 '경영자의 사회적 책임'과 관련한 논의는 경영자를 '사회의 지도적 인사'로 취급하면서 시작되었다. 최소한 미국에서는 그렇다. 그러나 경영자의 사회적 책임 문제는 하나의 사회적 기관인 기업에 대한 '경영자의 책임'이 무엇인가 하는 것에서 시작하는 것이 한층 더 적절하다. 이 책임은 타협하거나 회피할 수 있는 것이 아니다. 기업이란 경영자가 맡고 있는 구체적인 신탁자산이며, 다른 모든 것은 이 신탁 관계에서 출발하기 때문이다.

경영자가 사회여론과 공공정책과 법률과 관련하여 기업에게 부담해야 할 첫 번째 책임은, 사회가 기업에게 부담 지워주는 (혹은 가까운 장래에 안겨줄) 그런 요구사항은 기업의 목적을 달성하는 데 영향을 미칠 수도 있다는 점을 인식하는 것이다. 사회가 기업에게 부담 지워주는 요구사항들을 기업의 행동자유권을 위협하는 조치들이라거나 규제조항들로 인식할 것이 아니라 기업이 건전하게 성장하게 하기 위한 기회로 삼고, 적어도 기업으로서는 가장 적게 피해를 보면서도 그것들을 만족시키는 방법을 찾는 것이 경영자의 직무다. 이 점은 심지어 경영자를 가장 열렬하게 지지하는 사람마저도 지금까지 일구어놓은 것들로 충분하므로 더는 개선될 수 없었다고 주장하지 않을 것이다.

하나의 사례를 드는 것만으로도 충분하다. 1940년대 중반 미국 화폐의 구매력이 지속적으로 떨어지고 미국 인구의 연령구조가 변화함에 따라 나이가 많은 종업원들을 위해 미국 기업들은 불가피하게 어떤 조치를 취해야 했다. 몇몇 경영자는 그런 문제를 몇 년 전에 직시했다. 그러나 경영자들은 대부분 그런 불가피한 사실을 외면했다. 사실 미국은 1900년부터 우수한 퇴직연금제도를 채택하고 있었다. 그 결과 미국의 경영자들은 기업에게 최소한이 아니라 최대한 부담을 안겨주는 종업원 연금제도를 채택하지 않을 수 없게 되었다. 그러나 그것은 문제의 본질을 실질적으로 해결하지 못했다. 왜냐하면 연금은 나이 많은 종업원이 부딪치는 문제를 해결할 수 없으리라는 것이 점점 더 명백하게 되었기 때문이다. 미국에서 곧 그렇게 될 것이 분명한 사실은 만약 노동력의 5분의 1이 연금을 수령할 나이에 도달하게 되면 노령자들에게 의무적으로 지급해야 하는 연금은 모두 젊은 사람들이 생산하는 몫에서 떼어내어 배분하지 않을 수 없기 때문이다.

노인 노동력

동시에 일반적으로 노인이라고 해도 될 나이에 도달한 매우 많은 사람이 육체적으로 계속 일할 수 있을 뿐만 아니라 적극적으로 일하려고 한다는 사실이다. 경영자는 계속 일할 수 없거나 일하기를 원하지 않는 사람들에게는 연금을 지급하고, 일 하기를 원하고 또 일을 할 수 있는 노령자들은 계속 고용하는 계획을 수립했어야 했다. 그리고 이런 계획은 기업에 계속 남아 일하는 나이 많은 사람이 그들의 승진 기회를 막거나 젊은이들의 고용안전을 해쳐서도 안 된다.

이 문제를 심사숙고하는 데 실패함에 따라 경영자들은 한층 더 많은 원가부담과 새로운 규제를 안겨줄 (노동조합 또는 정부가 부과하는) 노령자를 위한 강제 고용계획을 받아들이지 않을 수 없게 된 자신들의 모습을 보게 될 것이 거의 확실하다. 미국의 경영자들은 종업원들에게 '적절한 소득보장'과 '고용안전'을 제공한다는 관점에서 동일한 실수를 범할 처지에 놓여 있다. 이 문제가 해결되어야 한다는 것은 이제 논란거리도 아니다. 미국 사회가 근로자에게 소득을 보장해주어야 할 뿐만 아니라 중산층 지위를 부여해야 할 필요가 있다는 것을 대변하는 것이다. 물론 그런 요구의 뒷면에는 1930년대 이후 미국이 잠재적으로 느끼고 있는 '공황심리'가 깊게 깔려 있다.

　드러커는 그런 요구는 기업의 가치를 높이고 한층 더 강화함으로써, 기업의 생산성을 향상함으로써, 기업의 전반적인 이익을 제고함으로써 충족할 수 있을 것이라는 점을 증명하기 위해 진작부터 노력해왔다. 그러므로 만약 경영자들이 기업의 생산성을 향상해야 하는 당연한 책임을 받아들이기를 거부한다면, 기껏 그들이 하는 일이라고는 기업에서 보장한 연봉만 꼬박꼬박 챙기는 것으로 그치고 말 것이다. 엄청난 낭비일 뿐만 아니라 사회가 진정 필요로 하는 관심사를 해결하는 가장 비효과적인 방법이다.

경영자는 지역사회의 요구를 해결하고 반기업정서에 대처해야 한다

경영자는 또한 현재 수행하는 경영활동과 기업의 의사결정이 앞으로 기업의 존립 자체, 기업의 자유, 기업의 경제적 성공에 위협을 가할 수 있는 대중적인 여론이 일어나지 않도록 하고, 그런 요구와 정책의 필요성이 제기되지 않도록 확실히 해둘 책임이 있다.

　지난 몇 십 년 동안 많은 회사가 자사의 분공장을 여러 지역에 건설했다. 그러는 과정에서 일부 기업들은 새로운 지역에 구공장의 복사판을 만들고는 동일한 제품을 만들어 동일한 시장에 내다 팔았다. 많은 경우 구공장과 신공장은 그것들이 있는 지역의 주요 고용기관 노릇을 하고 있다. 예컨대 오하이오 주 아크론 소재 고무공장과 남부지역 소도시에 건설한 복사판 공장이 그렇고, 뉴잉글랜드 지역의 한 소규모 볼베어링 공장과 오하이오 지역의 신공장도 그렇고, 뉴욕 북부 지역의 오래된 셔츠 공장과 테네시 시골마을의 신공장도 그렇다.

그러다가 불경기를 맞게 되면 이런 공장들의 운명은 여론의 영향을 심각하게 받는다. 왜냐하면 경영자는 여러 공장 가운데 어느 것은 가동을 중단하고, 어느 것은 계속 가동할지를 결정해야 하기 때문이다. 신공장은 신규 자본투자가 많고 손익분기점이 높다. 따라서 이익을 내기 위해서는 결과적으로 계속 가동하지 않을 수 없다. 반면 구 공장은 한 지역이 몽땅 그것에 목을 매고 있는 형편이어서 쉽사리 가동을 중단할 수 없다. 그러나 다른 어느 지역의 고용을 유지하도록 하기 위해 자신이 살고 있는 지역의 주요 소득원을 빼앗아가게 될 결정을 조용히 받아들이는 지역이 과연 있을까? 그 결과 아무리 전도유망한 신산업이 유치된다고 해도 말이다.

만약 정리해고가 시장의 쇠퇴와 불경기 때문이라면 어쩔 수 없다. 그러나 경영자가 일방적으로 그렇게 결정했다면 문제는 달라진다. 따라서 신공장은 신공장만의 고유한 시장과 제품이 존재하는 곳에 건설해야 한다. 동일한 시장을 겨냥해서 동일한 제품으로 단지 지역만 다른 곳에 진출하지 않도록 하는 것은 경영자가 수행해야 할 주요한 책임이다. 그렇지 않으면 공장의 증설은 경영자와 지역사회 사이에, 기업의 필요와 공공정책 사이에 충돌을 일으키게 된다.

대중의 여론을 환기하게 되거나 반기업 정책을 유발할 수 있는 또 다른 기업관행은 경영자의 직위에 대졸 출신들만 승진시켜서 학력은 낮지만 회사에 오래도록 근무한 직원들이 승진할 기회를 결과적으로 막아버린다든지, 현장 반장급들의 승진기회를 축소하여 전통적으로 미국인들이 가장 바라는 성공가도를 막아버린다든지, 고령자나 장애인들을 고용하지 않는 고용정책을 채택한다든지 하는 것 등이 있다. 기업의 사회적 책임을 다하려면, 경영자는 이런 기업관행들을 면밀히 검토하고, 그 결과 대중의 복지에 어떤 영향을 미칠지를 심사숙고해야 한다.

간단히 말해 경영자가 경영정책을 채택하거나 의사결정을 할 때는 언제라도 다음과 같은 질문을 해야만 한다.

"동업 타사들이 모두 같은 행동을 할 경우 대중의 여론은 어떻게 돌아갈까?"

"그 경우 대중에게 미치는 영향은 무엇인가?"

이런 질문은 대기업에만 해당되는 것은 아니다. 전체적으로 보면 소규모 기업과 경영자도 대중의 여론과 정부정책에 마찬가지로 영향을 미친다. 따라서 기업의 규모와 관계없이 모든 기업은 만약 자사가 가기 쉬운 길만 따르고 이런 골치 아픈 문제들은 다른 기업들에게 맡겨두면 그것은 결과적으로 정부가 나서지 않을 수 없도록 하는 길이라는 사실을 명심해야 한다.

우리는 경영자가 내리는 의사결정이 사회에 미치는 영향은 오직 '사회적 책임'만이 아니라 '경영자가 기업에 져야 할 책임'과도 불가피하게 뒤엉켜 있다는 사실을 확실히 인식해야만 한다. 그럼에도 여전히 경영자는 공공의 이익 자체를 침범하지 않을 책임을 지고 있다. 그것은 기업은 사회의 한 기관이고, 기업의 행동은 사회에 결정적인 영향을 미친다는 사실에 근거한다.

경영자의 3대 사회적 책임

기업 경영자의 사회적 책임 가운데 첫 번째는, 이익을 충분히 내는 것이다. 두 번째는, 기업의 성장이다. 요컨대 기업은 현대 사회의 여러 기관 가운데 새로운 부富를 창출하는 기관wealth-creating organ이고 또한 부를 계속 생산하는 기관wealth-producing organ이다. 경영자는 경제활동에서 일어나는 위험을 보상할 수 있을 정도로 충분히 이익을 산출하여 부를 생산하는 자원을 감축하지 않고 유지해야만 한다. 그리고 그 외에도 경영자는 각종 경영자원이 지닌 부의 창출역량과 생산능력을 향상하고, 그 결과 사회의 부를 증가시켜야만 한다.

수익성 책임은 절대적인 것으로 포기할 수 없다. 어떤 경영자도 이 책임을 면할 수 없다. 경영자들은 종종 자신들은 주주들을 위해 이익을 창출할 책임이 있다고 말하곤 한다. 하지만 주주들은 주식을 언제라도 처분할 수 있다. 그러나 사회는 그 기업과 함께 있다. 만약 그 기업이 이익을 적절하게 창출하지 못하면 사회는 고스란히 그 손실을 떠맡아야 한다. 기업이 혁신과 성장에 성공하지 못하면 그에 따른 궁핍은 지역사회 주민들의 몫이 된다.

같은 이유로 오늘날 경영자는 내일의 경영자들에게 사회적 책임을 외면하면 사회자원을 남용하는 것이며, 사회가 가진 부富의 생산능력을 상실하고 궁극적으로 파괴하고 만다는 사실을 확실히 가르쳐야만 한다.

가부장적 기업의 역설

기업 경영자의 사회적 책임 가운데 세 번째는 사회적 신념과 응집력을 훼손하지 않으면서 기업을 운영하는 것이다. 이것은 소극적 책임이고 사회를 다원주의 사회로 유지해야 할 책임이다. 시민들에게 절대적이고도 철저한 복종을 요구하는 비합법적 권력을 행사하지 않아야 한다는 말이다.

자유사회의 한 시민은 여러 기관에 소속되어 있는, 그것도 충성스러운 한 구성원이다. 그리고 누구도 자신만이 그 기관에 소속된 사람이라거나 구성원이 혼자뿐이라고 주장할 수 없다. 이런 식의 다원주의 개념이야말로 다원주의의 강점이자 우리가 자유를 누리는 기초이기도 하다. 기업은 이런 개념을 망각하면 안 된다. 사회는 스스로 절대적인 힘을 가진 기관, 즉 강력한 국가를 만들고는 기업에 보복하게 될 것이기 때문이다.

오늘날 상당히 많은 기업이, 특히 미국의 대규모 기업들이, 자사들이 고용하고 있는 경영관리자들에게 가부장적인 권위를 행사하고 특별한 충성심을 요구하는 경향이 있다. 그것은 사회적으로 무책임한 권리침해며 공공정책과 기업의 자기이익 모두의 관점에서 지지를 받을 수 없는 것이다. 기업은 자사에 속해 있는 개개인에 대해 가정, 가족, 종교, 인생, 혹은 운명이 아니다. 그런 것이 되기를 요구해서는 절대로 안 된다. 기업은 구성원 개인의 사생활이나 시민권을 절대로 간섭해서는 안 된다는 말이다.

한 개인이 기업에 종사하는 것은 자발적이고 취소 가능한 고용계약에 따른 것이지, 어떤 신비스러운 해소불능의 유대감 때문에 근무하는 것은 아니다.

그러나 우리의 사회적 신념과 응집력을 훼손하지 않을 책임에는 또한 적극적인 측면도 있다. 최소한 미국은 종업원이 능력과 성과에 기초하여 밑바탕에서부터 승진할 수 있는 기회를 개방할 의무를 경영자에게 부과한다. 만약 이 책임이 수행되지 않으면 부富의 생산은 장기적으로 볼 때 미국 사회를 강력하게 하는 것이 아니라, 사회계급을 만들고 계급 사이에 대립과 갈등을 유발함으로써 오히려 사회를 취약하게 만든다.

경기순환을 완화할 책임

경영자의 사회적 책임이 필요하다고 단정할 수 있는 몇 가지 다른 분야도 있다. 예컨대, 경기순환 과정에서 발생하는 극단적인 상황을 완화해주는 역할을 하는 자본지출 계획을 수립하는 것은 대기업의 경영자가 수행해야 하는 책임이다.*

드러커는, 이익에 대한 대중의 뿌리 깊은 반감은 경제와 사회제도를 위협하는 요소라는 단순한 이유만으로도 이것을 극복할 수 있는 정책을 개발하는 것이 경영자의 책임이라고 생각한다.

드러커는 또 현재의 세계 상황으로 볼 때 어떤 기업도 자국의 국방

---

* 이 정책은 자동화 시설을 도입하는 것과 더불어 기업으로서는 필수적인 사항이다.

역량을 강화하는 데 최대한 공헌할 책임이 있다고 생각한다.

그러나 무엇보다도 중요한 것은 경영자는 기업의 모든 정책과 활동이 사회에 미치는 영향이 무엇인지를 미리 검토하지 않으면 안 된다는 사실을 인식하는 것이다. 자신의 행동이 공익을 증진하는 것인지, 미국 사회의 기본적인 신념을 강화하는 것인지, 미국 사회의 안전성과 강점을 증가시키고 조화를 도모하는 데 기여하는지 심사숙고해야만 한다는 말이다. 이 글에서 '미국' 대신에 '한국'으로 대체해도 조금도 틀리지 않다.

사회의 지도층으로서 경영자의 책임 :
해야 할 일과 하지 말아야 할 일

우리는, 경영자가 사회의 지도층 가운데 하나라는 점 때문에 져야 할 책임 문제를 제기할 수 있다. 즉 기업 자체에 삶을 의지하고 있는 사람들에 대한 책임 이외의 책임에 대해서 말이다.

기업의 대변인이 이런 종류의 새로운 사회적 책임에 대해 언급하지 않고 그냥 지나가는 날이 단 하루도 없다. 우리는 다음과 같은 말을 항상 듣고 있다. 경영자는 인문대학의 존속, 근로자들에 대한 경제교육, 종교적 관용, 언론 자유, 유엔의 강화 또는 철폐, 온갖 종류의 문화 보존, 그리고 특히 각종 예술 분야를 증진하는 데 스스로 협조할 의무가 있다고 말이다. 사회 지도층이 무거운 책임을 부담해야 한다는 것은 의문의 여지가 없다. 그런 책임을 회피하는 것보다도 더 파괴적인 것은 없다.

하지만 책임을 질 처지에 있지 않은 사람들에게 책임을 지우는 것보다 더 파괴적인 것도 없다. 또 다른 사람의 책임을 대신 떠맡는 것보다 더 위험한 것도 없다. 오늘날 경영자는 두 가지를 다하는 경향이 있다. 한편으로 경영자는 기존의 책임을 다하지 못하고 있다. 다른 한편으로 경영자는 존재하지도 않고 존재할 수도 없는 책임을 맡아 수행하고 있다.

왜냐하면 '책임'을 논하는 사람은 누구라도 그 이면에서는 '권한'을 인정하기 때문이다. 책임과 권한 두 가지 가운데 하나는 다른 하나가 존재하지 않으면 존재할 수 없다. 따라서 한 특정 분야에 경영자가 책임을 져야 한다고 단언하려면, 문제가 되는 그 분야에 대해 경영자가 권한을 가져야만 한다. 자유사회의 경영자가 대학에 대해, 문화와 예술에 대해, 언론의 자유에 대해, 외교정책에 대해 권한을 가져야만 한다고 믿을 어떤 이유라도 있는가?

문제를 제기한다는 것은 그것에서 해답을 찾으려고 시도하는 것이다. 요컨대 그런 권한은 용인될 수 없다. 종업원들을 위해 해마다 가는 야유회의 인사말에서 오래된 관습으로 언급하는 감동적인 여담에서마저도 그런 것들은 언급하지 말아야 한다. 그러므로 사회의 지도층으로서 경영자가 수행하는 사회적 책임은 경영자가 합법적으로 권한을 요구할 수 있는 분야에 한정되어만 한다. 일종의 '경험법칙'으로 노동조합 지도자나 정부의 관료가 나서는 것을 원치 않는 활동에 대해서 경영자가 책임이 있다거나 책임을 떠맡는 것은 절대로 피해야 한다. 그런 활동은 자유 영역에 속한다. 다시 말해 자발적인, 지역적인, 시민들의 다양한 관심의 결과로 조직되는 것이지, 한 특정 사회집단 혹은 어떤 정부기관이 나서야 하는 것이 아니다.

만약 경영자가 보기에 노동조합의 지도자가 통제하는 것이 타당하지 않은 어떤 활동이 있다면, 노동조합의 지도자와 간부들 역시 경영자가 그 활동에 앞장서는 것을 바라지 않을 것이라고 가정하는 것이 옳다. 그런 활동은 기업의 경영자나 노동조합의 지도자에게 맡기는 대신에 사회가 전적으로 책임을 지게 된다고 가정하는 것이 합리적일 것이다. 사회는 그런 분야의 활동이 통제되지 않고 있는 사실에 대해 분명하고도 손쉬운 방법을 요구하게 될 것이다. 지역의 모든 사람의 대표자로서 그 일을 담당할 정부기관을 만드는 것 말이다.

그리고 만약 영리목적의 기업이 재정적인 지원자가 되는 경우에도 경영자는 재정지원 활동이 곧 기업의 '책임'이 되지 않도록 세심하게 주의를 기울여야 하고, 기업이 갖지도 않고 가져서도 안 되는 권한을 요구하는 방향으로 스스로 길을 잘못 들지 않도록 해야 한다.

하지만 책임과 권한은 동전의 양면이라는 사실에 기초하여 추론하면, 경영자의 어떤 특별한 역량 때문에 획득한 권한이 있다면 그와 관련하여서는 사회에 대해 책임을 져야 한다고 주장할 수도 있다. 경영자의 탁월한 역량 덕분에 권한을 가진 부분이 있어서 책임도 져야 한다면 그 책임은 기본적으로 공익을 증진하기 위해 수행되어야 한다.

'기업에게 좋은 것은 국가에도 좋다'라는 개념은 비록 이 주장이 실질적으로 미국 경제의 대표적인 초대형 기업에게는 사실 타당한 말이다. 하지만 이것을 기초로 출발하는 것은 옳지 않다. 왜냐하면 경영자가 경영권한을 갖는 근거가 그가 가진 어떤 역량 때문이라면 그 권한이 사용될 수 있는 유일한 이유는 공익이기 때문이다. '기업에게 좋은 것'이라는 개념은 혹은 '모든 기업에게 좋은 것'이라는 개념은 적절하지 않다는 말이다.

하지만 사회의 지도층 가운데 하나인 경영자가 부담해야 할 사회적 책임이 무엇인가 하는 논의에서부터 도출된 최후의 결론은 가장 중요한 것이다. 즉 진실로 공익에 속하는 것은 그것이 무엇이든 간에 기업 자체에도 이익이 되도록 만드는 것이 경영자의 사회적 책임이다.

사회의 지도층으로서 이 문제에 관심을 보이지 않는 것은 옳지 않다. 사회의 지도층이 자신이 속하는 집단의 이익을 공익에 종속시키는 것은 더더욱 옳지 않다. 경영자는 공익과 자신의 이익이 일치하도록 만들어서 일반 대중과 개인이 조화롭게 살아갈 수 있도록 해야만 한다. 그래서 미국에서 성공한 회사들 가운데 하나인 시어스 로벅의 경영자는 다음과 같이 말했다.

"우리 회사는 모든 것을 국가가 부흥하거나 번영을 촉진하는 방향으로 경영해야만 한다. 그 결과 기업을 강하게 만들고 기업의 성과를 제고하도록 해야 한다."

맨드빌의 생각을 기초로 기업을 운영해서는 안 된다

산업혁명이 일어나기 직전, 영국의 평론가 버나드 맨더빌Bernard Mandeville은 새로운 상업시대의 정신을 다음과 같이 유명한 경구로 요약했다.

"사적 이익의 추구는 공공의 이익으로 귀결된다."

다시 말해 이기주의는 무의식적으로, 그리고 자동적으로 공공의 이익을 증진하게 된다는 말이다. 어쩌면 맨더빌이 옳았을는지도 모른다. 애덤 스미스 이후 경제학자들은 이 말을 두고 결론을 맺지 못하고 논쟁을 계속해오고 있다.

하지만 이 말이 옳은지 그른지는 중요하지 않다. 어쨌든 그런 신념 아래 만들어진 사회는 오래도록 지속될 수 없다. 왜냐하면 훌륭하고 도덕적이며 지속적인 사회에서는 공공의 이익은 항상 개인의 미덕에 기초를 두고 있기 때문이다. 어떤 지도층도 맨더빌의 개념을 받아들여서는 안 된다. 반대로 모든 지도층은 공공의 이익이 자신이 속한 집단의 이익을 결정한다고 주장할 수 있어야 한다. 이 명제는 리더십을 발휘해야 할 사람들이 자격을 갖출 수 있는 유일한 합법적인 근거다. 그것을 현실로 만드는 것이 지도자의 첫 번째 의무다.

19세기 사람들이 이 용어를 이해했던 것과 같이 (그리고 유럽에서는 지금도 많은 사람이 그렇게 이해하고 있듯이) '자본주의'가 맨더빌의 원리를 바탕으로 만들어졌다는 것은 자본주의가 물질적으로는 성공했다는 사실을 설명해주는지도 모른다.

하지만 맨더빌의 원리는 지난 백수십 년 동안 서구사회를 휩쓴 자본주의와 자본가에 대해 큰 반발이 일어난 이유를 분명하게 설명해주고 있다. 자본주의에 반대하는 세력들이 주장하는 경제원리는 튼튼하지 않을 뿐만 아니라 때로는 유치하기 그지없다.

"반자본주의 세력의 정치강령은 독재의 위협을 포함하고 있다."

그러나 아무리 합리적이고 좋은 반론들이라 해도 자본주의를 비판하는 사람들을 설득하기에는 역부족이다. 그런 반론들은 자본주의에 대한 비판자들이나 일반 사람에게 대체로 적합한 논리로 보이지 않았다. 왜냐하면 자본주의와 자본가에게 반감을 가지면 자본주의와 자본가가 비도덕적이고도 비윤리적인 것으로 보이기 때문이다.

자본주의가 비난을 받는 것은 비효율적이거나 방향이 잘못되었기 때문이 아니라 냉소적이기 때문이다. 그리고 사적 이익추구가 공공의 이익으로 귀결된다는 신념에 기초한 사회는, 그 논리가 아무리 타당하다 해도, 그 이익이 얼마나 크다 해도 오래 지속될 수 없다.

맨더빌의 원리는 한때 유럽에서 그랬고 지금도 그렇지만 미국에서도 받아들여졌다. 그러나 오늘날 미국에서는 그 반대의 원리, 즉 '공공의 이익 추구가 기업의 사적 이익으로 귀결되도록 기업을 경영해야 한다'라는 것이 비록 상식이 되지는 않았지만 주장하는 것은 가능하게 되었다. 이 새로운 원칙을 일상의 경영활동 과정에서 실천하는 것이 그들의 책임이라고 주장하는 경영자들이 한층 더 많아지는 것이야말로 자유 사회의 미래를 위해, 그리고 아마도 서구사회 전체의 미래를 위해 우리가 바랄 수 있는 최대의 희망이다.

이 새로운 주장을 단지 말만으로 그치지 않고 공고한 법칙으로 만드는 것이 경영자 자신을 위해, 기업을 위해, 사회를 위해, 개인의 삶의 방식을 유지하기 위해 경영자가 할 수 있는 가장 중요한 책임이자 궁극적인 책임이다.

성공에서 공헌으로

드러커는 1999년 『21세기 지식경영』에서 다음과 같이 말했다.

"지식근로자 생산성에 관한 연구는 지식근로자 스스로에게 다음과 같은 질문을 하면서 시작해야 한다. 무엇이 당신의 과업인가? 그것은 무엇이어야만 하는가? 당신이 '공헌'해야만 하는 것은 무엇인가? 그리고 당신의 과업을 수행하는 데 방해가 되는 것과 제거해야 할 것은 무엇인가?"

언젠가 드러커는 나에게 이렇게 말한 적이 있다.

"사람들은 근본적으로 남을 위해, 그리고 사회를 위해 공헌하고 싶어 하는 욕구가 있어요."

에더샤임도 『마지막 통찰』에서 그런 경험을 들려주었다. 그가 2005년 4월 드러커를 만나 나눈 대화에서 드러커가 한 말 가운데 가장 인용하고 싶은 말은 다음의 것이라고 썼다.

"만약 당신이 사용하는 용어들 중에서 '성취achievement'라는 말을 제외해버리면, 오히려 당신은 기업활동에서 최고의 결과the greatest results를 성취할 것입니다. '성취'를 '공헌contribution'이라는 말로 바꾸십시오. '공헌'은 사람들이 자신들이 공헌해야 할 대상에다 초점을 맞추도록 해줍니다."

경영자는 공정하고 정의로운 사회를 만드는 데 공헌할 책임이 있다.

2009년 11월 미국과 오스트리아에서 개최된 '드러커 탄생 100주년 기념' 행사에서 쏟아진 숱한 말들 가운데 공통분모 하나를 손꼽으라면 그것은 단연 '공헌'이었다. '성공한 리더들이 갖는 공통적인 특성이 무엇인가?'라는 질문을 놓고 대부분의 발표자들은 다음과 같은 취지의 말을 했다.

"결국 좋은 인생은 다른 사람들의 복지를 위해 자신이 가장 잘하는 일을 하는 것이고, 성취적인 인생이라는 자기 자신의 목적을 초월하는 목적을 가진 인생이라고 했다."

요약하면 앞으로 지식근로자는 '개인적인 성공을 넘어 좀 더 나은 사회를 위한 공헌success to contribution'을 해야 한다는 말이다.

| 피터 드러커의 저서 |

역사, 정치, 경제, 사회(1933~1950)

1. 프리드리히 율리우스 슈탈: 보수주의적 국가이론과 역사발전*
   Friedrich Julius Stahl: Konservative Staatslehre und Geschichtliche Entwicklung, 1933
2. 경제인의 종말: 전체주의의 기원**
   The End of Economic Man: The Origins of Totalitarianism, 1939
3. 산업인의 미래
   The Future of Industrial Man, 1942
4. 기업의 개념
   Concept of the Corporation, 1946
5. 뉴 소사이어티: 산업질서의 해부
   The New Society: The Anatomy of Industrial Order, 1950

경영, 기술, 미래(1951~1960)

6. 경영의 실제**
   The Practice of Management, 1954
7. 미국의 다음 20년
   America's Next Twenty Years, 1955
8. 내일의 이정표: 새로운 포스트모던 세계에 대한 보고서
   Landmarks of Tomorrow: A Report on the New "Post-Modern" World, 1957
9. 기술, 경영, 사회
   Technology, Management and Society, 1958

지식, 성과, 단절(1961~1970)

10. 창조하는 경영자**

    Managing for Results, 1964

11. 자기경영노트(목표를 달성하는 경영자)**

    The Effective Executive, 1966

12. 단절의 시대: 변화하는 우리 사회를 위한 지침서**

    The Age of Discontinuity: Guidelines to Our Changing Society, 1968

경영학과 인문학, 연금혁명(1971~1980)

13. 인간, 아이디어, 정치

    Men, Ideas and Politics, 1971

14. 매니지먼트: 경영의 과업, 책임, 실제***

    Management: Tasks, Responsibilities, Practices, 1973

15. 보이지 않는 혁명 – 어떻게 연금기금 혁명이 미국에서 일어났는가?

    The Unseen Revolution—How Pension Fund Socialism Came to America, 1976(1977 재판)

16. 경영학 서설

    An Introductory View of Management, 1977

17. 경영 사례

    Management Cases, 1977

18. 사람과 성과

    People and Performance: The Best of Peter Drucker on Management, 1977

19. 방관자의 모험

    Adventures of a Bystander, 1978

20. 붓의 노래****

   Song of the Brush: Japanese Painting from the Sanso Collection, 1979

21. 격변기의 경영

   Managing in Turbulent Times, 1980

변화와 혁신, 소설과 비영리단체(1981~1990)

22. 새로운 경제학에 대해

   Toward the Next Economics and Other Essays, 1981

23. 변모하는 경영자 세계

   The Changing World of the Executive, 1982

24. 최후의 가능한 세상****

   The Last of All Possible Worlds, 1982

25. 선에의 유혹****

   The Temptation to Do Good, 1984

26. 기업가정신(혁신과 기업가정신)**

   Innovation and Entrepreneurship, 1985

27. 경영의 프론티어**

   The Frontiers of Management, 1986

28. 새로운 현실

   The New Realities, 1989

29. 비영리단체의 경영

   Managing the Non-Profit Organization, 1990

지식생산성과 사회생태학(1991~2000)

30. 미래기업: 1990년대와 그 이후

    Managing for the Future: The 1990s and Beyond, 1992

31. 생태학적 비전

    The Ecological Vision, 1993

32. 자본주의 이후의 사회**

    Post-Capitalist Society, 1993

33. 미래의 결단**

    Managing in a Time of Great Change, 1995

34. 아시아에 대한 전망: 피터 드러커와 이사오 나카우치의 대화

    Drucker on Asia-A Dialogue between Peter Drucker and Isao Nakauchi, 1997

35. 자본주의 이후 사회의 지식경영자**

    Peter Drucker on the Profession of Management, 1998

36. 21세기 지식경영**

    Management Challenges for the 21st Century, 1999

종합과 전망(2001~2005)

37. 에센셜 드러커: 한 권으로 읽는 드러커의 60년 경영사상**

    The Essential Drucker: In One Volume the Best of Sixty Years of Peter Drucker's Essential Writings on Management, 2001

    * 원제는 『에센셜 드러커』이지만 일본과 한국에서는 『프로페셔널의 조건』 『변화리더의 조건』 『이노베이터의 조건』 『미래 경영』 등 4권으로 나뉘어 출판되었다.

38. 넥스트 소사이어티**

　　Managing in the Next Society, 2002

39. 경영의 지배**

　　A Functioning Society: Selections from Sixty-Five Years of Writing on Community, Society and Policy, 2003

* 이 책에 저자 번역 초록 삽입
** 저자 번역
*** 저자 번역 감수 및 해설
**** 저자 번역 미출판

| 영문 인명록 |

ㄱ

가보, 안드레아 Andrea Gabor
갤브레이드, 존 K. John K. Galbraith, 1908~2006
게를라흐, 레오폴드 폰 Leopold von Gerlach, 1790~1861
괴벨스, 요제프 Paul Joseph Goebbels, 1897~1945
괴벨스, 파울 Goebbels, Paul Joseph 1897~1945
괴테 Johann Wolfgang von Goethe, 1749~1832
구텐베르크, 요하네스 Gutenberg, Johannes 1390~1468
글래드스톤 William Gladstone, 1809~1898

ㄴ

뉴턴, 아이작 Newton, Isaac 1642~1727
니버, 라인홀트 Niebuhr, Reinhold 1892~1971
니스벳, 로버트 Nisbet, Robert A. 1913~1996
니체 Nietzsche, Friedrich 1844~1900

ㄷ

단테 Dante, Alighieri, 1265~1321
드러커, 아돌프 Drucker, Adolph Bertram 1876~1967
드러커, 카롤리네 Drucker, Caroline Bondi 1889~1954
디즈레일리 Benjamin Disraeli, 1804~1881

디킨스, 찰스 Dickens, Charles John Huffam 1812~1870

ㄹ

라도비츠, 요제프 폰 Radowitz, Joseph von 1797~1853
라발, 피에르 Laval, Pierre 1883~1945
라살 Lassalle, Ferdinand 1825~1864
라인하르트, 막스 Reinhardt, Max 1873~1943
레닌 Lenin, Vladimir 1870~1924
로베스피에르 Robespierre, Maximilien 1758~1794
로스, 아돌프 Loos, Adolf 1870~1933
로크, 존 Locke, John 1632~1704
루빈슈타인, 알투르 Rubinstein, Arthur 1887~1982
루소 Rousseau, Jean-Jacques 1712~1778
루이스, 존 Lewis, John 1880~1969
루즈벨트, 프랭클린 Roosevelt, Franklin D. 1882~1945
루터, 마틴 Luther, Martin 1483~1546
리카도, 데이비드 Ricardo, David 1772~1823
린클레터, 카렌 Linkletter, Karen

ㅁ

마르쿠세 Marcuse, Herbert 1898~1979

마르쿠제, 허버트 Marcuse, Herbert 1898~1979

마르크스 Marx, Karl Heinrich 1818~1883

마리탱, 자크 Maritain, Jacques 1882~1973

마사리크, 토마시 Masaryk, Thomas 1850~1937

마수르, 게르하르트 Masur, Gerhard 1901~1975

마오쩌둥 1893~1976

만, 토마스 Mann, Thomas 1875~1955

말러, 구스타프 Mahler, Gustav 1860~1911

매코믹, 사이러스 McCormick, Cyrus 1809~1884

맥네어, 말콤 P. McNair, Malcolm P.

맨드빌, 버나드 드 Mandeville, Bernard de 1670~1733

메테르니히 Metternich, 1773~1859

멩거, 칼 Menger, Carl 1840~1921

몸젠, 테오드르 Mommsen, Theodor 1817~1903

무솔리니 Mussolini, Benito 1883~1945

미제스, 루드비히 폰 Mises, Ludwig von 1881~1973

밀, 존 스튜어트 Mill, J. S. 1806~1873

ㅂ

바더, 프란츠 폰 Baader, Franz von 1765~1841

발작 Balzac, Honore de 1799~1850

배젓, 월터 Bagehot, Walter 1826~1877

버크, 에드먼드 Burke, Edmund 1729~1797
베니스, 워렌 Bennis, Warren 1925~
베버, 막스 Weber, Max 1864~1920
벤야민, 발터 Benjamin, Walter 1892~1940
볼딩, 케네스 Boulding, Kenneth E. 1910~1993
뵘바베르크 Boehm~Bawerk, Eugen von 1851~1914
부르크하르트, 야콥 Burckhardt, Jakob 1818~1897
비스마르크 Bismarck, Otto Eduard Leopold von 1815~1898
비저, 프리드리히 Wieser, Friedrich von 1851~1926
빌헬름, 카이저 2세 Wilhelm Ⅱ, 1859~1941

ㅅ

성 보나벤투라 St. Bonaventura, 1221~1274
성 어거스틴 St. Augustine, 354~430
셸링 Schelling, Friedrich Wilhelm Joseph von 1775~1854
슈바르츠발트, 에우게니 Schwarzwald, Eugenie 1872~1940
슈바르츠발트, 헤르만 Schwarzwald, Hermann 1871~1939
슈탈, 프리드리히 율리우스 Stahl, Friedrich Julius 1802~1861
슈트라우스, 리하르트 Strauss, Richard 1864~1949
슘페터, 조지프 Schumpeter, Joseph 1883~1950
스미스, 애덤 Smith, Adam 1723~1790
스위프트, 조나단 Swift, Jonathan 1667~1745

스탈린 Stalin, Josef V. 1879~1953
스톨리핀 Stolypin, Pyotr 1862~1911

ㅇ

아담 뮐러 M?ller, Adam 1779~1829
아도르노 Adorno, Theodor Ludwig Wiesengrund 1903~1969
아렌트, 해너 Arendt, Hannah 1906~1975
아인슈타인 Einstein, Albert 1879~1955
애들러, 모티머 Adler, Motimer 1902~2001
애스퀴스 Asquith, Herbert 1852~1928
에더샤임, 엘리자베스 하스 Edersheim, Elisabeth Haas
오스틴, 제인 Austen, Jane 1775~1817
월쉬, 리처드 J. Walsh, Richard J.
윌리엄 William the Conqueror, 1027~1087
윌슨, 우드로 Wilson, Woodrow 1856~1924
이든, 앤서니 Eden, Anthony 1897~1977

ㅈ

자비니 Savigny, Friedrich Karl von 1779~1861
제퍼슨, 토머스 Jefferson, Thomas 1743~1826
조레스, 장 Jaures, Jean 1859~1914

조이스, 제임스 Joyce, James 1882~1941
지몬, 헤르만 Simon, Hermann

ㅊ

챈들러 Chandler, Alfred D. 1918~2007
체호프, 안톤 Chekhov, Anton 1860~1904
츠바이크, 슈테판 Zweig, Stefan 1881~1942

ㅋ

칸트 Kant, Immanuel 1724~1804
케렌스키 Kerensky, Aleksandr 1881~1970
켈젠, 마르가레테 Kelsen, Margarete Bondi
켈젠, 한스 Kelsen, Hans 1881~1973
코메니우스, 요한 Comenius, Johann 1592~1670
코스틀러, 아르투르 Koestler, Arthur 1905~1983
코코슈카, 오스카 Kokoschka, Oskar 1886~1980
콘드라티예프, 니콜라이 드미트리치 Kondratiev, Nikolai D. 1892~1938
퀴슬링, 비드쿤 Quisling, Vidkun 1887~1945
크로스, 존 오브 the Cross, St. John of 1542~1591
클림트, 구스타프 Klimt, Gustav 1862~1918
키르케고르, 쇠렌 Kierkegaard, Søren 1813~1855

ㅌ

토크빌, 알렉시스 드 Tocqeville, Alexis de 1805~1859
틸리히, 폴 Tillich, Paul 1886~1965

ㅍ

파스칼 Pascal, Blaise 1623~1662
파팽, 드니 Papin, Denis 1647~1712
파펜, 프란츠 Papen, Franz von 1879~1969
포드, 헨리 Ford, Henry 1863~1947
폴라니, 마이클 Polanyi, Michael 1891~1976
폴라니, 존 John Polanyi, 1929~
폴라니, 칼 Karl Polanyi, 1886~1964
프라이버그, 베르톨드 Freyberg, Berthold
프로이트 Freud, Sigmund 1856~1939
프롬, 에리히 Fromm, Erich Pinchas 1900~1980
플루타르크 Plutarch, 46~120
피트, 윌리엄 Pitt, William 1708~1778
피히테 Fichte, Johann Gottlieb 1762~1814

ㅎ

하이에크, 프리드리히 Hayek, Friedrich von 1899~1991
할러, 카를 폰 Haller, Karl L. von 1768~1854
할슈타인, 발터 Hallstein, Walter 1901~1982
해머, 마이클 Hammer, Michael
헤켈, 에른스트 Haeckel, Ernst 1883~1919
호르크하이머, 막스 Horkheimer, Max 1895~1973
호프만슈탈, 후고 폰 Hofmannsthal, Hugo von 1874~1929
훔볼트, 빌헬름 폰 Humboldt, Wilhelm von 1767~1835
히틀러, 아돌프 Hitler, Adolf 1889~1945
힌덴부르크, 파울 폰 Hindenburg, Paul von 1847~1934

지은이 **이재규**

대한민국 최고의 피터 드러커 전문가

서울대학교 상과대학을 졸업하고 대구대학교 경영학과 교수 및 동 대학 총장을 지냈다. 포틀랜드 주립대 교수, 영원무역 사외이사, TBC 대구방송 비상임 이사 등을 역임했다. 현재 삼익 THK 사외이사와 Korea Druckerian Association 대표를 맡고 있다.

1992년 12월 캘리포니아 주 클레어몬트 자택에서 드러커를 처음 만난 후 2005년 타계하기 전까지 매년 만나 가르침을 얻었고 인터뷰한 것을 국내 여러 신문과 잡지 등에 기고했다. 1993년 『자본주의 이후의 사회』를 번역한 것을 시작으로 드러커 초기 중기 주요 저작물들과 최근 신간 등 23권을 번역했다.

주요 번역서로는 『프론티어스 매니지먼트』(청림출판, 2010, 근간) 『피터 드러커의 매니지먼트』(21세기북스, 감수 및 해설, 2008) 『피터 드러커, 창조하는 경영자』(청림출판, 2008) 『경제인의 종말』(한국경제신문, 2008) 『클래식 드러커』(한국경제신문, 2007) 『피터 드러커, 마지막 통찰』(명진출판, 2007) 『경영의 실제』(한국경제신문, 2006) 『기업가정신』(한국경제신문, 2004) 『경영의 지배』(청림출판, 2003) 『자기경영노트』(한국경제신문, 2003) 『단절의 시대』(한국경제신문, 2003) 『넥스트 소사이어티』(한국경제신문, 2002) 『미래경영』(청림출판, 2002) 『프로페셔널의 조건』(청림출판, 2001) 『변화 리더의 조건』(청림출판, 2001) 『이노베이터의 조건』(청림출판, 2001) 『미래의 공동체』(피터 드러커 외, 21세기북스, 2001) 『자본주의 이후 사회의 지식경영자』(한국경제신문, 2000) 『미래의 조직』(피터 드러커 외, 한국경제신문, 2000) 『미래의 결단』(한국경제신문, 1999) 『21세기 지식경영』(한국경제신문, 1999) 『자본주의 이후의 사회』(한국경제신문, 1993) 등이 있다.

주요 저서로는 『무엇이 당신을 만드는가』(위즈덤하우스, 2010) 『지식역사』(한국경제신문, 2009) 『지식근로자』(한국경제신문, 2009) 『지식사회』(한국경제신문, 2009) 『한 권으로 읽는 피터 드러커 명저 39권』(21세기북스, 2009) 『역사에서 경영을 만나다』(사과나무, 2008) 『피터 드러커의 인생경영』(명진출판, 2007) 외 다수가 있다.

KI신서 2913

보수주의 철학자 피터 드러커의
어떻게 살 것인가

1판 1쇄 발행 2010년 11월 15일
1판 1쇄 발행 2010년 11월 20일

지은이 이재규
펴낸이 김영곤 **펴낸곳** (주)북이십일 21세기북스
출판콘텐츠사업부문장 정성진 **TF팀장** 안현주
기획 최혜빈 **편집** 백은숙 **디자인** 표지 twoes 본문 김성엽
마케팅영업본부장 최창규 **마케팅** 김보미 허정민 김현유 **영업** 김용환 이경희 우세웅
출판등록 2000년 5월 6일 제10-1965호
주소 (우 413-756) 경기도 파주시 교하읍 문발리 파주출판단지 518-3
대표전화 031-955-2100 **팩스** 031-955-2151 **이메일** book21@book21.co.kr
홈페이지 www.book21.com **커뮤니티** cafe.naver.com/21cbook

ⓒ 이재규, 2010

ISBN 978-89-509-2666-3 03320
책값은 뒤표지에 있습니다.

이 책 내용의 일부 또는 전부를 재사용하려면 반드시 (주)북이십일의 동의를 얻어야 합니다.
잘못 만들어진 책은 구입하신 서점에서 교환해 드립니다.